王新生　主编

# 社会法学论丛

### （2013年卷　总第2卷）

社会科学文献出版社
SOCIAL SCIENCES ACADEMIC PRESS (CHINA)

# 《社会法学论丛》编委会

# 卷首语

本期《社会法学论丛》共推出了 8 个栏目，发表 18 篇学术论文，主要涉及社会法学的基础理论及当前社会法领域存在的热点、难点问题。

"热点争鸣"栏目共发表了 3 篇文章，主要围绕我国劳动合同法的争议而展开。徐莉副教授撰写的《论劳动合同立法的"倾斜保护原则"》一文意在全面考察劳动合同立法的"倾斜保护原则"的形成、主要内涵及其对中国劳动合同立法的影响，充分肯定了劳动合同立法的"倾斜保护原则"的合理性、正当性。陈醒律师在《论我国现行劳动立法的失衡及其对策——从企业角度谈对用人单位正当权益的保护》一文中结合企业在执行劳动合同法的过程中企业的正当权益受损的现象，论述了劳动立法的失衡状态，意在对现行劳动立法的"倾斜保护原则"提出反思。李晴法官在《劳动争议案件审理中的若干实务问题》一文中则针对劳动争议审判实务中存在的若干问题展开讨论，探讨劳动合同法在实务中存在的问题。

"社会法学基础理论"栏目共发表了 3 篇论文。王新生等撰写的《社会组织与社会主义民主法治建设研究》一文介绍了国外关于市民社会理论对于民主法治建设的理论论述，同时探讨中国发展社会组织会对民主法治建设产生积极的作用，同时也论述了民主法治的发展可以规范和促进社会组织的发展，两者相辅相成。赵立新副教授在《社会组织参与公共服务协同机制初探——以 C 机构的专业社工服务为例》一文中重点论述了社会组织在参与公共服务过程中如何建立协同机制等问题，并以社工组织为例探讨了这种协同机制的相关问题。肖艳晖副教授撰写的《论社会救助权中的几个问题》就社会救助权的概念、性质及《社会救助暂行办法》中的相关问题进行了探讨。

"地方立法评论"栏目发表了1篇论文。易顶强副教授撰写的《浅析志愿服务法律关系之类型》一文结合湖南省人大常委会通过的《湖南省志愿服务条例》这一地方立法展开评论，同时也结合全国其他地区的志愿服务立法中存在的争论进行了辨析，对志愿服务法律关系的类型问题展开了探讨。

"弱势群体权利保护"栏目发表了4篇文章。王红艳教授等人撰写的《农民工养老权利保障问题研究》从政府、社会、企业、家庭、个人等多重视角探讨了农民工养老权利保障缺失的原因，并提出相应的对策。阳明武副教授撰写的《论农民工劳动报酬权的法律保障》一文考察了农民工所获报酬的现状，从立法、司法、行政及农民工自身等方面进行了分析，提出了加强立法、完善司法及加强行政保障等相应对策。严谣、高中权撰写的《住房权视野下的中国保障性住房制度》一文从住房权视角考察我国的廉租房、经济适用房、公共租赁房制度所存在的问题，提出了完善与改进的意见与对策。王伟奇副教授撰写的《农村流动人口城市治理机制的法理分析》一文对外来人口市民化等问题进行了探讨，提出户籍改革不是目的，真正的目的在于实现城乡平等、经济发展。

"劳动法与社会保障法专题"栏目发表了2篇文章。王继远副教授等人撰写的《比较视野下政府在劳资集体谈判中的角色定位及其经验借鉴》一文探讨了在风险社会背景下，政府在劳资集体谈判中应担当起组织、协调和监督的角色，建立起一个具有良性循环的劳资集体谈判制度，缓解当前日益严峻的劳资纠纷矛盾，降低社会不稳定风险，减少社会动荡。戴谋富副教授撰写的《论我国农村医疗保险制度的完善》一文探讨了我国农村医疗保障制度的不足，提出要创新农村医疗保险模式、构建多层次农村医疗保险体系等观点。

"风险社会研究"栏目发表了1篇文章。田兴洪教授等人撰写的《我国社区矫正志愿服务风险防范的问题及对策研究》一文对我国社会矫正志愿服务过程中存在的风险问题进行了分析，并提出了构建志愿服务组织风险管理制度、健全志愿者保险制度等观点。

"环境权利研究"栏目发表了3篇论文。姜明副教授撰写的《气候变化的"不确定性"与法律应对选择》一文提出，即使科学界就气候变化的影响、适应和减缓方面的科学评估信息存在"不确定"性，世界各国仍应采取措施减少温室气体排放、节约能源。张敏纯博士撰写的《论重金属污染监管的困境与对策》一文针对我国目前重金属污染多发的状态，提出要建立一个科学有效的重金属污染监管体制以顺应环境污染现状的迫切需要。吴勇教授等人撰写的《公共利益视角下环保技术强制许可制度研究》一文从保护公共利益出发，提出应当完善环保技术的强制许可制度，并建立新的适应气候变化的知识产权制度等配套措施来解决相关问题。

"研究综述"栏目发表了1篇论文。尹海文副教授撰写的《2010－2013年中国社会法学研究述评》一文广泛收集了2010－2013年间我国期刊公开发表的社会法学论文，提炼了相关主题，呈现了我国社会法学界对相关问题的研究深度及广度。

# 目　录
## CONTENTS

# 热点争鸣

# 论劳动合同立法的"倾斜保护原则"

徐　莉*

**摘　要：**"倾斜保护原则"意指劳动合同立法对劳动者权益实行倾斜保护。它是在劳资关系实质不平等状态下对劳动者权益的一种特殊保护。该原则作为西方劳动法制发展进程中的一项基本原则，在我国《劳动合同法》的立法宗旨和法律条文中也得到了充分体现。同时，结合我国劳动关系现状，可以表明"倾斜保护原则"有利于实现"平等""公平"和"正义"，具有法律的正当性。

**关键词：**劳动立法；倾斜保护；公平；平等；正义

哈耶克认为，"社会立法"主要是"指政府为某些不幸的少数群体（亦即那些弱者或那些无法自食其力的人）提供一些对他们来说具有特殊重要性的服务"，其目的"乃在于把私人的活动导向特定的目的并有利于特定的群体"，也是受"社会正义之幻想的激励而做出的种种努力"①。劳动法属于社会法，从西方劳动法制的发展历程来看，劳资双方的弱势与强势分野，要求劳动法从民法中分离出来，遵循"倾斜保护原则"的社会法观念，来平衡当事人的地位及利益分配。

---

* 徐莉，湖南湘阴人，长沙理工大学文法学院副教授，法学博士，主要从事国际法学研究。

① 〔英〕弗里德利希·冯·哈耶克：《法律、立法与自由》第1卷，邓正来等译，中国大百科全书出版社，2000。

# 一 "倾斜保护原则" 在西方劳动法制中的缘起与变迁

"倾斜保护原则"的起源可以追溯至整个劳动法制的发端，而世界劳动法制的最初发源地在英国。

## （一）"倾斜保护原则"缘起于国际工人运动

自 19 世纪初期开始，由于大工业和生产的社会化以及机器的广泛使用，各种新的社会矛盾和问题层出不穷，进而加剧了各个阶级和阶层之间的利益冲突，导致工人运动不断爆发，尤其一些规模宏大的国际工人运动，严重地动摇了资产阶级的统治。为了维持自由资本主义经济原有的市场经济的自律性，同时也是为了维护社会的稳定、保护一定的社会公共利益，以及调和各种社会利益矛盾和冲突，西方资产阶级国家开始积极地介入社会经济生活。[①] 其中，在劳动关系这种最基本的社会关系领域，国家积极而全面干预的直接表现就是劳动法"倾斜保护原则"的产生。

1802 年英国议会通过了现代意义上第一部劳动法——皮尔勋爵提出的《学徒健康与道德法》，由此拉开了对劳动者倾斜保护的序幕。该法规定：纺织厂童工的最低年龄为 9 岁，纺织厂不得雇佣 9 岁以下的学徒；童工工作每天不得超过 12 个小时，并且仅限于清晨 6 时至晚间 9 时之间，禁止童工做夜工。由于最初的劳动法律只是适用于工厂，所以，它又被称为"工厂法"或"工厂立法"。《学徒健康与道德法》是资产阶级"工厂法"的开端。在此后的几十年中，英国议会又陆续对《学徒健康与道德法》进行修订以及通过了新法规，对童工做了进一步的保护，并将保

---

① John Rawls, *Political Liberalism* (New York: Columbia University, 1996).

护的范围由童工扩大到女工。① 以英国 "工厂立法" 为开端，西欧其他一些资本主义国家也先后进行了 "工厂立法"。②

19 世纪中叶以后，进入自由资本主义时期。随着资本主义经济的发展和国际工人运动的不断高涨，西欧的资本主义国家为了适应物质生产方式的客观需要，颁布了更多 "工厂法"。与此同时，一些附属国和殖民地，如澳大利亚、新西兰、加拿大和印度等也开始颁布 "工厂法"，"工厂法" 的国别范围进一步扩大。此阶段的劳动立法，在内容和范围上，较之初期阶段，有了较大的进展，具体表现在：第一，"工厂法" 的适用范围逐渐扩大。从适用的对象上看：在劳动者方面，由最初的极易引起人同情感的童工、未成年工、女工扩展到所有劳动者；在工厂类型方面，由最初的工厂逐渐扩展到矿山、运输、商业等各行各业。③ 第二，保护内容渐趋丰富。由最初的主要限制童工、未成年工、女工工作时间问题扩展到工资、劳动安全卫生、社会保险、解决劳资纠纷、工会与集体合同、劳动合同等涉及劳动关系的各个方面。④ 当然，应该看到的是，虽然该时期的劳动法有了一定的发展，但是发展的进程比较缓慢，也不稳定，而且很重要的是，对劳动法的贯彻实施还缺少必要的保障，实施效果较差。

**（二）资本主义内部矛盾刺激 "倾斜保护原则" 曲折发展**

19 世纪末 20 世纪初，随着生产力的发展，在一些发达的资本主义国家，由自由资本主义阶段率先过渡到了垄断资本主义阶段。这一时期，资本主义社会所固有的各种矛盾进一步尖锐化，出于从内部试图化解资本主

---

① 例如，1847 年英国颁布的《十小时工作法》规定，未满 18 岁的童工、未成年工以及女工的日工作时间不得超过 10 个小时。

② 例如，德国 1839 年的《普鲁士工厂矿山规则》规定，禁止未成年工从事每天 10 个小时以上的劳动或者夜间劳动。法国 1841 年的《童工、未成年工保护法》，对限制童工、未成年工工作时间等问题做了规定，美国、瑞士、意大利等也先后颁布了一些初期的工厂法，由国家出面对劳动关系进行一些干预，开始了对劳动者的倾斜保护。

③ 如英国于 1867 年和 1878 年的两项法律又把起初工厂法规定只适用纺织厂的范围推广到雇佣 50 人以上的所有工业企业。

④ 譬如，新西兰 1894 年的最低工资法是世界上最低工资立法的开端；法国的《劳动保护法》；等等。

义基本矛盾的目的，资产阶级不得不做出让步。因此，以改良主义作为主要方法，资产阶级劳动法"倾斜保护原则"得到广泛而迅速的发展。

比之自由资本主义时期，垄断资本主义时期劳动法的适用对象和内容更进一步地充实。尤其以法国劳动法典为标志，劳动法更是成为一个独立的法律部门。然而，劳动法"倾斜保护原则"的发展也并非一帆风顺，进入第二次世界大战前后，无论是在法西斯国家还是其他发达的资本主义国家，出现了反复甚至倒退现象。究其原因，主要是因为国内、国际经济政治形势的动荡，以及工人运动的反复造成的。譬如，德国法西斯政权于 1934 年 1 月颁布的《劳动宪章》，取消了工会和工厂委员会，明确雇主和劳动者之间是上下级隶属关系，劳动者须绝对服从雇主，对雇主保持基于生产利益一致的忠诚，不得过问雇主事务，雇主有全权决定作息时间、工资、罚款等。意大利、日本等法西斯国家也在当时实行了诸如强制劳动等类似制度。美、英、法等发达资本主义国家，在"二战"期间也大大降低了战前颁布的一系列对劳动者倾斜保护的劳动法律法规所规定的劳动条件，甚至取消了正常的工资增长机制，对劳动者的工资实行"冻结"政策。然而，这个阶段并未持续太久，"二战"后特别是进入 20 世纪六七十年代以来，各资本主义国家的劳动立法又得到了较大发展。

### （三）经济全球化推动"倾斜保护原则"的变革

20 世纪末以来，世界格局发生了深远的转变，如东欧剧变、冷战结束，全球化迅速发展、信息化突飞猛进，强资本、弱劳工问题日益突出，等等，这一切使得劳动法"倾斜保护原则"的发展面临诸多冲击和挑战。其中最主要的表现就是放松劳动法的管制政策。20 世纪 90 年代以来，一些资本主义国家开始重提并倾向放松劳动法的管制政策，"增加弹性""放松管制"成为劳动立法的关键词，甚至一些发展中国家也是如此。[①]

---

① 譬如，印度前总理辛格（Manmohan Singh）于 2010 年就曾敦促放松劳动法管制，实施更加灵活的劳动法。

"放松管制" 意指减少国家干预，降低对劳动者的保护水平。然而，从总体上看，无论怎样 "放松管制"，政府 "管制" 却是必需的，"倾斜保护原则" 的底线是各个国家都坚守的。①

以美国为例，正如美国华盛顿大学法学院教授 Daniel Foote 所阐释的："在论述美国劳动法的放松规制之前，必须注意到，长期以来美国劳动法的基本前提就是政府的有限规制，因此谈存在一个 '放松规制的趋势' 显然有些误导。相反，近几十年来的趋势可能更准确地应该界定为加强规制，而非放松规制。"他进一步讲道："……但过去 40 年的整体趋势仍是加强规制。仅在联邦一级主要劳动法律的数量就比 1960 年增长了三倍，而规制项目和更具体的法规的数量增长得甚至更快。在州和地方一级，规制的增长更加戏剧化。最引人注意的是，对任意原则的迅速侵蚀，几乎完全是通过司法程序进行的，而随之而来的则是州和地方法律和规制项目的爆炸性增长。"② 在立法实践中，2007 年 3 月，美国国会众议院通过了对《美国劳动关系法》（瓦格纳法）进行修正的法案——《雇员自由选择法》（*Employee Free Choice Act*）。这部法案能够顺利通过，得益于在众议院占有相对多数的民主党的坚决支持。当时美国政治社会对这部法案存在激烈争议，共和党坚决反对。但是，"无论是怎样的结果，美国这次劳动法改革事件都具有里程碑式的历史意义。它不仅告诉美国，也是告诉世界这样一个明确的信息：多少年来让不少国家奉为劳动力市场改革样板，同时让普通大众伤心迷惘的美国模式决不是一心倾向资本利润，不顾底层民众的。并且，尽管美国共和党坚决反对，《雇员自由选择法》于 2009 年 1 月 16 日最终颁布实施。"③

虽然，我国劳动关系的发展有异于西方国家，然而劳动法理念的缘起与制度变迁的理性脉络与之有着异曲同工之妙。因此，即便 "倾斜保

---

① 李磊：《西方工会振兴理论研究综述》，《中国劳动关系学院学报》2010 年第 12 期。
② Daniel Foote：《美国劳动法的放松规制》，杜钢建、彭亚楠译，《江海学刊》2002 年第 2 期。
③ 杨鹏飞：《美国劳动法改革激励争议背后》，《社会观察》2007 年第 5 期。

护原则" 的确立在《中华人民共和国劳动合同法》（以下简称《劳动合同法》）起草和通过过程中历经争议，最终仍在生效的《劳动合同法》的立法宗旨和法律条文中得到了充分体现。

## 二 "倾斜保护原则" 在 《劳动合同法》 中的确立

《劳动合同法》在起草及通过过程中几易其稿，其间的争论，除了立法技术方面的问题，所有争论都是针对它的立法指导原则。《劳动合同法（草案）》送审稿的第一条规定："为了调整劳动关系、规范劳动合同，维护当事人的合法权益，促进经济社会协调发展，制定本法。"这种表述几乎就是《合同法》的翻版。几经修改，在全国人大公开征求意见的《劳动合同法（草案）》中，则表述为："为了规范用人单位与劳动者订立和履行劳动合同的行为，保护劳动者的合法权益，促进劳动关系和谐稳定，根据《中华人民共和国劳动法》，制定本法。"这是与送审稿在立意上完全不同的一种表述，即《劳动合同法》是以保护劳动者为立法主旨，以促进劳动关系的和谐稳定为立法目的。但这种表述方式恰恰又成为《劳动合同法（草案）》征求意见中一个争论的焦点，即《劳动合同法》是否只保护劳动者还是应该保护劳动合同双方当事人？

对此，劳动法理论界和实务界的代表性观点，概括起来，不外是以下三种表述：作"单保护（保护劳动者合法权益）"表述；作"双保护（保护当事人即劳动者和用人单位合法权益）"表述；作"倾斜保护（对劳动者倾斜保护）"表述。

主张作"单保护（保护劳动者合法权益）"表述的主要是研究劳动法学的学者，其中代表学者是关怀、王全兴、常凯等。作为劳动法学界的老前辈，关怀教授主张："《劳动合同法》是《劳动法》范畴中的单项法，是《劳动法》法律体系的组成部分。当然其立法宗旨应与《劳动法》相一致，应当明确提出'根据《劳动法》制定本法'。既然《劳动法》开宗明义地提出'为了保护劳动者的合法权益'为其立法宗旨,当然作为劳动法法律体系的《劳动合同法》义无反顾地亦应以'保护劳动者合法权益'作为立法宗旨。"① 王全兴教授认为,"劳动法基于劳动关系中劳动者是相对弱者的假设,在保护双方当事人合法权益的同时,偏重保护劳动者合法权益,故立法目的条款中作'单保护'表述。"常凯教授亦持赞同观点,认为"《劳动合同法》的作用就在于通过劳动法律的矫正功能追求一种实质上相对平等的关系。这种矫正功能的基本目的,即是通过公权力的介入,适度限制雇主的权利以保障劳动者的权利,使个别劳动关系实现相对的平等或平衡"②。

与之对应的,主张作"双保护(保护当事人即劳动者和用人单位合法权益)"表述的则主要是企业方的代表。金利来集团有限公司董事局主席、中华全国工商业联合会副主席曾宪梓在《劳动合同法(草案)》进行第三次审议的时候,提出:"劳动合同是由劳资双方签订的,既应该保护劳动者的利益,也应该保护雇佣劳动者的利益。我们制定《劳动合同法》,就应该兼顾各方的利益,保护各方的权益。"倪岳峰也建议"在草案第一条的立法目的中将'保护劳动者的合法权益'改为'保护劳动者和用人单位的合法权益'"③。此外,民革中央常务副主席、上海市社会科学院部门经济研究所所长厉无畏教授也表示:"劳动合同法的制定主要关注两方面内容,一是保护劳动者,二是保护企业。虽然看似矛盾,但实际上保护了企业也就是保护了劳动者,企业的权益无法保障,劳动者的最终权益也无法保障。"④

主张作"倾斜保护(对劳动者倾斜保护)"表述的代表是董保华教授,董保华教授对"倾斜保护(对劳动者倾斜保护)"是这样阐述的:

① 关怀:《〈劳动合同法〉与劳动者合法权益的保护》,《法学杂志》2006 年第 5 期。
② 常凯:《关于劳动合同立法的几个基本问题》,《当代法学》2006 年第 6 期。
③ 《关于立法宗旨——分组审议劳动合同法草案发言摘登(二)》,http://www.noc.qov.cn/cwh/common,2007 年 4 月 25 日。
④ 惊雷:《厉无畏建议:竞业限制补偿标准作进一步研究》,《每日经济新闻》2006 年 3 月 24 日。

"现行劳动法是以合同化与基准化相结合的立法模式为依据来确定其立法宗旨的，必然从'倾斜立法'的视角来概括'保护劳动者的原则'。1994年公布的《劳动法》第一条以显性的方式提出保护劳动者，同时通过强调'调整劳动关系'、'适应社会主义市场经济的劳动制度'，以隐性的方式提出保护用人单位，应当将其概括为'倾斜立法'。"① 董保华教授早在 1992 年就率先将"保护劳动者"原则概括为"倾斜保护"并于 1993年依据这样的指导思想参加了《劳动法》的论证和起草；在《劳动法》公布后的一系列著作中，董保华教授更有详尽论述。"倾斜保护"也渐成劳动法学界的通论。

其实，以上三种表述，其本质意义可以说没有区别，仅仅是文字差别而已，完全符合劳动法"倾斜保护原则"的基本要义。首先，"单保护"说并不意味着只保护劳动者的合法权益，而不保护或者排斥用人单位的合法权益。在现代民主国家，任何一部经过法定程序制定的法律都不可能以牺牲某一类社会主体的合法、正当权益来维护另一类社会主体的特权，法律的制定总是在利益相关主体之间寻求一个平衡点，以对社会主体之间的利益进行合理的分配，同时每部法律都体现了立法者一定的价值选择。② 即使是王全兴教授也认为："劳动法保护劳动者在一定意义上就是保护用人单位……保护劳动者与保护用人单位是'一个硬币两个面'的关系。"③ 其次，"双保护"说也不可能坚称一视同仁地对待用人单位和劳动者，毕竟劳动法是兼具公法和私法性质的社会法，立法者必须通过公权力的介入来倾斜保护作为弱势一方的劳动者的基本权益。事实上，国家只是以基准法的方式为劳动关系确定底线，留出当事人的协商空间，并保障双方当事人的平等协商，究其实质是一种"倾斜保护"。

历经上述争议，《劳动合同法（草案）》经过四读后，由中华人民共

---

① 董保华：《论劳动合同法的立法宗旨》，《现代法学》2007 年第 6 期。
② 林嘉：《劳动合同法：突出保护劳动者是对不平等的矫正》，《工人日报》2007 年 5 月 21日。
③ 全国人大常委会法工委行政法室：《国外有关劳动合同问题的法律规定》，http://www.npc.gov.cn/cwh/common，2007 年 4 月 25 日。

和国第十届全国人民代表大会常务委员会第二十八次会议于 2007 年 6 月 29 日通过,自 2008 年 1 月 1 日起正式施行,① 其第一条最终的表述是:"为了完善劳动合同制度,明确劳动合同双方当事人的权利和义务,保护劳动者的合法权益,构建和发展和谐稳定的劳动关系,制定本法。"② 该条表述显然兼顾了"倾斜立法"和"保护弱者"两个方面,实际上再一次肯定了劳动法"倾斜保护原则"。

## 三 "倾斜保护原则" 在 《劳动合同法》 中的 具体立法体现

《劳动合同法》中的"倾斜立法"主要表现在以下几个方面。

第一,扩大了受保护的劳动者类型。随着我国市场经济体制的不断完善,一些新的用工主体、用工形式的出现,《劳动合同法》扩大了《劳动法》的适用主体范围。具体表现为:规定我国境内的企业、个体经济组织、民办非企业单位等组织适用本法;国家机关、事业单位、社会团体和与其建立劳动关系的劳动者,依照本法执行。在《劳动合同法实施条例》中规定会计师事务所、律师事务所等合伙组织和基金会,同样适用《劳动合同法》。《劳动合同法》将这些用人单位纳入劳动合同制度中,规范其权利和义务,同时也维护了这类单位的劳动者的利益。

第二,细化了试用期制度。我国的《劳动法》对试用期仅做了一项规定,且是原则性的,这使得用人单位滥用试用期的情形严重。譬如,用人单位约定的试用期过长;用人单位在劳动合同中只约定试用期;劳动者在试用期内的工资较低;用人单位在试用期内随意解除劳动合同等。针对这些问题,《劳动合同法》规定了试用期的期限并对期限做了限制性规定。同时规定试用期包含在劳动合同期限内,这样劳资双方在签订劳

---

① 2012 年 12 月 28 日,《劳动合同法 (修正案)》通过,并于 2013 年 7 月 1 日正式实施,但其修改的四条内容仅仅涉及劳务派遣问题,原《劳动合同法》的其他条款继续有效。

② 董保华等:《社会法原论》,中国政法大学出版社,2001。

动合同时不能只约定试用期。《劳动合同法》对试用期的细化规定，在不损害用人单位利益的前提下，保护了劳动者在试用期内的利益。

第三，完善了单方解除权制度。《劳动合同法》在劳动合同解除中倾斜保护劳动者主要体现在：不仅赋予了劳动者单方解除权，同时对用人单位的单方解除权予以严格限制。《劳动合同法》明确规定了劳动者的单方解除权，赋予了劳动者单方行使预告解除权，即提前以书面形式通知用人单位。同时对用人单位单方解除劳动合同附有严格的法定事由和条件，《劳动合同法》虽然规定了用人单位可以解除合同的九种情形，但是对其适用予以严格的限制，同时又以反向立法的形式规定了禁止解除的六种情形。《劳动合同法》通过赋予劳动者单方预告解除权同时严格规定用人单位的解除权，保护了劳动者的利益。

第四，增加了无固定期限劳动合同的适用范围。劳动者的弱势地位决定了其选择劳动合同期限权利的弱化，使得劳动合同短期化现象严重。基于现实劳资关系中劳动合同短期化的长期存在，《劳动合同法》在《劳动法》的相关规定的基础之上，增加了三种成立无固定期限劳动合同的情形，并修改了成立的条件，同时规定用人单位在应与劳动者订立无固定期限劳动合同的情形出现时，却不订立无固定期限劳动合同应承担的法律责任。《劳动合同法》的规定使无固定期限劳动合同得到更多的适用，从而实现劳动关系的长期稳定，进而保护劳动者利益。①

当然，《劳动合同法》这种"倾斜立法"也引起了不少用人单位及其代表们的质疑，认为其不利于"平等""公平"地保护劳动合同的双方当事人。然而，笔者却赞同此种形式上的不平等恰恰能实现实质意义上的"平等"和"公平"，"倾斜保护原则"由此而具有法律的正当性。

---

① 应飞虎：《权利倾斜性配置的度——关于〈劳动合同法〉的思考》，《深圳大学学报》（人文社会科学版）2008 年第 3 期。

# 四 "倾斜保护原则" 的正当性分析

黑格尔曾言"存在即合理"。"倾斜保护原则"作为《劳动合同法》的基本原则，显然有其存在的合理性和正当性，亦是契合中国国情的。

## （一）有助于实现公平

一部法律的社会功能，取决于这一法律的立法依据和立法主旨，如果认可《劳动合同法》的立法依据是《劳动法》，《劳动合同法》的立法主旨是"倾斜保护原则"——劳动者权利保护，那么《劳动合同法》的立法功能必然要以追求社会公平为基本的侧重。[①] 在关于《劳动合同法》的立法争论中，追求效益和追求公平其实体现了劳资双方的不同利益诉求，企业为维护自己的利益必然希望这一法律能更加促进企业效益，劳方则更希望这一法律能够促进社会公平。而立法者如何取舍，既取决于劳资双方对于立法的影响力，更取决于劳动合同立法所需要解决的社会问题。从社会现实来看，由于劳资力量不平衡和不对等，致使劳动者权益得不到有效的保障，甚至屡屡被侵害已经成为一个突出的社会问题。

这个问题首先表现在，中国的劳动标准是过低而不是过高。对于中国的劳动标准是高还是低的问题，学术界自进入 21 世纪起便开始有了争论。我国在劳动立法上的一些个别规定，如每周 5 天工作日，加班支付 1.5~3 倍的工资，与国际上的高标准接近，但判断一个国家的劳动标准的高低，不能仅仅看一个单项指标，而应该将劳动标准看成一个系统。就劳资双方来说，仅就这种个别项的比较是没有意义的。还应该考虑其他的指标，诸如工人的工资收入、职业稳定、社会保险水平、职业安全状况、职业培训等综合水平。如果将这些指标综合起来，我国的劳动标准不仅在国际比较中属于低水平，就是在我国的经济关系和社会权利体

---

① 常凯：《论劳动合同法的立法依据和法律定位》，《法学论坛》2008 年第 3 期。

系中，也是比较低的。

此外，确定一个国家的劳动标准是高还是低，关键是要看劳动者的工资水平以及劳动者的工资收入在 GDP 中的比例。比较工资时既要看工人的收入，也要看老板的利润，这样才有意义。1994 年，我国工资分配占 GDP 的 14.24%，2003 年这一比例为 12.57%，2008 年之后这几年 GDP 都是以每年 8% 左右的速度递增，工资收入虽然也在同比递增，但递增的同时两极分化越来越严重，工人的实际工资增长极为有限。美国在 1990 年工资分配占 GDP 的 49.67%，2002 年占 47.9%。还需要说明的是，我国的劳动法中没有雇主的概念，所以在计算职工工资收入与 GDP 的比例时，普通工人与企业高管都纳入其中，相当于雇主收入也放入工人收入一起统计。此外，劳动标准的高低，不仅与经济发展和劳动力市场供求有关，而且也与劳资力量的对比有关。在目前工会并不能有效代表工人形成有组织的力量来与资本抗衡以改善劳动条件的情况下，国家劳动立法和劳动行政，就必须在劳动标准方面更多地保护劳动者的权利。如果在这种情况下再将劳动标准降低，中国的劳工问题将会更加严重。因此，唯有倾斜保护劳动者的权益，才能追求真正的社会公平，从而实现劳资关系的平衡和和谐，这也是劳动合同立法的必然选择。①

### （二）彰显了自由、平等保护

市场化劳动关系的发展，必然催生与之相适应的自由、平等，甚至私有财产和利己主义的价值倾向，并要求以法律制度来予以体现和保障。因而，形式平等和形式自由（消极自由）等观念也将随着市场化劳动关系的逐步成熟而不断产生、发展。② 然而，这种自由、平等只是一种抽象的自由、平等——平等是一种形式平等，自由是一种消极自由。这种内含于市场化劳动关系的形式平等、消极自由在发挥积极作用的同时，也

---

① 常凯：《论劳动合同法的立法依据和法律定位》，《法学论坛》2008 年第 3 期。

② 穆随心：《我国劳动法"倾斜保护原则"：辨识、内涵及理据》，《学术界》2012 年第 12 期。

自然而然地承受了市场经济的缺陷，把劳动关系中的当事人当作抽象掉了各种能力和财力等的没有个体差异性的人，默认了雇主和劳动者之间的经济上、组织上、人身上的不同起点的合理性，在实质上就是把雇主经济上、组织上、人身上的优势当作"天然"的特权。这样一种看似平等的劳动关系，实际上是以不平等为前提的。现实中的劳动关系是一种形式上的财产关系和实际上的人身关系、形式上的平等关系和实际上的隶属关系。从本质上来看，从属性是劳动关系最主要的特征，因而，对于劳动者所谓的合同自由又被学者称为"小鸟的自由"。①

这种"形式平等"，如果任其自然、充分展开，就不可避免地会出现实质的、结果的不平等，出现两极分化、异化劳动、贫困失业，以至于社会动荡。资本主义劳动关系发展史已充分证明了这一点。这种矛盾现象，是符合市场化劳动关系内在逻辑的，试图靠市场化劳动关系自身解决问题的努力将会是徒劳的，所以，必然要求在市场化劳动关系之外寻求缓解乃至克服这种矛盾现象。在资本主义劳动关系发展史上，就资产阶级思想家及政治家们而言，自卢梭、康德、黑格尔开始，他们就主张对形式平等、形式自由进行一些纠正，康德的"绝对命令"，黑格尔的"国家"，密尔的"总体（社会）功利"，俾斯麦的"社会保险"，凯恩斯的"国家直接干预经济"，罗尔斯的"差别原则"等主张，无不如此。在制度上，进入到垄断资本主义阶段以后，在资本主义国家特别是在发达资本主义国家，利用国家这个"总资本家"的力量对经济社会进行干预，将经济、社会、政治功能整合到国家中，努力寻找到政府干预与市场运行之间的最佳结合点，进而实现较为实质性的自由、平等。资本主义国家尚且努力纠正形式平等、形式自由，更何况是社会主义国家。追求实质平等、自由本身就是社会主义的应有之义，是其内在逻辑要求。而追求实质平等、自由在劳动关系中的制度性体现就是"倾斜保护原则"。所以，当代中国劳动法仍然需要对劳动者倾斜保护。这种倾斜保护在《劳

---

① 常凯：《论个别劳动关系的法律特征——兼及劳动关系法律调整的发展趋向》，《中国劳动》2004 年第 4 期。

动合同法》上的体现和保障就是国家、社会对劳动关系的一些强行干预。①

### （三）有利于体现实质正义

乌尔比安曾言"法是善良和正义的艺术"。罗尔斯认为，"正义是一种体系制度，其在于更好的调整社会关系和指导人们的行为，其目的在于改善人们的生活，使人类的需求得到满足，在付出最少的情况下得到满意……一个社会体系的正义，本质上依赖于如何分配基本的权利和义务，依赖于在社会的不同阶层中存在着的经济机会和社会条件。"② 体现在劳动关系中，则正如德国 Detlev Joost 教授所述："劳动法……包含的一些规则和一般民法相差甚远。这种特殊性的作用在于平衡雇员与雇主之间的实力悬殊……雇主往往是强势的一方，而雇员大多处于弱势。劳动法中所追求的雇员保护体现在两大领域：在个体劳动法中，通过法律的特别规则，防止单个雇员因为谈判中的弱势地位不得已接受雇主提出的不合理条件；在集体劳动法中，依靠企业职工委员会和工会这些雇员集体利益的代表，通过不同层面上的劳资共决的方式来影响或确定劳动条件。"③ 倾斜保护劳动者的目的在于更好地调整劳资利益关系，改善劳动者的生活，使劳动者获得满意，从而实现实质的正义。对于此点，许多国际著名的劳动法学家们也是赞同的。譬如，德国著名的劳动法学家、德国联邦政府劳动法典委员会成员 W. 杜茨教授就认为："……劳动合同不是传统意义上的关于给付和对等给付的债权合同，相反它是一种带有很强人身权色彩的，关系到雇员生存基础的法律关系，因此无论如何应该被寄予希望给予生存和社会保护。……"④

简言之，在劳动关系中，用人单位相比于劳动者处于优势地位，通

---

① 林进平：《马克思的"正义"解读》，社会科学文献出版社，2009。
② 〔美〕罗尔斯：《正义论》，何怀宏等译，中国社会科学出版社，1988。
③ 〔德〕Detlev Joost：《德国劳动法之体系与基本原理》，王倩译，《大连海事大学学报》（社会科学版）2010 年第 2 期。
④ 〔德〕W. 杜茨：《劳动法》，张国文等译，法律出版社，2003。

过劳动合同立法, 倾斜保护劳动者的利益, 对劳动关系进行调整, 使 "最少受惠者" 得到最大的利益。当处于最不利地位的劳动者都能得到良好的照顾时, 劳动者与用人单位之间的利益公平自然就实现了。由于劳动关系是社会关系的核心, 倾斜保护实现了劳动关系主体间的实质平等, 也即实现了法律正义, 实现了社会公平正义。

# On the Inclined Protection
# Principle of Labor Contract Law

Xu Li

**Abstract**: The "inclined protection principle" refers to preferentially protect the rights and interests of laborers in Labor Contract Law. It's a kind of special protection for laborers' rights and interests in the condition of unfair industrial relations. It's a basic principle in the process of the evolution of western labor legal system. It has gotten fully embody in the legislative purpose and the legal provisions of Labor Contract Law in our country. At the same time, the present situation of labor relations in China is legitimate for advantage to the realization of "equality", "fairness" and "justice", from the sight of the current situation of labor relations in China.

**Keywords**: Labor legislation; Inclined protection; Fairness; Equality; Justice

# 论我国现行劳动立法的失衡及其对策

## ——从企业角度谈对用人单位正当权益的保护

陈　醒[*]

**摘　要：** 随着我国经济社会的迅速发展以及劳动者权益保护意识的增强，我国劳动立法不断完善，有效保障了劳动者的合法权益。但由于种种原因，现行劳动立法并没有很好地区分政企责任，导致企业承担了过多本应由政府承担的社会责任。本文从我国现行劳动立法的社会背景出发，论述我国劳动立法权益保护失衡的现状、后果及具体表现，并提出了平衡各方权益的相应对策，借此表达区分政企责任，减轻企业负担，从而保护劳动者合法权益，更好促进经济发展的愿景。

**关键词：** 劳动立法；失衡；政企责任；权益保护

我国现行的劳动立法主要包括《中华人民共和国劳动法》《中华人民共和国劳动合同法》《中华人民共和国就业促进法》《中华人民共和国社会保险法》以及其他相关行政法规、部门规章、地方法规和规章、司法解释等。我国现行劳动立法的相继出台和不断完善集中在20世纪末21世纪初，这和我国经济社会迅速发展以及劳动者权益保护意识的增强是分不开的。

然而，毋庸置疑的是我国一直处于并将长期处于社会主义初级阶段，

---

* 陈醒，长沙远大集团公司副总裁、法律总顾问。

科技实力整体还不强，不仅落后于欧美日本，一些方面还落后于"亚洲四小龙"、南非等国家或地区，经济量大而不强，有竞争力的仍是劳动密集型产品，而且这种状况整体可能还会持续 20 年，在中西部地区尤其如此。一方面，我国实行市场化用工制度的历史不长，计划经济用工制度对我国构建现代劳动用工制度参考价值不大；学界对国外劳工法律的研究也刚刚起步，本应对劳动立法尺度承担最重要研究责任的经济学家很少介入劳动法领域；总体而言，无论是自己积累的劳动立法经验还是向他人学习的机会都严重不足。另一方面，囿于庞大的人口和就业人群的压力，再加上民营企业存在的原罪、行贿以及贪官开办私企洗钱等诸多问题，相当多的人对私企心存偏见，认为民营企业的财富积累都不光彩，因此多让其承担些责任也就心安理得，而不考虑这些责任的分配是否合理。在此种背景下，由于缺乏构建合理劳动用工制度的历史经验，再加上政府、企业和劳动者诉求表达和对话机制的缺位，以及不当社会舆论的裹挟，我国劳动立法的出台难以真正平衡各方权益，而对企业加以过重的责任实属难以避免。

# 一 我国劳动立法权益保护失衡的现状

## （一）我国劳动立法权益保护失衡的现状

### 1. 立法超前，劳动者福利水准过高，与国家经济发展水平不相适应

党的十八大报告指出："我们必须清醒认识到，我国仍处于并将长期处于社会主义初级阶段的基本国情没有变，人民日益增长的物质文化需要同落后的社会生产之间的矛盾这一社会主要矛盾没有变，我国是世界最大发展中国家的国际地位没有变"。十八大报告的"三个没有变"的论断深刻指出了我国的国情现状。然而，我国的劳动立法对劳动者的权益保护程度是相当高的，要知道，高福利的社会保障体系必须建立在高度发达的经济水平的基础之上，否则就变成没有经济基础的"无源之水"和"空中楼阁"。

笔者认为，我国劳动立法超前 20 年左右。必须经过劳动密集型产业阶段足够的资本、技术积累，才能进入技术密集型阶段和高福利保障阶段，但现阶段我国仍然需要时间去积累技术，企业能力、国家财力尚不足以承担如此高福利高保障的成本支出。

**2. 过度保护劳动者权益，企业生存艰难**

劳动者与用人单位是劳动法律关系中两个平等的主体，劳动立法过分倾向于保护劳动者，一味强调劳动者的权益，而往往忽视企业的正当利益。对劳动者权益的过度保护，企业必然付出更多的人力成本，这往往成为企业发展和创新的沉重负担。

加重企业劳动成本负担，其结果必然导致企业丧失竞争力，尤其是在国际竞争中丧失竞争力。艰难生存中的企业如果垮掉，甚至整个产业被转移至东南亚、南亚，那么就会造成劳动者大量失业的严重后果，最终损害的还是全体劳动者的利益。

**3. 政府对企业用工干预过度，用工自由化、市场化程度不高**

企业作为市场经营主体，具有内部经营管理自主权。公权力机关有保障劳动者权益的责任，同样有尊重企业自主经营权的义务，应在二者之间寻求一种平衡，防止政府这只"看得见的手"对企业经营、用工行为的过度干预。

现阶段我国政府往往沿袭计划经济下管控企业的流弊，过多地在立法、执法方面干预企业的内部用工，没有赋予企业用工充分的自由权，用工市场化程度不高。

**（二）我国劳动立法权益保护失衡的后果**

**1. 不利于和谐劳资关系的构建**

从《劳动法》第一条可知，该法的立法目的是兼顾社会公平和经济效益。劳动者天然地处于劳动关系中的弱势方，对弱势群体的倾斜保护固然无可厚非，但若"倾斜过度"则会产生新的不平衡，矫枉过正的天平完全倒向劳动者一方，权益未得到保障的企业必定寻求其他的措施防控风险，不利于劳资关系的和谐稳定。

**2. 不利于企业创新、科技进步和提高国家的综合实力**

资本方（用人单位）利益的保护关乎经济发展、科技升级，如果一味强调和过度保护劳动者利益，压制、忽视用人单位利益，企业就会失去发展活力和竞争力，也就得不到技术进步、科技创新的空间，社会经济发展也将停滞。

国家实力与企业的实力是密不可分的。企业是装备制造的主体，是经济发展的驱动力。要留活水养鱼，给企业留有利润空间，才能保障企业投入更多的经费进行科学研究和发明创造。只有企业实力壮大了，才能让国民经济长远发展，提高整个国家的综合实力。

**3. 引发失业和导致资本外流**

对劳动者权益保护过度通常会导致以下两种后果：一种是企业不雇人或尽量少雇人，因为要解雇人太难、成本太高，工人的工资高于劳动力市场均衡水平，就业需求就会减少，从而造成失业的增加。这一最基础的经济学原理，对于发达国家和发展中国家都是适用的。[①] 另一种是企业把资本投向国外，直接导致资本外流，国内经济发展停滞不前、失去活力。世界各国 100 多年来的发展经验和教训证明，凡是超前立法、过度保护劳动者、干预劳动力市场的国家，都出现了失业率持续偏高、劳动者福利下降的情况，国民经济也长期处于不景气的状态。尽管立法者的初衷都是为了保护、提高劳动者的福利，但最终都事与愿违。

**4. 超前立法难以贯彻实施，并极易引发选择性执法**

超前立法、过度保护劳动者不但对经济发展不利，而且这种与国情不相适应的立法，事实上也很难得到贯彻和实施。企业经济实力强尚可承担；经济实力弱的，则完全无力承担，即使通过劳动诉讼，也很难得到真正完全的执行。

劳动行政、司法机关在处理劳资纠纷时，也会选择性执法：对于有

---

① 钱叶芳：《保护不足与保护过度——试论〈中华人民共和国劳动合同法〉倾斜保护的"度"》，《法商研究》2007 年第 3 期，第 41 页。

能力承担的企业，则严格法律标准来承担责任，甚至出于对弱者的同情，在行政执法、劳动仲裁、诉讼活动中，对举证责任分配等方面给予这些实力强企业更多的要求，实际上是让这些企业"超法律"承担责任；而对于实力较差的企业，往往考虑企业实力有限、无力承担责任，反而会给劳动者做调解工作，让劳动者放弃法律上有规定、实际上无法兑现的权利。而这种对待不同企业的"变通"执法，实质上是一种不公平的选择性执法。

**5. 立法过度向劳动者倾斜导致产业向东南亚、南亚转移，企业夹缝中求生存**

几年前，许多劳动密集型的国内企业都纷纷倒闭，而外资企业大量转移，与我国《劳动合同法》及其实施条例的出台不无关系。《劳动合同法》对上班时间的严格限制、对职工保险福利的大幅度提高、对用人单位经济补偿金的范围扩大等因素，大大加重了企业的负担，企业成本巨幅增加，为此许多国外企业不愿意再来中国投资，它们把这些产业大多转移到了用工成本更低的越南、印度等国家。

事实上现在我国的中西部省份还存在着大量的闲置劳动力，与其把劳动密集型产业送给外国，倒不如通过国家政策鼓励外资企业和国内企业将这些产业转移到中西部，这样既提高了当地居民的经济收入，同时还吸引外资带来科学技术，壮大国家的经济和科技实力。

# 二 我国现行劳动立法失衡的具体体现

## （一）劳动者承担违约金的情形过少

现行劳动法律体系下，已取消了企业对劳动者的经济处罚权，劳动者应当支付违约金的条款，也只限于两种情形：一是在专项培训服务期条款中约定违约金（《劳动合同法》第二十二条）；二是在竞业限制中约定违约金（《劳动合同法》第二十三条）。除此之外，用人单位不得与劳动者约定由劳动者承担的违约金，或者以赔偿金、违约赔偿金、违约责任金等其他名义约定由劳动者承担违约责任。

但事实上，用工过程中，劳动者违反劳动合同约定甚至不遵守基本的职业道德，给用人单位造成损失的案例普遍存在，尤其是需要通过企业专业培训才能上岗，并需要很长时间锻炼才能独立工作的岗位，劳动者违约辞职对企业造成的损失和不良影响是巨大的，甚至能够影响到企业的正常运营，将企业的运营规划、日常活动完全打乱。因此，从民法最基本的诚实信用原则、公平原则和市场经济最基本的契约精神角度出发，让劳动者遵守劳动合同，履行约定的义务，立法有必要赋予企业一定的违约赔偿请求权，可以对现有的服务期制度进行修改，规定离职员工不只是补偿用人单位为其支付的培训费用，而是赔偿用人单位承担的全部离职成本以及离职带给用人单位期望利益的损失。[1]

### （二）用人单位需支付经济补偿金的范围过宽、负担过重

经济补偿金是用人单位的一种特定补偿义务，其适用范围和补偿标准由各国根据对劳动者倾斜保护的程度而定。国际劳工组织《雇主提出终止雇佣公约》（第 158 号公约）规定，被终止雇佣的工人有权得到合理的事先通知和足够的补偿。这里的"被终止雇佣"是指雇主主动终止雇佣关系。各国对经济补偿金的适用范围的规定与第 158 号公约基本一致。在英美法系国家，普通法并不要求雇主在解雇雇员时具备正当理由。例如在英国，普通法对雇员在合同解除程序中的保护主要是预告制度，雇主在解雇雇员时必须提前通知，否则构成非法解雇。预告时间长短由合同规定。对于违反预告制度的非法解雇，雇员通常获得的是赔偿。在确定赔偿金额时主要考虑合同约定的预告期，而不考虑雇员由于失去工作在未来可能的失业期间的损失，而且也不考虑雇员由于被解雇可能遭受的痛苦或名誉上的损失。

我国《劳动法》对经济补偿适用范围的规定和第 158 号公约及多数

---

① 刘廷华：《〈劳动合同法〉的"倾斜保护"及其效果——以服务期制度下的劳资博弈为中心》，《经济政坛》2011 年第 5 期，第 224 页。

国家的惯例并无原则上的不同，但《劳动合同法》明显扩大了经济补偿的适用范围。用人单位歇业、破产的，用人单位被依法宣告破产、吊销营业执照或者责令关闭的等各种情形，用人单位应当向劳动者支付经济补偿。

从我国《劳动合同法》第 39、40、41 条关于解除劳动合同的规定来看，我国《劳动合同法》要求用人单位解除劳动合同必须具有正当事由，这些事由与英国、德国的规定大致相同，可以概括为三种主要类型：劳动者自身的身体或能力、劳动者的行为以及用人单位自身经营的需要。关于用人单位不当解除劳动合同的责任，《劳动合同法》第 87 条规定，用人单位违反本法规定解除或终止劳动合同的，应当依照该法第 47 条规定的经济补偿标准的 2 倍向劳动者支付赔偿金。简而言之，就是用人单位合法解除，且劳动者无过错的，用人单位要支付经济补偿金；如果用人单位违法解除，则必须按经济补偿金的双倍支付赔偿金。《劳动合同法》的规定虽简便易行，计算简单，但这种规定过于机械，在法理上存在缺陷，无法反映劳动者在不当解雇后的实际损失。现行的不当解除赔偿金计算标准过于僵化，与用人单位承担责任的目的并不相符，容易使用人单位承担过高的不合理赔偿责任。因此，必须根据不当解除劳动关系的赔偿目的，借鉴国外相关经验，改革现行规则，对经济补偿金的适用范围还应慎重考虑并进行调整。

## （三）现行法律对工时制度干预太多

国家设立八小时工作制的初衷是保证劳动者的休息权，而并非禁止加班。如果严格按照法律规定的工作时间上班，就有可能出现这样的情况：一方面是加班费用高昂，八小时工作时间以外的加班工资都要加倍支付，超时加班还面临违法处罚，但工作任务又不可能在标准工作时间内完成，生产经营受到严重影响；另一方面则是有些员工为了提高收入，具有强烈的加班愿望。这其实是很多企业在加班问题上普遍面临的问题，是企业和劳动者双方的共同困扰。

对于加班的规定，对加班时间法律不应当过度限制，只需明确禁止"强制加班"即可，至于其他，则只要不危害劳动者身体健康，大可放宽。但是放宽不是不管，涉及劳动安全卫生问题时法律是必须规定的。

### （四）限制经济性裁员时的人员选择权不符合经济规律

对企业而言，员工尤其是优秀的员工始终是企业保证市场竞争力的重要因素。当企业因陷入困境或是技术革新等因素而需要裁减人员时，企业希望能够留下的一定是符合企业利益、能够为企业做出贡献的优秀员工，不用去考虑"资格"或员工的"家庭负担"等因素。对企业裁员进行过多的干预，并不符合企业的"本意"，不利于企业实现裁员的初衷，达到重新配置资源、提升竞争力的目的。

《劳动合同法》第41条规定：用人单位裁减人员时，应当优先留用下列人员：与本单位订立较长期限的固定期限劳动合同的；与本单位订立无固定期限劳动合同的；家庭无其他就业人员，有需要扶养的老人或者未成年人的。第42条规定，经济性裁员时，不得裁减"在本单位连续工作满十五年，且距法定退休年龄不足五年的员工"。此两项条款之规定，对于这些人员自身素质未曾提出任何要求，是否优秀、是否符合企业裁员的目的，都没有考虑，对企业而言是不公平的，也是有违市场经济基本规律的，企业裁员的自主权受到了极大的限制。裁员是企业从符合自身利益的角度出发而做出的市场选择行为，一定是选择最符合企业利益而非满足这些条件的人员，对企业做出了多少年的贡献、家庭负担有多重不应该成为企业裁员的选择标准。企业实现资源的最优配置和效益最大化才是其维持市场竞争力的有效方式，对企业的限制越多，越会阻碍企业的发展。

企业承担社会责任是企业作为社会一员应尽的义务，但是社会不能寄希望于企业去做那些只对社会有利的事情。企业裁员，人员如何选择应由企业从自身实际情况去考量，劳动法律制度规定了企业对满足一些条件的员工必须予以留用，对裁掉的人员支付相应的违约金，这可以看作企业承担社会责任应尽的义务；但立法不应该再做其他的限制，规定企业应优先留用谁。企业承担社会责任的前提应是企业能够在激烈的市场经济竞争中生存，能够赢利，如果企业通过裁员仍然无法达到提升竞争力的目的，企业又如何在激烈的市场经济竞争中立足？又如何去承担更多的社会责任？

## 三 我国劳动立法利益平衡的几点建议

### （一）对劳动者的倾斜保护应把握好"度"

劳动立法调整的是用人单位与劳动者之间的民事权利义务关系，应遵循民法最基本的公平原则和平等原则，对用人单位、劳动者的权利义务规定应做到不失衡。鉴于用人单位在劳务关系形成、持续过程中占据一定的优势地位，劳动者处于弱势地位，劳动立法对于劳动者利益的保护秉持的是倾斜保护的原则，用立法的形式确保劳动者的一些固有权利。但是，倾斜保护不能演变成过度保护，立法不能一味地强调保护劳动者的权利而忽视对用人单位利益的保护。劳动立法保护的对象不仅仅是劳动者，还应包括用人单位，利益保护失衡不仅会使企业的利益受到损失，劳动者利益也不会得到有效的保护，加剧劳资关系的矛盾，更会对社会经济的健康发展产生不良的影响。我国现阶段，劳动关系的平衡点应当在哪里呢？董保华教授的观点是：低标准、广覆盖、严执法。[①]

第一，从《劳动法》第一条可知，该法的立法目的是兼顾社会公平和经济效益。笔者认为，保护弱势群体固然重要，但是劳动法调整的法律关系直接关系到我国社会经济发展的大方向，经济基础决定上层建筑。

第二，资本方（用人单位）利益的保护关乎经济发展、科技升级，如果一味强调和过度保护劳动者利益，压制、忽视了用人单位利益，用

---

① 董保华：《劳动立法不应造成新的失衡》，http://www.sina.com.cn，2006 年 4 月 28 日。

人单位就会失去发展活力，失去竞争力，也就得不到技术进步、科技创新的空间，社会经济发展也就是一句空话了。

第三，对劳动者保护过度通常会导致以下两种后果：一种是企业会尽可能地少雇人，因为要解雇人太难、成本太高，国内失业率持续上升，社会不稳定因素增多。另一种是企业把资本投向国外，这样也就直接导致了资本外流，国内经济发展停滞不前、失去活力。

第四，我国的劳动立法应注意把握好"度"，应考虑我国国情，兼顾人权、国家利益、社会利益和企业利益，坚持"发展才是硬道理"，认清并结合我国社会经济发展的现状及需求。国家有责任扶助、保护弱势群体，但用人单位也是社会的一分子，国家对劳资关系中的劳动者保护并非多多益善，应均衡考虑劳资双方利益，严格把握这个"度"，切不可将对劳动者的"倾斜保护"变成"过度保护"。

### （二）劳动者辞职成本太低，应增加对劳动者辞职的限制

一项针对员工跳槽状况的调查表明，八成被调查者想和雇主说"再见"。许多企业都试图通过改善薪酬和福利制度来吸引和留住员工，以保证生产经营的稳定性，但是很多员工仍然选择离开。尤其是新生代"90后"的从业者，契约精神和忠诚意识都已经相对淡薄，辞职变得更加随心所欲，不辞而别的现象经常发生。实际上，每次跳槽都是一次社会资源的浪费，牢固用工关系，对于促进整个社会稳定和经济发展，都有非常积极的作用。究其根源，导致这种现象发生的一个最直接的原因是劳动者的辞职成本太低。

《劳动合同法》第 37 条规定：劳动者提前 30 日以书面形式通知用人单位，可以解除劳动合同。该规定赋予了劳动者提前 30 日通知用人单位后的无条件解除权，辞职成本几乎为零。

在西方国家成熟的工会制度和严格的信用制度约束下，员工的随意辞职权很少被滥用。但在我国的表现截然相反，今天来明天走、领了工资随时走人、不遵守预告期、违反保密条款和竞业限制条款等现象非常

严重。① 对企业来说，牵一发而动全身，任何员工的随意辞职，都会产生工作上的连锁反应，损失是多方面的，而这种损失往往又难以形成具体的证据或量化成具体的损失金额，即使是通过诉讼，也很难得到支持。在现实生活中，由于难以联系到辞职者或者诉讼成本甚至会高于损失等原因，用人单位即使受损也往往不了了之。在没有工会自律机制和个人信用记录制度约束的社会环境中，应当通过立法方式对劳动者辞职加以限制。

### （三）劳动立法应区分政企责任

在一个社会中，政府和企业承担的社会职责是不同的。政府作为社会管理机构，实现社会公平、承担全面的社会责任是其法定的义务和存在价值所在；企业作为凝聚社会资源和各种关系的载体、纽带，其职责和价值所在应是创造财富——精神财富和物质财富，用经济的力量、技术的变革和财富的增长推动社会的发展。不能因企业掌握着更多的社会财富而要求其承担更多的、本不属于它的社会责任，政企责任必须明晰，因为企业与自然人一样渴望自由，不希望背负沉重的包袱行进。

政企责任是否清晰直接关系到经济发展状况。经济发展得好的国家或地区，一般都符合这样的规律——政企责任划分清楚，政府不直接干预企业经济活动，而是促使劳动力市场更自由地去发育。比如美国，20世纪 30 年代政府通过立法保护工会的权利，立法的核心思想是要求劳资双方通过集体谈判来解决争端，但具体怎么谈、谈出什么结果，它并不干涉。这是符合自由市场精神的，所以美国的失业率一直维持在较低水平，从 30 年代到现在 70 多年过去了，经济依然非常有活力。英国在 20世纪 80 年代以前搞国有制，劳动立法对企业活动有诸多限制，当时有个名词叫"英国病"，就是说英国经济无精打采，半死不活，像病人一样。80 年代撒切尔夫人上台后说，"英国病"的根源就是政府对经济干预太多

---

① 钱叶芳：《保护不足与保护过度——试论〈中华人民共和国劳动合同法〉倾斜保护的"度"》，《法商研究》2007 年第 3 期，第 46 页。

了，所以撒切尔夫人在英国大力推行市场化改革，结果英国经济发展态势良好。另一个例子则是爱尔兰的出租汽车行业，它以加入欧盟为契机，对劳动力市场做了调整。爱尔兰出租汽车行业原来不是什么人都能进入的，加入欧盟后，爱尔兰议会认为，这些规定与欧盟的准则不符，进而进行调整。现在进入出租车行业门槛低了，出租车费用下降，服务质量提高。爱尔兰现在劳动力供不应求，据报道，欧盟以外的跨国公司进入欧盟，最喜欢去爱尔兰投资，其对跨国公司限制最少，最自由，投资环境最好。

由于劳动者权利意识的提高以及国际上对劳动者权益保护的普遍重视，很多国家通过立法或政策方式，过度地干涉劳动力市场、过分倾斜地保护劳动者利益的做法越来越常见，然而这种做法实际上是把本应由政府承担的责任转移给企业，这些责任让企业负担沉重。我国现在的情况就是如此，劳动法、劳动合同法等都没有很好地区分政企责任，将很多本应由政府承担的社会责任转嫁给企业，一方面使得企业成本增大，对企业的发展不利；另一方面，在这种责任分配下，实际上许多员工的权益难以得到保障。

比如，用人单位经济性裁员时，应优先留用"家庭无其他就业人员，有需要扶养的老人或者未成年人的员工"，这实际上就是混淆了企业和国家的社会责任。[①] 国家应该完善社会保障制度使失业人员的家庭享有生存的机会，而不应直接干预企业在员工选择时的权利和自由。在美国、丹麦这些国家，解雇比较容易，劳动者失业了，会得到失业救济和保险，生活质量照样是有保障的，这样的做法就是非常合理的。

又比如，发生工伤时，用人单位虽然购买了工伤保险，但工伤保险基金赔付的范围非常有限，最终用人单位还要承担很重的责任，甚至承担了不少政府本应承担的责任，工伤保险的功能淡化，并未很好地帮助企业来转移风险。比如说：（1）工伤医疗期内员工并未提供劳动，但用

---

① 钱叶芳：《保护不足与保护过度——试论〈中华人民共和国劳动合同法〉倾斜保护的"度"》，《法商研究》2007 年第 3 期，第 47 页。

人单位仍需按原工资福利标准支付报酬，工伤保险基金并未承担起这一责任，这对企业是不公平的。（2）一级至四级伤残的工伤员工退出工作岗位，但保留与用人单位的劳动关系；五至六级伤残的工伤员工，用人单位安排不了合适的工作的，按本人工资的70%、60%每月支付伤残津贴。也就是说即使购买了工伤保险，政府还是将这些工伤员工扔给了企业，要求企业养到退休为止，企业需要付出巨大的成本。

劳动立法如果没有区分政企责任，将本应由政府承担的社会责任转嫁给企业承担，一方面会干涉甚至束缚企业的经营自主权，限制市场主体的活力；另一方面，由于企业负担过重，经营成本过高，企业不堪重负，法律赋予劳动者的权利难免成为一纸空文，劳动者的权益实际上依旧得不到保障。

### （四）劳动立法应关注员工职业道德

我国宪法第二十四条规定，国家提倡爱劳动的公德。劳动是一切有劳动能力的公民的光荣职责。劳动义务观和主人翁意识观是宪法要求每一个劳动者应当具备的基本思想观念。劳动者爱岗敬业，具有主人翁意识，工作才会更有主动性和积极性，而不是一味地强调向企业索取；企业也才会有良好的发展，进而才能改善员工的福利待遇，实现企业和员工的双赢和共存。

在现行劳动立法方面，与劳动者的权益保护相对比，对劳动者的义务规定条款极少，过于简单。应倡导宪法所规定的劳动者劳动义务观、主人翁意识观，让劳动者在知晓自身权利的同时，也明确自身所应承担的义务。

国家政策也应该大力倡导"诚实、敬业、忠诚"等基本职业道德。只有建立起一个系统、完整的职业道德体系，才能搭建劳资双方权益平衡的桥梁，构建起和谐的劳资关系。

# The Discussion of the Unbalance of China's Current Labor Legislation and Its Solution

## —Considering from the Angle of the Enterprise to Discuss the Legitimate Protection for the Employer

### Chen Xing

**Abstract**: As the rapid development of economical society and the increase of the awareness to protect the labor's right. The labor legislation has been improving which has efficiently protected employees' legitimate rights and interests. Owing to multiple reasons, current labor legislation don't do well in distinguishing the responsibility between the enterprise and the government, leading to the enterprise burden more duty which initially belongs to government. Concerning the social background of current labor legislation, we mainly discourse the current situation、consequence and the concrete manifestation of the unbalance of the legitimate right protection in labor legislation, and then propose the corresponding countermeasures to balance the interests. To express the hope of distinguishing the responsibility between the enterprise and the government、reducing the heavy burden on the enterprise、for protecting the legitimate rights and interests of employees and promoting the economic development.

**Keywords**: Labor legislation; Unbalance; Responsibility between government and enterprise; Protection of the legitimate rights and interests of employees

# 劳动争议案件审理中的若干实务问题

李　晴[*]

**摘　要：** 自2008年《劳动合同法》施行以来，关于该法到底是实行"平等保护"还是"倾斜保护"的原则一直存在着理论争议。在劳动争议案件审理实务方面，人民法院根据《劳动合同法》及最高人民法院《关于审理劳动争议案件适用法律若干问题的解释（四）》的有关规定，采用了"平等保护＋适度倾斜"的原则，有效处理有关社会保险争议受案、企业规章制度的审查、工伤保险待遇和二倍工资支付等案件和问题。

**关键词：** 劳动争议；社会保险；企业规章制度；二倍工资

## 一　劳动争议案件审理的原则：
## 平等保护＋适度倾斜

我国《劳动合同法》第一条规定："为了完善劳动合同制度，明确劳动合同双方当事人的权利和义务，保护劳动者的合法权益，构建和发展和谐稳定的劳动关系，制定本法。"在民事法律关系中，立法的目的一般表述为"保护双方当事人的合法权益"，但《劳动合同法》采用了"保护劳动者的合法权益"的表述方式，这体现了劳动关系中的特殊性。劳

---

\* 李晴，湖南长沙人，湖南省长沙市中级人民法院审判委员会委员、民事审判第四庭庭长，主要从事劳动法理论与实务研究。

动争议纠纷作为民事纠纷的一种类型,既有民事纠纷的共性,更有其独特的个性特点。在处理劳动争议案件时,其审理理念和原则在审判实践中一直有争议:一种观点认为劳动争议案件与普通民事案件一样应当遵循平等保护原则,对用人单位和劳动者的合法权益实行平等保护。① 另一种观点认为劳动争议案件与普通民事案件还是有较大差异,在平等保护的基础上,要对劳动者有适当的倾斜。② 产生此种争议的原因,首先是基于对劳动合同法立法目的的理解有不同;其次是由于部门规章、政策的多样性以及各地法院在审判实践中的差异性。最高人民法院《关于审理劳动争议案件适用法律若干问题的解释(四)》出台后,对今后劳动争议案件的审理提出了四个"坚持":一是坚持平等保护,切实维护劳动者和用人单位的合法权益;二是坚持裁审衔接,切实健全劳动争议解决机制;三是坚持监督指导,切实加强劳动争议案件审判指导力度;四是坚持调解优先,切实发挥诉讼调解和人民调解的作用。结合《劳动合同法》和最高人民法院司法解释的相关精神,我们在审理劳动争议案件中,坚持"平等保护 + 适度倾斜"原则,这体现了现代劳动争议案件处理的一种理念,彰显了劳动法的社会法属性。劳动法在劳动者和用人单位之间进行权利和义务分配的实质是对双方的权利义务做出了差别安排,而这种差别安排体现了对劳动者的特殊保护,这种特殊保护意在改善处于不利地位的劳动者的状况,反映了法律对弱者的一种特别关注。③

在劳动争议处理问题上,法院既要重视审判程序中的调判结合、调解优先,同时也应充分尊重劳动争议的仲裁程序。在裁审衔接上应做到三点:一是重视劳动仲裁对化解矛盾的作用。2008 年《劳动合同法》生效以来,全国劳动仲裁机构每年仲裁的劳动争议案件达到了 65 万件以

---

① 王贤森:《〈劳动合同法〉"单倾斜"与"双保护"关系刍议》,《工会理论研究》2008 年第 3 期。
② 朱丽、穆随心:《"倾斜保护原则"正义价值研究——以劳动者保护展开》,《陕西社会主义学院学报》2010 年第 2 期。
③ 董文军:《我国〈劳动合同法〉中的倾斜保护与利益平衡》,《当代法学》2008 年第 3 期,第 109 页。

上，不服裁决到人民法院提起诉讼的每年在25万件左右，这样的数据充分反映出劳动仲裁机构在处理劳动争议方面所发挥的重大作用。二是要主动加强与劳动仲裁机构的沟通协调。劳动仲裁机构受理案件数量大，信息量大，是劳动争议诉讼的重要前置关口。对此法院和当地的劳动仲裁机构、劳动仲裁行政管理部门定期或者不定期召开协调会议，统一对一些劳动争议法律问题的认识，做到信息互通。三是应采取实体审查与程序审查相结合。劳动争议案件审理中，当事人对于劳动仲裁机构裁决内容不提起诉讼的，视为对仲裁裁决的认可，这样有利于化解劳动纠纷双方的矛盾。

# 二 关于社会保险争议人民法院受案问题

对于劳动争议中社会保险问题人民法院受案与否，一直是一个关注度高、争议大的问题。特别是《社会保险法》生效后，社会各界曾经期待最高人民法院能将之纳入劳动争议案件受理范围，一些人大代表、政协委员也向各级法院提出过相关提案或建议。但到目前为止，人民法院受理与社会保险相关的案件仍限定为如下几种类型：（1）《最高人民法院关于审理劳动争议案件适用法律若干问题的解释》第一条第（三）项规定：劳动者退休后，与尚未参加社会保险统筹的原用人单位因追索养老金、医疗费、工伤保险待遇和其他社会保险费而发生的纠纷，人民法院应当受理。（2）《最高人民法院关于审理劳动争议案件适用法律若干问题的解释（二）》第五条规定：劳动者与用人单位解除或者终止劳动关系后，请求用人单位返还其收取的劳动合同定金、保证金、抵押金、抵押物产生的争议，或者办理劳动者的人事档案、社会保险关系等移转手续产生的争议，经劳动争议仲裁委员会仲裁后，当事人依法起诉的，人民法院应予受理。（3）《最高人民法院关于审理劳动争议案件适用法律若干问题的解释（三）》第一条规定：劳动者以用人单位未为其办理社会保险手续，且社会保险经办机构不能补办导致其无法享受社会保险待遇为由，要求用人单位赔偿损失而发生争议的，人民法院应予受理。对于社会保险的登记、社会保险费用的缴纳以及保险费用缴费不足的补缴问题目前仍属于行政管理事项。

对于有关社会保险登记、社会保险费用缴纳及赔偿的纠纷，司法实践中的处理方式为：一是劳动者单独起诉的，人民法院不予受理，对于已经进入程序的，原则上驳回起诉。二是劳动者与其他劳动权利并案起诉的，法院在裁判文书中行使释明权，告知劳动者到劳动行政部门申请解决，裁判主文中不涉及社会保险登记和费用缴纳问题。三是对于社会保险赔偿纠纷的受理，要同时具备以下三个条件。第一是用人单位未为劳动者办理社会保险手续；第二是社会保险经办机构不能补办；第三是劳动者无法享受社会保险待遇而遭受了损失。对于用人单位虽然未及时办理，但是按照政策规定社会保险经办机构可以补办的情形，仍然是由相关行政部门负责处理。

## 三　在审理劳动争议案件时对企业规章制度审查

在审理劳动争议案件时，除适用法律、法规、部门规章、地方性法规和规章外，用人单位的规章制度也是法院裁决的重要依据。

《劳动合同法》第四条规定："用人单位在制定、修改或者决定有关劳动报酬、工作时间、休息休假、劳动安全卫生、保险福利、职工培训、劳动纪律以及劳动定额管理等直接涉及劳动者切身利益的规章制度或者重大事项时，应当经职工代表大会或者全体职工讨论，提出方案和意见，与工会或者职工代表平等协商确定。在规章制度和重大事项决定实施过程中，工会或者职工认为不适当的，有权向用人单位提出，通过协商予以修改完善。用人单位应当将直接涉及劳动者切身利益的规章制度和重大事项决定公示，或者告知劳动者。"根据这一规定，规章制度作为审理案件的有效依据，法律规定了几个必备条件：一是对直接涉及劳动者切身利益的规章制度或者重大事项，应当经职工代表大会或者全体职工讨论并与工会或者职工代表平等协商确定，即我们通常讲的民主程序。用人单位制定规章制度、决定重大事项属于行使经营自主权的体现，《劳动合同法》赋予劳动者规章制度制定权和重大事项决定权，其实质就是使劳动者参与到用人单位的经营管理过程中，是劳动者行使民主管理权利的体现，其目的是保护劳动者的合法权益。但是此种倾斜保护并非完全无视用人单位的利益，劳动者的参与仅限于直接涉及切身利益的规章制度和重大事项。此规定是我国《劳动合同法》中通过倾斜保护协调劳动者和用人单位利益比较好的范例之一。① 二是用人单位对上述规章制度或者重大事项履行公示或告知的义务，即我们通常讲的公示程序。司法实践中，我们看到有的用人单位规章制度建立内容全面完善，程序到位，对加强内部管理起到了很好的作用，甚至在发生劳动争议后，成为处理纠纷的有效依据。但有的用人单位在规章制度上存在一些问题，主要表现在：一是制定程序的缺失性。程序上重上下领导层级的审批，轻职工大会、职工代表大会的讨论、通过。二是关联企业相互适用效力性存疑。这往往存在于集团公司、大公司、大企业中，关联公司、上下级公司、母子公司、加盟公司之间制度相互适用，但缺少相互之间制度转换的程序证据，导致制度适用时的效力不足。三是制度的衡平性问题。有的用人单位重管理轻人性，重处罚轻教育，忽略了法律规定的"严重""轻度"标准，使劳动者处罚责任失衡。四是对违规行为重复处理。有的用人单位制度规定对劳动者的违规行为多次处罚，一次违规，有记过、扣奖金直至开除等处罚措施。五是制度适用的标准与法律、政策差异大。如有的用人单位规定：员工参与赌博的一律开除。但该制度中对赌博的数额却没有明确的规定，员工参与 2 元、5 元麻将或者"斗牛"等赌博活动的，被用人单位开除或者解除劳动关系，双方酿成纠纷。

对用人单位规章制度的审查主要应把握三个方面：第一，必须经过民主和公示的程序。民主程序的审查可以指导当事人举证，举证的内容

① 董文军：《我国〈劳动合同法〉中的倾斜保护与利益平衡》，《当代法学》2008 年第 3 期，第 107 页。

包括职工代表大会召开情况、会议记录、会议决定以及职工代表到会签名等程序内容，同时要审查制度是否违反法律法规的禁止性强制性规定。公示的方式，包括劳动合同中的公示、会议宣讲的公示、教育培训的公示、签收《劳动者手册》公示以及内部局域网公示等多种形式。总之，民主程序和公示程序按照法律的规定把握一个"度"字。第二，双方利益上要有基本的衡平性，对劳动者要予以适当倾斜。对劳动者过错达不到"严重违反规章制度"、"严重失职"、"造成严重影响"程度的，对一次过错多次处罚的，司法实践中一般做适当的调整。第三，对有概念无标准的处罚制度的处理原则。有的用人单位制度内容比较抽象，缺乏可操作性。如有的单位对旷工处罚规定得过于简单，旷工多少天处罚没有具体标准；有的单位在规章制度中规定对赌博行为的处罚措施，但没有将多大数额认定为赌博的标准；有的用人单位规定严重违反规章制度的应如何处理，但什么是严重违反规章制度没有标准。这样的情况一般应如何处理呢？司法实践中我们采取的做法是：有法律、法规规定的按照法律、法规规定办，没有法律、法规规定的按照部门规章和地方性法规、规章办，对用人单位使用了法律、政策概念而又不按照法律、政策标准办理的，司法实践中将予以调整。

## 四 关于工伤纠纷处理中应当注意的问题

在劳动争议中，因工伤导致的案件占了一定比例。工伤案件一般包括劳动关系的确认之诉、工伤认定和伤残等级争议之诉、工伤待遇的赔偿之诉等类型。劳动争议纠纷中，主要是劳动关系确认之诉和工伤待遇赔付之诉。结合新老工伤保险条例的规定及各省（自治区、直辖市）的政策变化，工伤案件处理有以下三个问题值得注意：

（1）关于"三个一次性"的标准问题。在工伤纠纷中，用人单位和劳动者只要解除劳动关系，工伤待遇中的一次性伤残补助金、一次性工伤医疗补助金和一次性伤残就业补助金（简称"三个一次性"）必然要产生。这"三个一次性"的支付标准有差异：一次性伤残补助金的标准由国务院在《工伤保险条例》中直接规定，按照工伤等级的不同，享受不同的待遇，但支付的标准为工伤职工因工作遭受事故伤害或者患职业病前12个月平均月缴费工资。一次性工伤医疗补助金、一次性伤残就业补助金的标准由国务院授权省级（省、自治区、直辖市）政府制定和规定。如《湖南省实施〈工伤保险条例〉办法》《湖南省劳动和社会保障厅关于工伤保险工作若干具体问题的补充意见》（湘劳社政字〔2005〕13号）规定：工伤人员终止或解除劳动关系，支付一次性伤残就业补助金和一次性工伤医疗补助金时，支付标准为终止或解除劳动关系前12个月本人平均月缴费工资。一个是受伤时标准，一个是劳动关系解除或终止时标准，如果时间跨度大，享受工伤待遇的差异也大。

（2）"三个一次性"支付主体问题。《工伤保险条例》2004年实施后，于2010年进行了修订。修订后的《工伤保险条例》对"三个一次性"的支付主体进行了重新规定。原《工伤保险条例》规定，一次性伤残补助金由工伤保险基金支付，一次性工伤医疗补助金、一次性伤残就业补助金由用人单位支付。修订后的《工伤保险条例》规定，一次性伤残补助金、一次性工伤医疗补助金由工伤保险基金支付，一次性伤残就业补助金由用人单位支付。司法实践中遇到的情况往往比法律的规定更为复杂，如用人单位没有为劳动者办理工伤保险；用人单位的缴费标准与劳动者的实际工资有差异；因为支付主体不同，有时劳动者主张工伤保险待遇程序复杂多样。如何解决这些问题，我们的做法是：一是审理工伤案件时，要审查用人单位是否为劳动者办理了工伤保险，如果没有办理工伤保险，那么，用人单位应当支付劳动者的全部工伤保险待遇。二是计算工伤的支付标准是劳动者在用人单位的应得工资。三是当劳动者起诉用人单位而没有对工伤保险基金组织提起诉讼时，为减轻当事人诉累，可以先行裁判用人单位承担责任，并在裁判文书中释明用人单位在履行义务后所取得的权利。

（3）第三人造成损害并构成工伤的处理。对于第三人致害的情况该享受何种待遇，即适用人身损害赔偿与工伤赔付并用的双赔原则，还是适用人身损害赔偿与工伤中的最高额补偿原则，学术界存在较大分歧。[①]司法实践中也存在争议，北京、上海、广东、江苏等地的劳动仲裁机构、人民法院均有指导性意见，但各地的指导意见和具体做法不尽相同。目前我们形成的统一做法是采取了程序上的双赔原则。其法律和政策依据主要有以下规定。《最高人民法院关于审理人身损害赔偿案件适用法律若干问题的解释》第十二条规定："依法应当参加工伤保险统筹的用人单位的劳动者，因工伤事故遭受人身损害，劳动者或者其近亲属向人民法院起诉请求用人单位承担民事赔偿责任的，告知其按《工伤保险条例》的规定处理。因用人单位以外的第三人侵权造成劳动者人身损害，赔偿权利人请求第三人承担民事赔偿责任的，人民法院应予支持。"最高人民法院〔2006〕行他字第 12 号答复中规定：因第三人造成工伤的职工或其近亲属，从第三人处获得民事赔偿后，可以按照《工伤保险条例》第三十七条的规定，向工伤保险机构申请工伤保险待遇补偿。《社会保险法》中也有相关的规定。在双重赔偿原则下，如赔偿权利人获得侵权赔偿，用人单位承担工伤保险责任相对应项目中的医疗费、护理费、交通费、住院伙食补助费以及残疾辅助器具费等费用原则上不重复计算。正因为如此，我们提出程序上双赔和实体上双赔是有不同意义的。

## 五　关于未签订书面劳动合同二倍工资问题

《劳动合同法》生效后，普遍认为一个突出的亮点是：对未签订书面劳动合同的处罚明显突破了《劳动法》。用人单位未与劳动者签订书面劳动合同的，《劳动合同法》规定了两个后果：一是支付二倍工资；二是视为签订无固定期限劳动合同。对于二倍工资的支付问题，司法实践中也有一些不同做法，我们的处理主要把握以下几个方面。

---

① 杨海礁：《试论工伤保险补偿与侵权损害赔偿的竞合》，《商场现代化》2012 年第 8 期。

（1）二倍工资争议仲裁时效的问题。劳动者以用人单位未与其签订书面劳动合同为由请求用人单位支付其二倍工资的，二倍工资应视为一个整体起算仲裁时效期间。劳动争议仲裁时效期间从与用人单位补订书面劳动合同、用人单位书面通知终止劳动关系、视为与用人单位订立无固定期限劳动合同之日起算，其仲裁时效为 1 年。[①]

（2）二倍工资的最长给付期限问题。《劳动合同法》第八十二条第一款规定："用人单位自用工之日起超过一个月不满一年未与劳动者订立书面劳动合同的，应当向劳动者每月支付二倍的工资。"第二款规定："用人单位违反本法规定不与劳动者订立无固定期限劳动合同的，自应当订立无固定期限劳动合同之日起向劳动者每月支付二倍的工资。"这一规定直接涉及二倍工资支付时间，各地的理解和裁判存在差异。一种意见认为：二倍工资支付的最长时间为 11 个月，满一年后应视为签订无固定期限劳动合同。[②] 另一种意见认为，按照《劳动合同法》上述条款以及《中华人民共和国劳动合同法实施条例》第六条的规定，用人单位向劳动者每月支付二倍工资的起算时间为用工之日起满一个月的次日，截止时间为补订书面劳动合同的前一日为止，二倍工资的支付时间没有限定。[③] 我们采取前一种意见，认为对于未签订书面劳动合同支付二倍工资的时间最长为 11 个月，《劳动合同法》第八十二条第二款对应的是第十四条第二款的情形。

（3）二倍工资支付范围问题。根据国家统计局《关于工资总额组成的规定》第四条规定：工资总额由计时工资、计件工资、奖金、津贴和补贴、加班加点工资、特殊情况下支付的工资组成。司法实践中，对于按营业额提成或利润额提成办法支付给个人的报酬未按月支付的，一般不计入二倍工资中；用人单位以货币化形式向劳动者支付的与从事的工

---

① 金瑾：《关于"双倍工资"适用的思考》，《佳木斯教育学院学报》2013 年第 8 期。

② 王忠：《未签订无固定期限劳动合同的双倍工资支付的上限问题》，《中国检察官》2012 年第 7 期。

③ 杨学友：《未签书面劳动合同双倍工资赔偿如何计算？》，《职业》2014 年第 3 期。

作相关的包干性交通费、差旅费、通信费、业务费等费用不属于工资范围，亦不计入二倍工资之中。

# Some Practical Affairs during the Trial
# of the Labor Dispute Cases

## Li Qing

**Abstract**：Since the Labor Contract Law of the People's Republic of China came into force in 2008, there exists successive theoretical controversy on the alternative implement of the "equal protection" or the "preferential protection". In the practical trial of the labor dispute cases, based on *The Labor Contract Law of the People's Republic of China* and special provision in *Interpretation (Ⅳ) of the Supreme People's Court of Several Issues on the Application of Law in the Trial of Labor Dispute Cases*, People's Court adopts the addition of two principles, and efficiently copes with several cases about social Insurance、the review of enterprise's rules and regulations、benefits for work – related injury insurance and double wage payment.

**Keywords**：Labor dispute；Social insurance；Enterprise's rules and regulations；Double wage

# 社会法学基础理论

# 社会组织与社会主义民主法治建设研究<sup>*</sup>

王新生　等<sup>**</sup>

**摘　要**：根据国内外学者的理论研究，社会组织与社会主义民主法治发展有着正相关关系，社会组织的发展有助于社会主义民主法治的开展，社会主义民主法治的发展有助于促进社会组织的发展壮大。通过对中国法理学研究会、长沙市关山村、武汉在线义工联盟等的调查、分析可以看到，社会组织能够培育公民的民主、法治素养，有助于公民参与政治民主、经济民主、社会民主。针对我国社会组织的发展现状及其存在的问题，在全面加强社会建设与创新社会管理的时代背景下，应当全面落实公民结社自由权，放宽社会组织登记条件，采用登记监督与事后追惩相结合的方式加强对社会组织的监管，建立符合民主法治精神的内部治理结构和运行机制，以"枢纽型组织"建设为纽带，全面推进社会组织发展。

**关键词**：社会组织；社会主义民主；社会主义法治；法律监管；枢纽型组织

改革开放以来的三十余年里，我国社会主义民主政治建设、经济建

---

　*　本文系民政部 2012 年部级课题"社会组织与社会主义民主法治建设研究"（课题编号：2008MZACR001－1250）的研究成果。

　**　课题组主持人为王新生，成员包括张承安、李志明、李豪、黄思敏等。王新生，湖南祁阳人，长沙理工大学法学系教授，法学博士，主要从事法理学、宪法学研究。

设、社会建设等各个方面都取得了辉煌的成就。在这个大发展的过程中，我国的社会组织也取得了大的发展。正确认识社会组织与社会主义民主法治建设之间的关系，在社会主义民主法治的前提下继续发展社会组织，是我们必须研究的重要课题。

# 一　域外有关社会组织与民主法治的
## 理论论述与经验借鉴

域外特别是西方发达资本主义国家有关社会组织与民主法治的理论论述汗牛充栋，内容极为丰富。同时，西方发达资本主义国家的社会组织发展程度也非常高，与其民主法治发展存在高度的一致性。从两者的关系来考察，可以说：社会组织与民主法治具有高度的正相关关系，即社会组织是民主法治发展的重要基础，同时民主法治发展也促进了社会组织的发展。

**1. 社会组织促进民主的进步，民主的进步又促进了社会组织的发展**

国外理论界，特别是实行自由民主制度的西方资本主义国家，有许多学者基于"国家与市民社会"的分析框架[①]，认为市民社会的存在是实现政治民主的一个必要条件，民主与市民社会之间有着某些必然的联系，强大的市民社会是促进现代民主发展的重要保障。[②] "若缺乏民主国家的积极支持和鼓励，稳定的市民社会将无法存在。而若没有市民社会组织的积极支持和控制，民主政治也无法自我革新。"[③] 他们所说的市民社会，就是在国家之外，非政府组织即社会组织在社会上发挥着重要作用，公民不仅享有各项政治权利，而且还可以参加以谋求普遍利益为目的的社

---

[①] 邓正来等编《国家与市民社会——一种社会理论的研究路径》，中央编译出版社，1999，"导言"第 14 页。

[②] 金灿荣：《美国市民社会与政治民主的关系初探》，《美国研究》2001 年第 1 期，第 56 页。

[③] 〔英〕保罗·金斯伯格：《民主：危机与新生》，张力译，中国法制出版社，2012，第 49 页。

会组织，在社会组织里，公民以自己的方式实行管理。① 社会组织从许多方面促进了民主的进步，特别是在公共领域意见表达、公民意识的培养及公民的民主参与等方面起到了独特的作用。恰如美国学者帕梅拉·帕克斯顿研究所得：强健的社团生活有利于建立和维护民主；通过一种相互作用，民主也能够增进社会组织的发展。②

第一，社会组织促进了"公共领域"的形成。当今社会是一个利益高度分化、观点多元的社会，社会成员会积极地寻求政治上的表达，以期得到社会的认同并使自己的权益得到充分的保障。社会组织是社会成员寻求政治力量同盟者的良好载体。正是由于无数的社会组织的存在，有利于社会成员的政治观点与利益要求得到充分的表达，促进全社会共识的产生与政府决策的形成。托克维尔在分析美国的民主时曾谈到，"不同年龄、不同身份、不同倾向的美国人总是在不断地进行结社，那里不仅有与每个人息息相关的商业和工业组织，而且有许多其他不同类型的社会组织：宗教的、道德的、严肃的、无聊的、宗旨极为宽泛的和极为狭隘的、成员极为众多的和极为有限的"，"在我看来，美国最值得重视的就是其基于个人自愿的、有道德基础的社会组合。"③正是这些社会组合，构成美国社会民主政治的重要细胞，培育了行之有效的美国民主。社会组织有助于公民的观点表达，有利于促进"公共领域"的开放交流，促使公民就各种政治与社会问题达成共识。

第二，社会组织的结构与规则，有利于培育公民的平等议事并自觉承担责任的民主品格。社会组织不具有公权性质，它只能根据平等、自愿、民主的原则组成，其议事规则及决策程序必须是全体成员的合意。这种组织活动，包括组织议事、决策等方式能够充分体现民主的精神，

① 〔荷兰〕泰曼·范德普卢：《荷兰及其他西欧国家中结社自由的法律实施》，钟瑞华译，载〔英〕阿米·古特曼等著《结社：理论与实践》，吴玉章、毕小青等译，三联书店，2006，第397页。

② 〔美〕帕梅拉·帕克斯顿：《社会资本和民主——一种相互依赖的关系》，冯仕政译，载周红云主编《社会资本与民主》，社会科学文献出版社，2011，第409页。

③ 〔美〕托克维尔：《论美国的民主》，董果良译，沈阳出版社，1999，第81页。

有效地培育了公民的平等、民主意识，有助于公民有效参与政治民主活动。社会组织内部协商与讨论的过程强化了公民美德，它教导人们从多方面了解他人的观点与看法，培育了公民之间的信任。[1]

第三，社会组织促进了协商民主、经济民主、社会民主等参与式民主的发展。由于"越来越多的公民逐渐认识到，他们有能力影响那些关乎他们的生活质量的公共政策的制定与执行"[2]，参与式民主在西方国家逐渐兴起。参与式民主理论在 20 世纪 70 年代以来发展迅猛，直接推动了西方协商民主的兴起。社会组织极大地促进了参与式民主，特别是协商民主的发展，提高了西方社会民主的品质。首先，在社会组织就某些特定议题的协商、讨论的过程中，相关问题被多角度、多方面审视，可能得出新的解决方案或调解方案，政治家们能够更清楚地了解公民的想法；其次，由于决策是各个多元化利益团体博弈的结果，而不是由一个封闭的决策者小圈子决定，因而能够强化决策的正当性。总的来看，参与式民主作为一种微观民主、现实生活中的民主，能够成为国家政治生活中的代议制民主的一种有效补充。

参与式民主理论强调公众的参与，特别是参与那些与自身日常生活密切相关的、公共生活的决策，以此提高决策的质量，提高公众的可接受度。"公众参与公共生活决策的过程和实践，能够增强公众参与的效能感，培育公众民主品质和素养，进而形成一种参与式社会并推动作为宏观民主的代议制民主的发展及民主存量的增长。"[3] 社会组织（包括地方性社区组织）在维持民主生活方式方面有着重要的作用。哈佛大学教授帕特南对意大利南部地区与北部地区存在的市民社会传统和结构进行了比较分析，指出意大利北部存在的公民积极参与社区生活的传统有助于

---

[1] 〔英〕保罗·金斯伯格：《民主：危机与新生》，张力译，中国法制出版社，2012，第 61 页。

[2] 〔美〕约翰·克莱顿·托马斯：《公共决策中的公民参与：公共管理者的新技能与新策略》，孙柏瑛译，中国人民大学出版社，2005，第 9 页。

[3] 张光辉：《参与式民主与我国民主制度结构的耦合——一种内在价值与逻辑的学理解析》，《东南学术》2010 年第 4 期，第 43 页。

民主的有效开展。存在于北方的众多的保护者协会、同业公会、互助会、合作社、工会、足球俱乐部、识字会等社会组织，有助于弥合社会裂缝，整合不同的背景和价值观，促进宽容、合作和互惠等心智习惯，从而有助于促进公民的民主参与，推动了民主的开展。① 帕特南特别强调，社会组织是民主进步的一种重要的决定性因素，民主改革必须从基层做起，切实鼓励普通公民之间的民间约定。②

同时，民主的发展又促进了社会组织的大发展。佩特曼在《参与和民主理论》一书中就民主如何促进社会组织发展的机制进行了探讨。他指出，公民如果"要以一种不侵害他们的个人自由的方式将他们的意志转化为行动，人们就必须参与他们所在团体的组织和管理。参与的观念是他理论中的核心部分"。他还强调，"社会组织的目标不仅是物质方面的效率，而且也是所有成员的最充分的自我表达"，而且还应当要求所有成员能够参与到"自主管理"中来，"充分参与社会事务的共同活动"③。进而，公民参与的场域需进一步扩展到政府与组织决策过程中来，本着平等的原则，不仅要参与全国性事务的所有决策，还要将参与的范围延伸到"政府以外的领域"④，还要关注影响自身利益以及周围环境的决策，参与日常生活与工作中事务，并在参与中提高人们参与的效能感。⑤ 因此，为了参与民主政治活动的需要，社会公众又积极地组成各种社会团体或组织，形成合力，以有效地表达自己的政治主张，提高参与决策的力度与效能。

---

① 〔英〕罗伯特·D.帕特南：《使民主运转起来——现代意大利的公民传统》，王列、赖海榕译，江西人民出版社，2001，第213页。

② 〔英〕罗伯特·D.帕特南：《使民主运转起来——现代意大利的公民传统》，王列、赖海榕译，江西人民出版社，2001，中译本序第2页。

③ 〔美〕卡罗尔·佩特曼：《参与和民主理论》，陈尧译，上海人民出版社，2006，第34页。

④ 〔美〕卡罗尔·佩特曼：《参与和民主理论》，陈尧译，上海人民出版社，2006，第99页。

⑤ 〔美〕卡罗尔·佩特曼：《参与和民主理论》，陈尧译，上海人民出版社，2006，第103页。

**2. 社会组织的发展促进了法治的进步，法治进步又进一步保障和规范了社会组织的运行**

社会组织对于法治发展的促进作用是多方面的，同时，法治的进步又保障了社会组织的存在，并进一步规范了社会组织的健康运行，促成社会组织良性、健康发展。

第一，社会组织有利于培育法治的契约精神，增强对公共权力的制衡。当今社会，任何单一的社会成员面对强大的政府和公权力，都显得微不足道并有可能受到公权力的侵害。因此，社会成员通过组成社会团体或社会组织，形成较为强大的集体力量，为自己的权利发声，维护自身的权益，能够对政府和公权力起到一定的制约作用。同时，社会组织都是社会成员自愿、平等组成，其活动也是依据组织成员自身制定的章程或约定而展开，因而体现了法律契约的精神。这种契约精神的培育有助于促进社会法治的进步。

第二，社会组织的发展是法治进步的结果。因为，根据各国宪法所规定的公民基本权利，结社自由受到宪法和法律的保护。世界各国宪法对结社权都有明确规定。如德国宪法第 9 条第一款和第三款即规定：所有德国人均享有结社的权利；保障所有人和所有职业为保护和改善劳动、经济条件而结社的权利。限制或妨碍此项权利的协议均属无效，为此采取的措施均属违法。如俄罗斯宪法（1992 年）第 13 条即规定：（政治多样性）（1）俄罗斯承认意识形态多样性；（2）没有一个意识形态被规定为国家倡导或具有强制性的意识形态；（3）俄罗斯承认政治多样性和多党制；（4）所有公众社团在法律面前一律平等。如爱沙尼亚宪法（1992年）第 48 条对结社权做出规定：人人都有权成立非营利社团和联盟。只有爱沙尼亚公民才能成为政党成员；终止或暂停社团、联盟或政党的违法活动及对其进行制裁只能由法院做出。再如，智利共和国宪法（1980年）第 19 条规定：宪法保障任何人都有未经事先授权而进行结社的权利。为了获得合法地位，社团的组织必须符合法律规定。不得强迫任何人参加某一社团。违反道德、公共秩序和国家安全的社团予以禁止。

第三，社会组织必须遵照法律，组织成员在活动中培养守法的意识。社会组织追求的目的必须合法，如果组织的目的违反公共利益，例如组织活动构成刑事违法或造成社会混乱，就不能主张结社权，成立违法目的的社会组织。① 如德国宪法第 9 条第二款规定：社团的宗旨和活动违反刑法、宪法秩序或违反民族谅解原则的，予以禁止。俄罗斯宪法第 13 条第 5 款即规定：目标和行动旨在改变宪法治理的根本原则，破坏俄罗斯联邦完整性，危害国家安全，组建武装部队，煽动社会、种族、民族和宗教冲突的社团，其建立和活动须被禁止。爱沙尼亚宪法第 48 条在规定结社自由的同时，也规定了对社团的法律限制：建立持有武器、包含军事组织或进行军事演习的社团和联盟需事前许可，许可的发布应符合法律规定的条件和程序；目标和活动旨在暴力改变爱沙尼亚宪法制度或违反刑法的社团、联盟和政党应予以禁止。智利共和国宪法（1980 年）第 19 条同时还规定：政党不得干预除他们自身以外的任何活动，在公民参与方面没有任何特权和垄断地位，其记录和账目必须公开；其经费不得来自国外的货币、资产、捐助、现金和信用卡；其内部章程必须规定保证有效的内部民主的宗旨。宪法规定与此相关的其他内容，并制定对违反这些规定所采取的包括解散在内的惩处措施。参与违反上述宗旨的政党和活动的社团、运动、组织或集团属非法，应依照上述宪法规定予以惩处。保加利亚宪法（1991 年）第 12 条规定：（1）公民社团应符合并保障公民的利益；（2）包括工会在内的公民社团不应有任何政治目的，也不应进行属于政党范畴的任何政治活动。合法的组织活动促进了社会组织的进步，同时也培育了组织成员的守法意识。

第四，政府对社会组织的法律监管促进了社会组织的健康发展。外国政府对社会组织监管和服务的做法和措施很多，主要包括如下几个方面：（一）以成立登记或事后追惩等手段，确立自行设立或登记设立等监管模式，对社会组织的成立进行监管。其中，自行设立模式可称之为追

① 〔英〕理查德·弗赖斯：《英国的法律和社团生活》，钟瑞华译，载〔英〕阿米·古特曼等著《结社：理论与实践》，吴玉章、毕小青等译，三联书店，2006，第 411 页。

惩制或承认制，其监管特点主要是事后监管。英国、美国、印度等国采取该模式，在此种模式下，公民可自由成立各类社会组织，无须经过任何登记手续，但社会组织的运行必须遵守相关法律。一旦发现该组织存在违法犯罪行为，国家将依法予以追查惩罚。当然某些特定组织也需要依法登记管理。德国、日本、新加坡、泰国等国采取了登记设立模式，也可称之为预防制或强制注册制，其监管特点主要是事前监管。此种模式下，社会组织必须在法定国家机关进行登记注册才能开展活动，否则将被视为非法组织。（二）政府部门以免税措施为杠杆，如对慈善基金给予免税等，利用经济激励等手段引导社会组织发展。（三）政府部门强化登记管理、税务、审计、检察、司法等各部门的职责与功能，构建对社会组织的多元监管格局。（四）政府部门通过税收优惠、财政直接拨款、购买公共服务、建立战略支持框架体系等措施和手段，为社会组织提供支持性服务。[①] 通过这些做法，外国政府对社会组织实施全方位的法律监管。

## 二　基于对社会组织的三个调查的思考

在加强社会管理创新的时代要求之下，社会组织的地位与作用正受到全面的审视。从社会主义民主法治的视角来看，社会组织的发展与社会主义民主法治的发展呈现高度一致性，即高度正相关关系：发展社会组织有助于促进社会主义民主法治的发展；民主法治的发展促进了社会组织的发展。在笔者进行的调查研究与案例分析中，可以管窥这种正相关关系。

**1. 对中国法理学研究会学术研讨会主题变迁的审视**

对中国法理学研究会历年的学术研讨主题进行审视，主要是考察作为主要从事法学研究的学术团体对我国民主法制思想、依法治国思想形

---

① 龙宁丽：《国外社会组织管理体制的做法与经验》，《社团管理研究》2011 年第 7 期，第 26~28 页。

成和发展的理论贡献。

中国法理学研究会是中国法理学研究的重要学术团体。原为中国法学会下的二级学会，名为"中国法学会法理学研究会"，于 2012 年更换为现用名，成为民政部登记的一级学会。长期以来，中国法理学研究会围绕着社会主义民主法制建设、人权理论、法治理论展开学术研究与学术讨论，通过历届年会主题即可看到其对中国法制建设及法治理论研究有着重要的理论促进作用。

1992 年年会（武汉）主题为"人权与法制"，另外 1992 年在上海召开"法律与社会发展"研讨会；1993 年年会（杭州）主题为"社会主义市场经济与法制建设"；1994 年年会（济南）主题为"建设有中国特色社会主义理论与法理学的发展"，同年还在大连召开主题为"市场经济与现代法的精神"研讨会；1995 年年会（昆明）主题为"走向 21 世纪的中国法理学"；1996 年年会（北京）主题为"依法治国建设社会主义法治国家"；1997 年召开了一系列研讨会，主要有：法律解释学学术研讨会、依法治国与精神文明建设学术研讨会、法理学与宪法学教材研讨会、生命法学研讨会、中国司法改革研讨会等；1998 年召开了依法治国与廉政建设研讨会、沈宗灵学术思想暨当代中国法理学的改革与发展研讨会、20 世纪中国法学与法制现代化学术研讨会等；1999 年召开了中国传统文化与当代法理学研讨会、"法理学向何处去"研讨会等；2000 年召开了比较法律文化国际学术研讨会、法治与 21 世纪国际学术研讨会、法律与全球化国际学术研讨会、以"21 世纪的亚洲与法律发展"为主题的亚洲法哲学大会（国际法律哲学与社会哲学协会中国分会、中国法学会法理学研究会、南京师范大学联合主办）；2001 年年会（乌鲁木齐）主题为"西部开发与法治建设"，另外还召开了后现代法学与中国法制现代化研讨会、"法治：中国与世界"研讨会、"依法治国与党的领导"研讨会、前苏联法学与中国法学研讨会、法律方法研讨会、法律解释研讨会等；2002 年年会在香港大学召开，另外还召开了法律与全球化研讨会、国际人权法高级研讨班、中国法治之路与法律职业共同体研讨会等；2003 年年会（哈尔滨）主题为"法律与社会发展"；2004 年召开了第 4 届亚洲法哲学大会，俄罗斯法学理论的转变、法律移植与中国法制研讨会，有中国特色社会主义法律体系研讨会，全球化时代的中国法学学术探讨会，"法治、人权与宪政"学术研讨会；2005 年年会（广州）的主题为"和谐社会构建与法治国家建设"；2006 年年会（苏州）的主题为"法治与社会公平"；2007 年年会（武汉）的主题为"以人为本与社会发展"，另外还召开了"法理学与部门法哲学研讨会"、"纪念依法治国基本方略实施十周年"研讨会等；2008 年年会（长春）的主题为"全球化背景下东亚的法治与和谐"，该次会议也是第七届东亚法哲学大会；2009 年年会（北京）的主题为"全球和谐与法治"（此次会议同时也是第 24 届国际法哲学与社会哲学大会），另外还召开了"和平崛起与中国法理学问题"学术研讨会（北京大学法学院主办）等会议；2010 年年会（哈尔滨）的主题为"社会主义法治理念与中国法治之路"；2011 年年会（重庆）的主题为"法治发展与社会管理创新"；2012 年年会（西安）的主题为"科技、文化与法律"。

从中国法理学研究会近二十年来的会议主题可以看出，中国法理学研究会一直紧密地围绕着中国社会主义民主政治的发展、社会主义市场经济的发展、社会主义法治的发展需要，选定相关法理学研究议题，组织动员法理学研究者为中国的民主政治、市场经济与法治建设出谋划策，提供相关理论支持。从改革开放以来我国民主法制思想、依法治国思想的发展历程可以看出，我国的法学研究者和法律工作者对我国法治事业的发展做出了重大的理论贡献，有力地促进了我国社会主义法治事业的发展。

**2. 基于长沙市关山村农村村民社会组织的调查**

对关山村的社会组织的调查主要是考察农村基层社会组织对农村基层民主建设及法治事业的影响及贡献。

关山村是湖南省长沙市宁乡县金洲镇管辖下的一个行政村。它位于宁乡县东北部，距长沙市主城区 24 公里，离宁乡县城 11 公里。全村辖

16 个村民小组，村域面积 4.94 平方公里，共 626 户，2660 人，水田面积 1689 亩。原为极为落后的农业村，但在社会主义新农村建设过程中，被列为新农村建设试点单位。在长沙市委、市政府领导的大力支持下，关山村根据"摸索路子、总结经验、示范带动、推动全局"的新农村建设指导思想，在基层组织建设、农业产业发展、基础设施建设和社会事业发展上取得了显著的成绩，经济与社区建设发展迅速，村民的生活水平与经济收入大幅提高。2004 年被列为湖南省全面小康建设示范村，2007 年被确定为长沙市社会主义新农村建设示范村，并被纳入长株潭"两型社会"综合配套改革试验区规划范围。荣获了湖南省社会主义新农村示范村、湖南省生态环保村、湖南省级卫生村、长沙市新农村建设先进村、长沙市新农村文化建设示范村、宁乡县"红旗党组织"等光荣称号。

笔者在调研过程中，重点考察了关山村的社会组织及其运行情况，考察该村的社会组织在经济民主、社区建设等方面的作用。

关山村在继续保持传统的水稻种植之外，通过招商引资和技术引进，发展了特种经济作物种植业（种植高品质葡萄、茶叶）、特种养殖业。关山村根据其经济作物构成，分别成立了葡萄种植合作社、茶叶种植合作社、特种养殖合作社等。这些合作社是由从事该项种植或养殖的村民自愿组成，它的作用主要体现在三个方面：一是正确传达村委会、村党支部关于该经济项目的发展思路，通过合作社与农民对接，做好经济工作。这一点很重要。因为关山村以前只种水稻等传统作物，几乎没有经济作物和特种养殖，后来村委会引进了优良葡萄品种、优良茶叶品种、良种鸭等，并请湖南农业大学的专家前来指导生产并开展技术培训。二是讨论从事该项目生产与销售过程中存在的共同问题，并向上级或有关部门反映自己的要求，或提出自己的主张。诸如需要专家指导、村里给予物资或经费支持等等。三是处理村民生产过程中相互之间的矛盾与纠纷。以葡萄种植合作社为例，在葡萄销售过程中存在着相互竞争，如果处理不恰当，可能会损害葡萄种植农户的整体利益。关山村开展"农家乐"等一系列项目后，有许多外地游客或客户在盛产葡萄的季节前来购买葡萄，而且，多数游客会提出直接到葡萄园采摘葡萄的要求。因为葡萄种植园连成一片，相邻葡萄园之间因为争抢客源容易产生矛盾。在成立葡萄种植合作社之前，还发生过因农户抢夺客源而导致的纠纷。合作社成立后，合作社成员在村党支部及村委会干部的指导下，共同约定：根据公平的市场规则，不抬价，不压价，不以次充好，不克扣斤两，提高合作社的市场信誉，大家共同维护市场公平原则；同时，相互之间不抢夺客源，开展微笑服务，要给客人宾至如归的感觉，提高服务品质，如此等等。从关山村这些合作社的活动中可以看到，合作社实质上就是村民在生产过程中自我决策、自我管理、相互监督的群众性社会组织。从经济民主的视角来分析，这些合作社促进了农村基层的经济民主建设。

在社区建设方面，关山村的老年协会、文化艺术团起着独特的作用，动员了广大村民积极参与到农村社区建设中来。老年协会、文化艺术团等团体通过自我决策、自我管理本村的社区事务，促进了农村基层的社会民主。第一，这两个团体对丰富关山村村民的文化娱乐生活起到了重要作用。关山村文化艺术团把本村的文艺骨干和文艺爱好者组织起来，从事各项文娱活动。文化艺术团设有舞蹈队，主要由本村妇女组成，其中包括不少中老年妇女，组织大家跳广场舞、唱歌及地方戏，丰富了日常生活；文化艺术团还成立了腰鼓队和舞龙队等，节假日从事腰鼓表演，春节期间还举行舞龙等传统项目表演，增强了节日气氛。当村里的旅游项目开展起来后，定期或不定期进行节目表演，为来访者表演文艺节目，既是创收项目，也是独具特色的文化交流活动。老年协会在文化娱乐方面也有其作为。主要是组织老年人自娱自乐，开展一些棋牌活动，甚至吹拉弹唱，有利于老年村民的身心健康。一般而论，广大农村地区的文艺活动常常受到忽视，村委会、村党支部一般不会把文艺活动作为工作重点，因此，农村的文艺生活基本上停留在自发阶段。同时，文艺工作由村委会、村党支部具体抓，也难以取得好的效果。但在关山村党支部、村委会指导与帮助下，村民们成立了文化艺术团，由社团来组织、运行，效果特别明显，有利于活跃农村的生活气氛，提高村民们的生活质量，促进了"和谐新农村"建设。

在农村基层社会纠纷调解方面，老年协会起到了独特的作用。老年协会参与社会纠纷调解工作是在长沙市委、市政府的倡导下开展的。为了加强和促进社会管理创新，长沙市积极开展了多方面的工作，并被列为全国35个社会创新管理试点城市之一。长沙市在社会调解方面颇有创新，其中的一项措施就是成立了由老干部、老模范、老教师、老战士和老专家组成的"五老"组织，进企业、进学校、进社区、进机关，进行形势政策、党的历史、思想道德和公民意识教育，并从事社区矛盾调解工作，取得了良好的效果。关山村的老年协会正确领会了"五老"组织的精神，组织了一批在村里具有较高威望、为人正直、善于说理的老年人，帮助村委会、村党支部开展调解工作，主要是调解邻里纠纷，帮教村民，为村民排忧解难。在调研中了解到，关山村老年协会对邻里纠纷的调解成效显著。本村村民如发生邻里纠纷，一般先由当事人自己协商解决，如果仍未能解决好，就请老年协会出面，找一两个"公道人"出面调解，通过摆事实，讲道理，讲感情（这一点也很重要，在农村地区，人情、脸面仍是调解邻里纠纷的重要因素），逐一化解邻里纠纷与社区矛盾。由于老年协会的调解工作非常出色，近年来该村未出现一例因邻里矛盾恶化而导致斗殴的现象，也没有村民因邻里矛盾无法化解而"走上法庭"。这说明，关山村老年协会在本村纠纷调解过程中起到了重要作用。上升到理论高度来讲，也可以说是为农村法治建设做出了独特的贡献。

### 3. 对武汉在线义工联盟的调查

对武汉在线义工联盟（以下简称义工联）的调查主要是为了了解我国现实生活中，数量众多的社会组织的运行状况，了解其内部管理机制和运行机制，分析其存在的困难，寻找解决问题的相应对策。

义工联成立于2006年1月，是湖北省武汉市著名的志愿服务组织，它是由认同奉献、友爱、互助和社会责任而乐于从事义务工作的志愿者们组成的，以帮助武汉市弱势人群为共同意愿，实行自主管理的公益性的非营利的民间团体。义工联倡导"参与、互助、奉献、进步"的义工精神，以"服务社会、传播文明"为宗旨。成立以来，一直坚持在其联系的爱心服务点和其他常规服务项目上开展活动，这些联系点包括古田爱心康复中心、武昌积玉桥康乐敬老院、汉口长航敬老院、儿童福利院、协和医院肿瘤中心、红十字会血站等机构。义工志愿贡献个人的时间、精神及能力，在没有任何物质报酬的情况下，为帮助弱势人群而提供志愿服务。义工联自 2006 年 1 月 1 日起开展义工活动以来，至 2012 年 4 月 30 日，已累计完成志愿服务 91410 小时，共 45705 人次。义工联为民间自发组织，并无法人资格，成员个人自愿参与活动并承担所有责任。现属于武汉市慈善总会义工部。

义工联以组委会为最高决策机构，下设各活动中心及办公室、内务组。根据义工联章程，义工联由年满 18 周岁的公民自愿组成。义工自愿、无偿地用自己的时间和技能等资源开展社会服务和公益活动，所用经费自行承担。义工享有下列权利：（1）自愿加入或者退出义工联；（2）参加义工联开展的各项服务活动；（3）参加义工服务所必需的培训活动；（4）对义工联工作提出建议、批评并予监督。同时，需履行下列义务：（1）遵守义工联的组织管理规定；（2）履行义务服务的承诺，完成服务工作；（3）尊重服务对象，与其平等相待，对服务对象的隐私予以保密；（4）遵守相关法律、法规及本组织各项具体活动中的其他管理规定。义工联作为社会组织，对义工的行为负有监管、管理职责。根据章程，义工在服务期间严禁出现下列行为：（1）与传销业务有关的商业推销活动；（2）影响义工联声誉的任何带有商业色彩的活动；（3）接受服务对象的捐赠；（4）向服务对象收取报酬或者借钱、借物、谋取其他利益；（5）与服务对象的任何不适当接触，以及容易造成误会的经济借贷、担保等不适当关系；（6）以义工或义工联的名义组织或参与违反法律、违背道德规范、有悖于义工精神的活动。从义工联章程可以看出，作为社会组织，其成员权利义务明确，组织对成员活动的监管亦比较到位，体现了组织的宗旨。从其活动绩效分析，成绩很大。通过志愿活动及组织活动，培育了义工们的民主素养和法治精神及良好的道德观念，为社会慈善事业做出了一定的贡献，有助于社会建设，促进了社会和谐。

但是，义工联在其发展过程中面临着相当多的问题：一是其组织资格的问题。根据民政部门社会团体管理登记条例及相关规定，义工联的社团资格问题难以解决。现在义工联挂靠武汉市慈善总会义工部，只能算作是暂时的变通办法。湖南省在志愿服务条例中明确可采用挂靠的办法，解决无主管单位的社会组织的法律资格问题，可以视为一种变通办法，值得参考。但要促进全国范围内社会组织的发展，挂靠手段不足以解决所有问题。没有独立的社团资格，社团无法承担相应的民事责任。一切民事责任均由志愿者（即义工）自行承担。这种状态严重制约着志愿者组织的生存与发展。二是长期发展的问题。义工联是一个志愿者组织，一切活动经费（包括交通费在内）均由志愿者自行承担。虽然该组织章程规定可以接受不附条件的捐款，但一个没有独立资质的社团能否得到捐款存在疑问。政府对此也没有相应的资助或援助。三是监管问题。由于义工联无法登记注册成为独立社团，所有监管措施只是内部自我管理。这也就意味着民政部门无法对其进行监管，其他部门也无法律根据对其进行监管。这种外在管理或他律的缺位，对社会组织的发展是一个严重的隐患。四是专业指导问题。从义工联的调研材料可以看出，其专业培训是由义工联内部人员组织培训，从其目前的工作来看，照顾老人、孩子应该问题不大，但反映出来的问题是：首先，如果志愿组织从事某些专业性比较强的志愿活动，仅仅依靠其内部人员培训是否可以满足专业技能需要存在疑问；其次，义工联是基于志愿公益活动而发展和成长起来的组织，义工们自身的成长包含了多方面内容，缺乏专业指导和成长机制也制约着组织自身的发展；再次，从更为宏大的范围及时间维度来讲，志愿活动是否可以向更宽阔的领域发展，是否可以面向国家经济、社会建设的需要，把社会组织的自发性引向国家相关规划所要求的方向，保持同国家与社会发展趋势一致性。那么，对这些松散的社会组织的引导、指导及政策、财政支持应当进行多方面的考虑。

# 三 关于社会组织与社会主义
# 民主法治建设的理论思考

改革开放三十余年来，我国的社会主义市场经济建设取得了辉煌的成就，民主政治与法治发展也十分迅速，社会进步十分明显。当前，我国正在提倡加强社会建设和社会管理创新，在这个大背景下，认真思考社会组织与民主法治建设的相关理论问题有着十分重要的意义。

**1. 公民组织与社会主义民主法治建设呈正相关关系**

从国外学者的理论研究可以看到：社会组织与民主法治发展呈正相关关系，社会组织有助于国家法治的实现，促进了公民的政治参与。我国学者经过认真研究，也得出了相同的结论：民主政治、法治与市场经济对于公民权利和人的主体价值的广泛弘扬，为结社自由提供了必要条件和土壤；依法成立的社会组织以其对于自主自律的主张及对权力的制约与分享，为民主与法治提供了动力和保障，对民主与法治有着结构性的支撑作用。[①]

从本文列举的三个事例分析可以看出，社会组织对于民主法治建设的贡献是多方面的。比如，专业性的学术团体可以为民主法治建设提供理论支撑，为政府决策提供参考意见。中国法理学研究会自成立以来，一直站在民主、法治理论发展的最前沿，通过对现实重大问题的法学思考，提出相应的理论和策略。可以说，依法治国概念的提出及其原则入宪、国家尊重和保障人权原则的入宪，都有中国法理学研究会研究者们的智慧与心血凝注其中。在民主建设方面，社会组织对于发扬参与式民主有着独特的作用。从关山村的调查中可以看出，村民们通过合作社组织讨论经济生产中的各类问题，寻求共识，作出决策。它上接村委会、村党支部，反映村民的意见和建议，为村委会及镇政府的决策献计献策，

---

① 马长山：《法治进程中的"民间治理"——民间社会组织与法治秩序关系的研究》，法律出版社，2006，第 33～34 页。

下通每一个村民和每一个家庭，将党支部与村委会及上级党委、政府的政策、决定传达到每一个人，并落实到具体的生产经营活动中去。这种村民合作社有效地促进了我国农村基层的经济民主建设，促进了经济发展。关山村老年协会、文化艺术团等社区组织也为丰富社区文化生活，维护社区的良好秩序做出了贡献，促进了社会民主。从义工联的事例中，我们可以看到，义工联是一个志愿者自愿结合的社会组织，义工联成员地位平等，享有明确的权利，承担明确的义务，民主决策，互相监督。这本身就是一种民主的训练，有效地促进了组织成员的民主观念。从义工联的现实处境分析也可以看出，法律制度不健全严重制约了义工联的长远发展。

所以，发展社会组织同社会主义民主法治建设有着正相关关系。无论是理论探讨，还是实践调查，都证明了：发展社会组织有助于促进社会主义民主法治建设；坚持社会主义民主法治，有助于促进社会组织的健康发展。

**2. 大力发展社会组织是社会主义各项事业发展的需要**

首先，发展社会组织是发展社会主义民主政治的需要。社会组织是人民群众行使民主权利的一种重要组织形式。根据宪法，主权属于人民。人民群众依法行使当家做主的权利。人民群众不仅要行使政治权利，通过选举人大代表行使国家权力，同时还要行使经济、社会权利，积极参与社会事务管理，从事社会公共服务，以充分实现经济民主和社会民主。发展社会组织，有利于推进人民群众参与政治民主、经济民主和社会民主等事务，促进社会主义民主的发展。

社会组织的发展有助于促进协商民主。为数众多的人民团体，包括各种行业协会，联系着不同行业、不同阶层、不同领域的人民群众，能够在政治协商过程中反映本团体成员的利益。对于众多的学术研究会等社会组织，可以在其专业范围内为国家的政治、经济、文化、社会发展提出专业建言，为相关的政府决策提供理论支撑。所有的这些因素，都有利于开展充分的政治协商，并进而影响到全国人大及地方人大立法等政治行为。

社会组织的发展有助于公众参与到各种经济民主、社会民主之中去。经济民主，也可称之为工作场所的民主，是民主范围的进一步扩大。在国有企业或集体企业中，工会组织起着特别重要的作用，工人们可以通过工会组织参与企业的管理与决策，从而实现企业的民主决策、民主管理、民主监督。对于私营企业或外资企业而言，工会组织或工人团体，可以代表工人们同企业主或管理层谈判、协商，为工人争取合理的工资或提高企业的劳动安全保障，并尽可能地参与企业的经营管理及各项决策。在广大的农村地区，农民合作社等基层组织可以组织村民从事各项农业生产，开展生产协作，并组织合作经济体参与市场竞争，并搭建村民与管理机构的沟通管道，影响管理机构的决策，为村民争取更多的政策支持和利益保护。在社会建设及社区建设等领域，各种社会组织或社区组织有助于社区成员开展社区自治。由社区成员自我决定社区事务，从事社区建设，维护社区秩序，发展社区文化，从各个层面丰富社区生活，从而促进社会民主。

其次，发展社会组织是促进社会建设、创新社会管理的需要。2004年以来，党中央和国务院明确提出了加强社会建设和创新社会管理。其后中央进一步提出要确立"党委领导、政府负责、社会协同、公众参与"的管理格局。要落实"社会协同、公众参与"，就必须借重于人民群众自愿组成的社会组织，充分发挥社会组织在社会建设和社会管理创新中的作用。可以说，社会组织是沟通人民群众与政府的一座重要的桥梁，社会组织及时有效地将其成员对政府的要求、愿望、建议、批评集中起来，转达给政府；政府也可以通过社会组织把自己的意图和相关问题的处理意见转达给社会组织的成员，这样，社会组织在利益表达和利益协调过程中，推动政府与人民群众的合作，促进社会管理和社会建设。[1] 通过社会组织让广大的人民群众参与到社会建设与社会管理中来，改变过去一

---

① 俞可平：《治理与善治》，社会科学文献出版社，2000，第 349 页。

切由政府包办的局面，可以加快社会建设的步伐。最近几十年的发展历史也证明，缺乏公众与社会的参与，政府难以负荷起社会建设与社会管理的全部责任。同时，也应认识到，现阶段所讲的社会建设是一个复杂的系统工程，远非政府出钱、政府管理这么单一、简单，它需要党委、政府及社会组织、社会公众一起参与进来。

**3. 必须创新社会组织管理政策，更新发展思路**

社会组织的发展离不开社会环境这一大的背景。在过去很长一段时期内，我国社会组织发展的思路明显受到计划经济时代的管理方式的影响。在计划经济条件下，经济活动和社会生活都由政府强力控制和掌握，普通民众的行动自由度不高，对政治、经济及社会生活的发言权较小，所以社会空间十分狭小，社会组织缺乏存在的基础。改革开放以后，由于推行以建立社会主义市场经济体制为取向的经济体制改革，政府放松管制，经济活动自由度加大，人员自由流动，原有的单位体制基本上解体。因此，政府原有的社会控制方式也必须改变。这些改变在社会组织方面表现十分突出。改革开放以前，我国的社会组织处于并不发达的状态。除了一些全国性的人民团体或行业组织（如全国总工会、全国妇联、全国残联、全国慈善总会、红十字会、工商联等及其地方机构）外，社会组织数量少，规模不大，作用有限。而且，那些人民团体或组织也未能完全发挥其作为社会组织的作用，很大程度上，这些团体与组织可以称之为"第二个政府"，其管理者具有党政官员身份和行政级别，工作方式与党政官员无异。工作中原汁原味地上传下达的情况多，难以做到将党委和政府的政策创造性地转化为社会组织的工作要求，这些人民团体或组织所说、所做之事与党委和政府所说、所做之事相差无几，无法发挥其作为社会组织的职能和作用。改革开放以后，社会环境发生了巨大改变，原有的人民团体和组织也随之发生了一定的改变，新成立的社会组织越来越多。总体上看，社会组织无论从数量上、质量上都有重大发展，而且从社会组织的运行结构与工作机制方面来看，都发生了重大变化。但是，这种变化与发展远不能适应当今社会改革发展的现实需要。

这主要体现在：（1）居于社会组织枢纽地位的人民团体及全国性组织尚没有与党政机关完全脱钩，职能转变不彻底，从根子上无法摆脱"第二个政府"烙印，作为"枢纽性组织"的作用不能得到很好的发挥。（2）新的社会组织的成立受到明显的压制。根据《社会团体登记管理条例》，成立新的社会组织需要主管单位的同意这一条件，把相当多的社会组织拒之门外，不能登记注册成为合法的社会组织，其结果，要么找个婆家挂靠，要么就这么"黑"着运作，要么被强制解散。没有合法身份与资质的社会组织无法承担相应的民事责任，难以正常开展活动。当然这种状况也在逐渐改革，部分地方正进行试点，允许无主管单位的社会组织在条件具备时登记注册。但在全国范围内成立社会组织难的情形没有得到根本性的改变。（3）社会组织的内部结构与运行机制存在明显的缺陷。数量众多的、无合法身份的社会组织此种情形尤为明显，由于不是"正规"的社会组织，组织的管理者与组织成员自然容易处于懈怠状态，组织内部的激励机制、管理机制、监督机制不健全，成员的权利义务关系不明确，组织发展缺乏长效机制，容易陷于困境，难以长期存活并发展壮大。很显然，原有的关于社会组织的管理政策与发展思路已经不能满足时代发展要求，必须对之进行改革、创新，根据社会政治、经济、法治环境的改变，提出新的发展思路，推行新的管理方式，以推动社会组织数量的增长与质量的提高，让社会组织发挥其应有的作用。

　　确立新的发展思路，首先，应当改变对社会组织的看法与心态。中国是一个多民族的大国，人口众多，社会处于急剧的变革与转型之中，经济发展导致社会贫富差异急剧加大且难以短时期弥合，社会矛盾十分突出，再加上民族矛盾、国外敌对势力的渗透等因素，在过去很长一段时间里，部分政府官员对社会组织或多或少地持担忧的态度，担心社会组织被少数用心不良的敌对势力所掌握，利用社会组织的合法身份集结力量，从而将社会组织演变成为敌对的政治组织，造成社会的动荡与不稳定。这种防范心理严重妨碍了社会组织的成立与发展。其次，应当积极改变对社会组织的管理模式。过去长时期内，政府机关对社会组织的管理都是直接管理，直接干预组织的成立与组织的活动，命令式管理居多，社会组织自主性不强，行为效果有限。这种状态与政府对整个社会事务的僵化管理直接相关。计划经济时代，政府对社会事务的管理就是直接管理，甚至直接命令。在社会主义市场经济时代背景下，这种全面、直接管理社会事务的模式已经明显不适应时代要求。在社会矛盾十分突出的状态下，依靠政府来解决一切矛盾显然难以做到，需要建立更多的、更有效的协调机制、利益表达机制来帮助解决这些矛盾。而活动在社会各个领域、各个角落的社会组织，因其最贴近社会基层，能够直接发现和面对各种问题与矛盾，能够直接接触基层群众，了解民情民意，能够反映公众的真实诉求。然后通过组织化、法制化的表达手段，能提高表达的有效性和合法性，减少民众与民众之间、民众与政府之间可能存在的非理性冲突，协调各方利益，充当社会的"稳压器"、"缓冲器"。同时，社会组织，特别是那些公益类社会组织，能够以其提供的服务与资金，解决社会问题，缓解政府压力，缓和社会矛盾，促进社会的整体公平，促进人们之间的相互信任。① 但是，仍有部分官员对此认识不足，或多或少地抱持直接管理社会的观念。对于社会组织，或是严控成立新社会组织，或是严格控制社会组织的活动范围和活动方式，或是直接干预社会组织的正常活动，致使已经成立的社会组织也难以发挥其应有的作用与职能。因此，政府有关部门应当转变管理思路，改直接管理模式为间接管理模式，充分发挥社会组织的自主性，允许社会组织以其自身的方式从事社会活动，少发号施令，限制做这做那，而是通过政策引导、工作指导来管理社会组织，将社会组织的活动导向政府希望的方向去，从而形成政府与社会组织、社会公众之间的合力。再次，也是最为重要的因素，就是充分尊重人民群众的民主权利，尊重公民的结社自由权利。实行依法治国，建设社会主义法治国家的原则已经写入宪法，各级政府及每个官员都应当确立法治的理念与意识，在对待和处理社会组织问题

---

① 彭澎、吴保生：《创新社会组织管理机制研究》，《中共四川省委党校学报》2011 年第 1 期，第 79 页。

上应当从民主法治的高度来看待问题，应当努力促成人民群众自愿组成各种不同的社团或组织，应当依法办理相关事务，依照法律实行监管。

# 四 若干建议与对策

通过分析、借鉴关于社会组织发展的域外理论论述与发展经验，通过调查、分析若干相关实例，结合对社会组织与社会主义民主法治发展相互关系的理论思考，特提出如下建议与对策。

**1. 放宽登记限制，落实和保障公民结社自由权**

我国宪法规定了内容广泛的公民与政治权利、经济社会权利，其中宪法第三十五条规定："中华人民共和国公民有言论、出版、集会、结社、游行示威的自由"。根据宪法，我国实行"依法治国，建设社会主义法治国家"的原则。公民的结社自由必须得到保障。结社自由是公民的宪法权利，应当得到全面的落实。

社会组织的成立与监管应当以保障和推动公民的结社自由为依归。总的一条，就是应当促进而不是阻碍社会组织的发展。目前应当注意的情况是：我国社会组织的管理存在着"严登记、弱监管"的现象。《社会团体登记管理条例》第九条规定，"申请成立社会团体，应当经其业务主管单位审查同意，由发起人向登记管理机关申请筹备。"这就形成了"双重管理"机制，成立社会组织仅仅具备法定条件还不够，还必须先找到对口的行政机构作为主管单位，然后才能在民政部门办理登记注册。这种苛严的"双重管理"机制严重地阻碍了社会组织的成立。比较外国社会组织监管模式，我国采取的是登记管理制，此种做法并无特别的不妥，但是由于对成立社会组织规定了需要"主管单位批准"的条件，使得相当数量的社会组织由于无法找到相应的主管单位而无法注册登记。即使可以找到所谓的"主管单位"，也可能由于主管人员的阻止或工作懈怠，而无法成立社会组织。目前我国存在大量的没有注册的社会组织，或者只能是挂靠的社会组织，这种现象即表明，过于苛严的注册条件既无法阻止社会组织的成立，也无法对这些社会组织实施监督。这种结果与《社会团体登记管理条例》的出发点是背道而驰的。可喜的是，在我国目前部分地区试点工作中，大大放宽了社会组织注册登记的条件，应当及时地总结试点经验，出台新的登记规定。总的一条，只要公民拟成立的社会组织符合相关法律、法规规定的成立条件，就应当依法登记注册，承认其合法地位和资格。

**2. 加强法律监管，促使社会组织健全内部治理结构及运行机制**

当然，社会组织的一切活动均应当遵守国家法律、法规，遵守公序良俗，不得从事任何非法活动。严格依法办事，将监督的关口前移，从社会组织的成立这一"源头"开始，一直到社会组织的整个运行过程，都应加强监管。严厉禁止任何非法力量打着社会组织的旗号从事非法活动。严防社会组织成为一种社会异己力量，使之不得从事任何破坏安定团结、撕裂社会和谐的活动。为此，必须加强现有管理制度与现有法律体系的连接，对于已有法律规范，应当直接援用实施；如果有相关规范，可以通过法律解释（包括司法解释）等手段参照执行；如果缺乏相应规范，应当采取立法措施，弥补法律规范缺失，堵塞法律漏洞，不让不法人员利用社会组织外衣从事非法活动。

法律监管是社会组织发展过程中的重要一环。近些年来，由于社会组织缺乏法律监管，一些社会组织出现年审报告与实际不符、会员名单虚假、财务数据混乱等各种问题，在社会上产生了负面影响，政府及各部门应重视和加强对社会组织的法律监管。对社会组织的监管并不仅仅是民政部门的事情，财政部门、税务部门等机关也应当加强对社会组织财务、税收的监管，特别是那些基金会和慈善机构等组织。

社会组织是社会成员自愿平等组合而成的组织，社会组织内部治理结构应当符合民主、法治原则。根据《社会团体登记管理条例》及相关规定，社会组织的登记注册需提交组织章程草案。以此为契机，民政部门应当在章程审查上入手，监督社会组织必须建立起符合民主、法治要求的内部治理结构并确立相应的运行机制。社会组织应当明确组织成员的权利与义务，实行民主选举、民主决策、民主管理、民主监督，保障组织成员充分行使民主权利。社会组织应当根据民主原则建立组织内部领导机构，并以民主方式选举或罢免、更换组织管理人员。社会组织应当坚持组织事务公开，财务公开，自觉接受组织成员的监督。社会组织应当依照章程开展活动，不得违背本组织宗旨，从事任何与本组织性质不相符合的活动。章程的修改应当依照规定程序进行。

**3. 构建有中国特色的社会组织发展新模式**

在民主法治基础上构建有中国特色的社会组织发展新模式是时代发展的要求。近年来，党中央、国务院对加强社会建设与社会管理创新作了新的部署，要求尽快建立"党委领导、政府负责、社会协同、公众参与"的社会管理格局。加强社会建设、创新社会管理，建立新的社会管理格局，对我国社会组织建设提出了新的要求，也打开了新的思路。当前，在我国社会组织建设方面，应当加强中国共产党对社会组织的领导，加强政府相关部门的引导力度与监管力度，以"枢纽型组织"建设为纽带，加强对各类社会组织的指导、帮助，使之成为各自独立运作，但又能形成社会合力的正能量，推动具有中国特色社会主义的社会建设与社会管理事业的发展。

"党委领导"是社会组织发展的政治前提。在大力发展社会组织的形势下，应当正确认识社会组织的性质，创新党的领导的方式。应当看到，相较于原子化的个人，社会组织可以成为中国共产党对社会事务进行领导的重要中介和渠道，可以成为贯彻、执行党的路线、方针、政策的重要组织力量。各级党组织应当通过各种方式引导社会组织正确、健康发展。党组织可以通过不同的方式加强对社会组织的政治领导及思想教育，通过做"人"的工作来引导社会组织在正确、健康的道路上发展。

"政府负责"是保障和促进社会组织发展的重要条件。在发展社会组织方面，政府之责在于保障社会组织能够顺利依法成立，在于通过财政支持、税收减免、服务购买等行政手段扶持社会组织有效开展活动，在于依法严格监管，在于正确引导社会组织的活动方向。

政府支持的方式可以多种多样。各级政府可以通过税收优惠、财政直接拨款、购买公共服务、建立战略支持框架体系等方式，支持社会组织的发展，加强各种类型基金会和各种慈善机构、志愿团体的组织建设，使之成为政府管理社会事务的重要帮手，成为社会建设的辅助力量，成为提供社会公共服务的生力军。

政府引导的方式也可以多种多样。通过法律、法规、决议、纲要、计划、指导意见等方式决定或影响社会组织的活动目标和活动方式。如国家会根据政治、经济、社会建设需要，出台政策性极强的"五年规划"、"发展规划"、"发展纲要"，这些规划、纲要就是一个风向标，可以引导社会组织向国家需要的方向发展，形成政府与社会组织的合力。社会组织也应当主动地依照国家、政府的发展纲要和规划，根据自身的性质、特点和能力，确立组织活动目标，制订相应的发展计划和目标，自觉成为推动国家政治、经济、社会、文化发展的"正能量"。

"社会协同"的关键在于加强"枢纽型组织"建设，并以枢纽型组织为纽带，带动各社会组织正确健康发展，为社会建设与社会管理创新提供合理渠道。目前，我国已经建立起比较完善的、全国性的"枢纽型组织"，包括各种人民团体、学术性团体、慈善机构、基金会等，如红十字会、慈善总会、残联、中国法学会、全国文联等等。这些"枢纽型组织"在加强同各社会组织的联系、开展社会协同方面起着重要作用。从以往的运行状况来看，这些全国性人民团体与学会能够团结不同方面的人民群众开展各种社会活动，并且可以成为连接党、政府与其他社会组织之间的纽带，传达党和政府的政策、精神，推动社会组织的健康发展。但在新形势下，在大力开展社会建设和创新社会管理的时代背景下，这些"枢纽型组织"的组织形式及运行机制都需要做出相应的变革，否则难以起到真正的枢纽作用。第一，克服行政化色彩过浓的弊端，以适合社会组织自身特点的方式贯彻执行党的政策和国家法律。从过去的情况来看，那些依据政府财政收入支持的社会团体，或多或少地存在着行政机构的色彩，存在着程度不同的官僚体制。工作中容易满足于上传下达，做一个传声筒，未能很好地根据自身特点与任务做好创造性的转化工作。为了适应新形势下社会组织的发展要求，这些枢纽型组织应当主动褪去其深厚的官僚色彩，转化其角色，把自己当作一个真正的社会组织，一个能够起到领导作用并担当枢纽责任的组织，创造性地将党和政府的政策转化为本行业、本领域的要求，并分解成适合本行业或领域的行动规划，提出相应的步骤和措施，以此作为引导其他社会组织发展的目标。第二，完善治理结构，转变工作方式，更新运行机制。在过去很长一段时间里，那些全国性的社会团体或学会基本上是按照行政机关的模式在运行，其工作方式类似于行政机关领导。这种类似于行政机关的工作方式在新的条件下难以发挥其枢纽型作用。枢纽型组织的管理者与工作人员应当放下身段，真正走到其所联系的社会组织中去，听取这些组织广大成员的意见、建议，通过整理、总结，再向有关国家机关提出有关本行业、本专业领域的普遍要求或政策建议，真正起到创造性转换的作用，成为真正的"枢纽"。第三，应当加强专业建设，给予相关的社会组织以专业指导。从目前社会组织的现状来看，多数属于公益性组织，其组织成员多数从事简单的公益服务，专业性不强，而且，各组织之间的联合、协作不够。从四川汶川地震救灾过程中就可以看出，那些参与救灾的志愿者组织和志愿者热情很高，但专业能力明显不足，协同能力不强，时常造成救援工作的困扰。这就说明，提高社会组织的专业能力已成为十分迫切的任务。对于自发组成的、小规模的社会组织而言，仅凭自身的人力、物力和专业技术力量难以取得重大进展，必须由更大规模的、更有组织资源优势（包括人力、专业资源优势）的枢纽型组织才能担当起这一任务。因此，在专业建设方面，枢纽型组织应当承担此责。第四，应当为其所联系的社会组织排忧解难，依托其团体或组织地位，向政府及相关部门反映社会组织发展与运行中存在的问题，组织专业人才为解决这些问题出谋划策。如果需要法律支持，应当组织法律专家为社会组织提供法律援助或向立法机构提出立法建议。

"公众参与"是社会组织健康活力发展、加强和创新社会管理的力量保证。公众参与作为一种参与式的民主方式，扩大了公众的公共空间，有利于培养公众的民主、法律意识，是社会组织发展和创新社会管理的力量源泉。社会组织可以通过公众参与的方式在立法中发挥重要作用，如立法中的听证和立法后的评估；在公共生活的治理中，社会组织可以使公众参与到环境保护、城市规划建设、公共教育卫生等领域；在基层治理中，社会组织在公众广泛参与的基础上，在农村村民、城市社区居民生活中实行民主自治。但在我国，无论是"公众参与"还是社会组织，依然急需制度和法律上的完善。

总之，在加强社会建设、创新社会管理的新形势下，必须构建一个与之相适应的社会组织发展新模式。这个模式应当是：在党委领导、政府负责的总体框架下，以"枢纽型组织"为纽带，创造性地将党和政府的政策、规划转化为社会组织的行动指引，指导、帮助和带动本行业、本领域的各社会组织开展活动，既能自主决策、自由行动，又能形成社会合力，共同推动社会建设和社会管理创新，推动社会主义民主法治的发展。

# On Social Organization and Construction of Socialist Democracy and Rule of Law

Wang Xinsheng et al.

**Abstract**: According to the theoretical research scholars, social organizations have a positive correlation with the development of socialist democracy and the rule of law, the development of social organizations will help to develop the socialist democracy and the rule of law will help promote the growth of social organizations. Through the Chinese Jurisprudence Research, Guanshan Village, Changsha City, Wuhan Volunteer Alliance survey, the social organizations can foster citizens'democracy and the rule of law literacy, and they help citizens to participate in political democracy, economic democracy and social democracy. Considering the current status and the problem of the development of social organization, under the time background of social construction and social management innovation, our country should fully implement the right of citizens to freedom of association, to relax the conditions for registration of social organizations, the use of the registration and supervision of combining punishment afterwards chase the way to strengthen the supervision of social organization, to establish internal governance structure and operation mechanism in line with the spirit of democracy and the rule of law, our country should use "the hub organization" as a link building, comprehensively promote the development of social organization.

**Keywords**: Social organization; Socialist democracy; Socialist rule of law; Legal regulation; Hub organization

# 社会组织参与公共服务协同机制初探

## ——以 C 机构的专业社工服务为例

赵立新*

**摘　要：** 随着公共服务类需求的多元化及形式日益复杂，社会治理机制的创新势在必行。发展社会组织已成为其重要突破口。实践中推行的社会组织参与的公共服务主要是社会事务服务事项，而政社互动、社企对接等公共服务协同机制，是实现政府、市场和社会组织在现代社会治理中各自使命的重要保证。通过对 C 机构的专业社工服务考察，提出政、社、企、教多方协同，培育社会组织服务；专业与本土协同，催化社会组织服务成效传统资源与现代元素协同，构建公共服务项目运作新模式；发现公益种子，协同培育造血功能。

**关键词：** 社会组织；社会治理；公共服务；协同

## 一　协同是社会组织参与公共服务的基本机制

随着社会主义市场经济发展带来的社会转型，居民身份由"单位人"开始向"社会人"转变，社会管理和服务职能也逐步从"单位"向"社会"转移。居民公共服务类社会需求日趋多元化。全能国家包揽公共服

---

* 赵立新，湖北武汉人，江汉大学法学院副教授，法学博士，主要从事社会法学研究。

务的体制与机制难以适应需要。面对日益纷繁复杂的公共服务形式，政府越来越觉得力不从心。服务需求多元化和服务供给单一化之间的供需矛盾日益尖锐，进而深化成社会矛盾。政府也因此逐渐成为居民对公共服务不满情绪的发泄对象，社会管理的权威性与公信力面临挑战，社会治理体制与机制的创新势在必行。只有发挥政府、市场和社会各自的作用，形成合力，才能实现良好的社会治理格局。因此，发展社会组织，形成门类齐全、结构优化、布局合理、管理规范的社会组织体系，激发其参与社会治理体制创新的活力已经成为新形势下深化体制改革的重要突破口。社会组织既有类似政府部门的公共责任，在机制上却具有类似私人部门的灵活优势，承担起政府不能或不方便承担的事务，其运行方式能够降低社会管理的成本，是对政府失灵的反应；同时，它也能克服企业逐利本性，能够更好地反映和服务社会弱势群体的利益诉求，有利于推动社会资源配置中的公平正义目标落实，促进社会平等、弥合分歧、化解矛盾，是对公共服务领域市场失灵的有效矫正。

通过政府购买的方式引导社会组织承接公共服务，满足日益多元化、个性化的公共服务需求既是当下我国各级政府不得不为之的适应性变革举措，也是发达国家提升社会公共服务能力，完善社会治理体制的重要经验，已经成为现代国家社会治理的一大基本趋势。

梳理中国的改革创新实践，可以发现，自 20 世纪 90 年代开始，一些地方就已经开始探索社会组织参与公共服务的试点工作。1995 年上海浦东新区向一个被称为"罗山市民会馆"的社会组织购买服务，被视为政府购买社会服务的初创案例。彼时，由于会馆在登记、运营、监管等方面均没有相应的政策做依据，只能通过政府与社会组织签订的合同做尝试性的探索。此后，随着会馆提供的公共服务受到越来越多的社区居民好评，政府向社会组织购买服务得以逐步推广，并且率先在沿海发达地区形成丰富经验并促成了一批地方法规、规章和政策的出台。①

---

① 华爱：《罗山市民会馆：新旧体制冲突下的艰难选择》，《社区》2006 年第 4 期。

党的十六届四中全会以来，党中央、国务院从转型期社会经济可持续发展需要出发，通过一系列战略决策，逐步提出了健全"党委领导，政府负责，社会协同，公众参与"的新型社会治理格局。党的十八大更是从经济建设、政治建设、文化建设、社会建设、生态文明建设"五位一体"的战略高度，提出要围绕构建中国特色社会主义社会管理体系，加快形成党委领导、政府负责、社会协同、公众参与、法治保障的社会管理体制，加快形成政社分开、权责明确、依法自治的现代社会组织体制的战略构想。2013年《国务院机构改革和职能转变方案》明确提出要"改革社会组织管理制度，……重点培育、优先发展行业协会商会类、科技类、公益慈善类、城乡社区服务类社会组织"。党的十八届三中全会更是把激发社会组织活力作为全面深化改革，推进国家治理体系和治理能力现代化、加快形成科学有效的社会治理体制，改进社会治理方式的重要举措加以规定。由此可见，发展社会组织是社会建设的重要内容，是完善市场经济体制，深化政府行政改革，改善公共服务供给方式的基本抓手。

近年来，特别是十八大以来，社会组织参与公共服务已经成为各地创新社会治理体制试点的重要内容。然而不得不冷静面对的事实是，内地省份在初尝试点甜头的同时，也面临着多方困扰。[①] 具体包括以下问题：哪些服务交由社会组织承接？交给什么样的社会组织承接？社会组织提供公共服务的过程如何监督？服务成效如何评估？其中错综复杂的关系如何规范？特别是面对相对不发达的社会组织体系，如何激发其活力，成为能够让政府放心的公共服务承接主体？

实践证明，公共服务是指主要满足全社会共同需要的公共产品和服务。目前实践中推行的社会组织参与的公共服务主要包括四大类型：一是基本公共服务事项，包括教育、卫生、文化、体育、公共交通、住房保障、社会保障、公共就业等领域适宜由社会组织承担的部分基本公共

---

① 夏颖：《社工，探索中孕育希望》，《湖北日报》2012年7月14日。

服务事项；二是社会事务服务事项，包括社区事务、养老助残、社会救助、法律援助、社工服务、社会福利、慈善救济、公益服务、人民调解、社区矫正、安置帮教和宣传培训等社会事务服务事项；三是行业管理与协调事项，包括行业资格认定和准入审核、处理行业投诉等行业管理与协调事项；四是技术性服务事项，包括科研、行业规划、行业调查、行业统计分析、社会审计与资产评估、检验、检疫、检测等技术服务事项。

上述服务，特别是目前各地试点中广泛推行的第二类事项，即社会事务服务事项都具有民生保障功能。其共同特点就是社会利益相关者分布广泛，服务需求的价值取向多元。社会组织在提供公共服务的过程中与其核心利益相关者之间形成了一张复杂的责任关系网。网中的每一对关系都与公共服务提供的成功与否密切相关。社会组织成功提供公共服务来自参与者彼此负责的制度关系。作为服务提供方，社会组织必须能够动员多方资源，协调多方利益关系。笔者认为，就我国而言，社会组织参与公共服务对于创新社会治理体制、改善公共服务格局，提升民生保障能力的积极意义毋庸置疑。但是，这一新型机制的稳健运行离不开相关要素的协同推进。政社互动、社企对接等公共服务协同机制，是实现政府、市场和社会组织在现代社会治理中各自使命的重要保证。

## 二 来自 C 机构社工服务的经验启示

C 机构是在当地政府支持下，由具备相关专业背景的高校教师发起成立的湖南省内首家专业社会工作服务机构。自 2011 年 8 月成立以来，秉承"赋权增能，助人自助"的服务宗旨，该机构逐步探索出一条适合中国社会治理体制创新需要的生存与发展路径，累积形成了一些可资借鉴的基本经验。

### （一）政、社、企、教多方协同，培育社会组织服务能力

社会组织之所以能够同时克服政府失灵和市场失灵，通常认为优势

在于其所处的第三方地位。然而必须清醒地认识到，这个第三方地位恰恰决定了社会组织所处的是一个与钱和权距离相对较远，甚至可以说是既无钱也无权的地位。由此决定了社会组织要获得其欲承担的公共服务职责，首先必须具备相应的服务能力。而这种能力建设本身就是调动多方社会资源，协同服务于社会组织章程设置的社会责任目标的系统工程。只有这样，才能汇聚分散于其他社会系统中的力量，形成社会组织特定的服务能力。以 W 市某社工服务机构为例，依托地方政府与地方高校的战略合作关系带来的政策与智力资源，同时利用地方政府和地方高校的影响力，连接企业和其他公益事业资源，通过依法构建内部治理体制使自身的专业服务能力逐步提升。从创办之初的 8 个社工服务岗位发展到今天拥有督导、督导助理、项目主管、一线社工和社工助理组成的结构日趋合理的专业化服务和项目运作团队，机构把握民生需求和社会治理创新政策导向的能力不断提升，公益项目服务领域和资金保障来源日渐多元化，专业化服务也在不断向社会创新纵深领域推进，机构的发展战略也从单纯的直接服务型社会组织逐步向专业服务、项目策划咨询辅导、项目执行督导评估、人才队伍培养、社会组织培育、资源聚集与再分配、专业研究与政策倡导等为服务特色的一专多能的枢纽型社会组织转化。

在完善内部治理的同时，该组织的服务能力还有外部资源的支持。在"党委领导、政府负责、专业机构运作、相关单位配合、公众参与"的社会治理创新原则框架下，循着政策导向寻找公共服务资源和支持力量。积极发展与地方各级政府、行业组织、新闻媒体以及其他社会力量的合作关系，获得资源支持。通过签约双方或多方协议等方式，分别与地方民政部门，街道，社会组织行业促进部门，有影响力、有资源、服务能力强的社会组织、高校和企业事业单位建立了形式多样的合作机制，明确各自权责关系，构筑有资源、有活力的支撑体系。

### （二）专业与本土协同，催化社会组织服务成效

社会工作作为源自西方制度文化，致力于助人自助的专业和服务，

在引进国内的过程中必然会面临来自本土文化与观念的不断挑战，必须经历一段时间的艰难磨合。① 无论是部分学者提出的从"嵌入型"向"融入型"的转变，还是各家社工机构在落户社区中面临的困难与问题，都无不体现着这种冲突与融合的趋势以及对社会工作本土化的强烈诉求。C机构坚持以民生需求为任务导向，审视社会工作在国内的本土化，就是在文化碰撞、调适与融合的过程中呈现出西方到本土、现代到传统、体制内到体制外、书本到实践等多方面的双向互动关系。

在早期的实践中，为了调和专业化与本土化的二元对立，C机构社工尝试了各种方法，从早期坚持专业价值理念、工作方式的专业至上主义与社会工作的殖民化理论，到后期调整为以较低姿态融入本土现实需求，以本土资源理论与社会工作的内卷化指导实践。经验使得C机构逐渐意识到，社会工作的"本土化"是其专业实践理性的内在诉求。

在实践中，C机构通过建立聘请社区书记担任社工站站长，社区工作人员统一参与社工站工作的制度树立了社工理念与专业手法服务于社区现实需求的"融合生长模式"，确保专业社工的问题视角来源于社区的实际需求，建立了专业社工本土教育的机制与模式。另外，C机构在回应本土需求的同时，在各站点建立了社工专业知识培训体系，帮助社区干部及工作人员进一步学习社工专业理念、技巧，培养社区工作人员的专业技能与视角。

在实践中，C机构制定了一系列有助于社工本土化的工作机制，如在需求评估阶段，在单一服务对象需求评估的基础上，他们设计并实施了用人单位需求评估方案，在服务大众的同时，率先将各级政府和用人单位的诉求也纳入服务方案设计体系中。在服务期内，建立了定期工作汇

---

① 史蒂文·史密斯、迈克尔·利普斯基：《契约和服务》，李亚平、于海译，载李亚平、于海编选《第三域的兴起——西方志愿工作及志愿组织理论文选》，复旦大学出版社，1998。

报与机构和用人单位联席会议制度，定期向用人单位汇报工作进度，随时听取用人单位的合理化建议，及时修订服务计划，最大限度地满足服务对象和用人单位的共同需求。如东亭社区社工站，在社区申报和谐社区建设示范社区的工作中，社工利用专业社工知识以及一线服务中收集到的数据与资料，大力协助社区积极申报，最终取得成功。再如，在每年社会工作师考试到来前夕，社工在社区内开办考前辅导培训班，满足社区工作人员学习社工专业知识的诉求。他们在本土化中所付出的种种努力换来了与用人单位和谐而融洽的关系，为他们的社区工作创造了多赢的局面。

### （三）传统资源与现代元素协同，构建公共服务项目运作新模式

作为社会治理体制创新的产物，社会工作服务面临的环境相对复杂，如果不能准确地把握自身在环境中的定位，往往会在体制的旋涡中迷失自己。C机构的经验是从解决社会实际问题的服务目标出发，积极寻求与传统服务及治理体制的沟通与协作。在社区社会工作服务中，C机构将自己定位为社区建设的协同者，用专业方法协助社区工作者开展居民服务，对传统的社区服务体制注入专业化元素，进而引导其向多元化、人性化方向转变。社工在社区的服务不仅包括以专业的社工理论、方法和实务技巧应对社区居民的多元化、个性化服务需求，同时也定期为社区工作者和群干开设专业培训课程，邀请他们参与专业服务项目的各个步骤与实施过程，从知识传播与实务培养等方面全面提高本土社工的专业化水平，提升社区治理水平。例如，在公益项目策划与运作方面，专业社工扮演项目策划、执行领导和绩效督导的角色，引导社区群干、志愿者和政府工作人员参与项目运作。形成社工与社会工作者、志愿者（义工）携手，政府、公益组织、社区、爱心企业多方联动的项目运作格局。在承接的关爱失独老人服务项目运作的过程中，社工积极联系某区粮道街负责计生和社区治理工作的社区工作人员，通过他们掌握的失独老人的数据资料准确定位服务对象，也借助他们的协调得以深入对象群体。同

时，在项目的实施过程中，特别是组织大型活动中，社工与社会爱心企业、事业单位，公益性社会团体中的义工和志愿者沟通讲解项目意图与效益，激发社会爱心人士的公益热情，组织义工与志愿者团体参与服务活动，既扩大了项目的实施效果，也倡导了志愿服务精神。在服刑人员子女控辍保学服务项目的实施过程中，社工联合当地救助机构、团市委等单位，争取信息、经费支持，为专业服务项目的策划与实施奠定了较为坚实的基础，最后成功获得中央财政支持社会组织参与公共服务立项资助。通过该项目的运作，为救助机构拓宽了视野，培育了主动救助、源头防范的工作意识，协助多个企业、事业单位通过向特殊青少年提供生活、学业和成长上的帮扶，履行社会责任，为项目的实施提供了支持，培育了一个青少年志愿者服务组织，帮助两个团组织开展志愿服务能力建设培训。

### （四）发现公益种子，协同培育造血功能

无须讳言，我国的社会组织发展尚处于起步阶段，现阶段生存与发展所面临的共同问题是对体制依赖性高、自身造血能力不足等。因此，着眼多方资源，广开资源渠道，培育社会组织自身造血功能是社会组织不断提升其公共服务能力，实现可持续发展的必由之路。[①] 虽然说政府购买是社会组织参与公共服务的主要资金来源，但是这绝对不是唯一的来源。社会组织不应该将政府前期投入的扶持性资源视为"长期依赖的午餐"，只解近渴，不思远饥。[②] C机构的经验是，将所获得的资源支持视为自身成长的"种子基金"和借之出海的"船"。借此来搭建公共服务合作网络，拓宽公共服务资源渠道。该机构成立时间虽短，但是由于战

---

[①] 郎晓波、俞云峰：《社会组织参与公共服务：组织优势及路径选择》，《中共杭州市委党校学报》2011年第9期。

[②] 岳世平：《新社会组织参与社会服务的意义、困境及对策》，《广西社会主义学院学报》2011年第10期。

略协同思维清晰，在服务网络覆盖和服务项目特色水平提升方面进展迅速，服务领域涉及社会工作人才培养、社会组织能力培育、社会创新和公益创投、志愿者服务能力建设、社区社会工作、残疾人社会工作、老年社会工作、妇女社会工作、青少年社会工作、婚姻家庭辅导社会工作、流浪人员社会工作等。凭借与各领域相关单位和社会力量的协同配合，策划实施的项目推进顺利。已经完成或基本完成的服务项目包括中央财政支持社会组织参与公共服务项目，全国社工实务创新示范基地之社区居家养老示范项目，国家对口支援"三区"社工人才队伍建设项目，与地方权威媒体合作的"了愿行动"项目，社会组织公益创投项目大赛十佳项目，地方各级政府和事业单位购买的专业化社工服务项目等，3 年来累计服务项目达 60 余个，项目服务成效在第三方评估以及主管部门、合作单位和服务对象评价中，反响良好。

# The Analysis of Cooperative System of Social Organizations´ participation in Public Service

## —A Sample of the C Agency's Professional Social Service

### Zhao Lixin

**Abstract**: As the demand of public service become more diversifying and complicated in form, the innovation of social governance system are imperative. Developing the social organization has become its vital point of penetration. The public service that the social organization provide for in practice are mainly social service affairs. Public Service cooperative Systems including government – society interaction and the society – enterprise connection ensure government, market and social organizations to take their own responsibility in modern governance. According to the inspection of professional social service to C institution, we advocate the multipartite cooperation government、society、enterprise and education, and cultivate the service of the social organization. Strengthening the Coordination between professional knowledge and local specialty can contribute to the cooperation of resources between modern and traditional in social organizations' service 、 we shall build a new pattern of operation in public service projects、find good seeds and cultivate potential hematopoietic function together.

**Keywords**: Social organization; Social governance; Public service; Cooperation

# 论社会救助权中的几个问题

肖艳晖*

**摘　要：** 社会救助权是指公民能保障其基本生存要求的物质帮助和社会服务的权利，它具有自己的独特性质。国家要具体实践社会救助权，可以通过从宪法层面到具体法层面的转化。从这三个视角讨论社会救助权，有助于我们基础性地理解社会救助权在目前我国的实现问题。通过这些问题的论述，我们可以认识到，国家有责任建立和完善社会救助制度，但是，我国宪法层面的社会救助权在具体法层面却严重缺失。因此，需要构建一个完备的权利保障法律体系和社会救助制度体系。

**关键词：** 社会救助权；物质帮助；基本人权；社会救助法

## 一　社会救助权的概念界定

现代社会救助制度从本质上说是基于保障公民生存权的思想而发展起来的。学者们对于社会救助的理解在内涵和外延上存在差异。英国著名的《贝甫里奇报告》将社会救助定义为：因各种原因达不到国民最低生活标准的公民，有权从社会获得救助以达到这一标准。美国 1999 年出版的《社会工作词典》认为社会救助是一种由政府一般税收提供资金，并通过对申请者的需求和家计进行审核的社会保障形式。显然，这是从

---

\* 肖艳晖，湖南邵阳人，湖南外贸职业学院副教授，主要从事法学思想政治教育研究。

资金来源和福利性质来界定社会救助的概念。通常认为，社会救助是指国家或者其他社会主体对于遭受自然灾害、失去劳动能力或者其他低收入的公民给予物质帮助，以维持其基本生活需求，保障其最低生活水平的各种措施。① 实际上，社会救助的概念所属的内容比较广博，对社会救助的概念的认识我们应该从广义和狭义来理解。广义的社会救助是指对于生活困难者，国家和社会共同保护其经济生活，含有共同济贫之意。狭义的社会救助仅指国家依据法律，以国家财政给予贫困者的经济性保护。本文中基于探讨社会救助权在我国的实现，倾向于广义的理解，意指社会成员因不可抗力或者无法自行克服的困难而陷入不能维持最低限度生活水平时，由国家或社会有关部门或个人依法给予一定的物质或资金的援助和扶助，以使其基本生活得到保证的一种社会保障措施。无疑，社会救助是"社会福利体制的最后一道防线，也是最为被动的措施"②。

社会救助权，原称为"社会救济权"，因"社会救济"带有较强的慈善色彩，不能有效地反映社会救济制度的权利性质，各国逐渐废弃了"社会救济权"术语，改用"社会救助权"概念。③ 这个概念的提出，借以促进社会安全与社会正义，具有社会福利政策面向的意义。当人们将社会救助规定为一种权利的时候，就是在"理性"思考的福利指导下，做出如何促进最大幸福或利益实现的安排。社会救助权作为缓解社会贫穷的一种手段，也是社会人在利弊权衡间作出的选择，不是部分群体享有利益，更不是社会救助权所带来的利益由部分人分享，而是社会共享。④

所谓社会救助权是指公民因遭受不可抗的自然危险或社会危险而陷于生活困境时，有权要求国家按照法定的程序和标准给予无对价义务的能保障其基本生存要求的物质帮助和社会服务的权利。在现代社会，公

---

① 《中华人民共和国社会救助法（草案）》（2009 年 4 月 3 日修改稿）第 3 条规定："本法所称社会救助，是指国家和社会对依靠自身努力难以维持基本生活的公民给予的物质帮助和服务。"

② 吕朝贤：《社会救助问题：政策目的、平穷的定义与测量》，《人文与社会科学集刊》第十一卷第 2 期。

③ 杨思斌：《社会救助权的法律定位及其实现》，《社会科学辑刊》2008 年第 1 期。

④ 龚丽：《功利主义视角下的社会救助权》，暨南大学 2011 年硕士学位论文，第 12 页。

民享有社会救助是一项法定的基本权利，是政府的一项法定的责任。社会救助权有如下特点。

一是权利义务的非相关性。社会救助权和社会保险权不同，它是一种生存权保障，如果获得社会救助也需要支付一定的对价，那就必然导致一部分社会成员的生存面临威胁，社会救助制度的价值和功能就无法实现。

二是内容的复合性。社会救助权强调的是能保障被救助者的基本生存要求的物质帮助，包括食物、衣着、住房、医疗或者必要的其他社会服务，不包括精神帮助。

三是程序的严格性。社会救助权的实现既要求被救助者提出申请，具有自愿性的特点，又要求按法定的工作程序，对被救助者的实际经济状况做出确切调查，在得到有关部门审核批准后才能实施。

四是利益指向的明确性。社会救助权不是国家或者社会对弱者的施舍和同情，它源于对社会利益和个人利益均衡的考量，是最大多数人的最大幸福原则选择下的权利。从其设定的主要目标来看，是国家必须提供的"合乎人性尊严的"最低标准的生活保障，促进社会平等。

需要注意的是，"社会救助权"作为一种新型的人权，具有与传统自由权不同的特性。社会救助权之根据在于保障公民生存与发展权的现实需要，是解除贫困者生存威胁和发展障碍的应激性设置。社会救助权的正当性逻辑存在于现代国家与公民的关系之中，即是说，国家是制度的供给者，是正义的守护人，当公民处于贫困和危难之中，国家有责任予以拯救，进而体现和促成制度正义。①

## 二 社会救助权的性质

我国有学者认为，社会救助是社会保障系统中的一个子系统，社会

---

① 占美柏：《论社会救助权》，《暨南学报》（哲学社会科学版）2012 年第 8 期。

救助权是社会保障权利体系下的一项子权利，它具备社会保障权的一般属性，同时具有自身的独特属性。① 笔者认为，社会救助权相对于社会保障权系统中的其他权利，具有自己的独特性质，在内涵上和它们有所不同。

## （一）社会救助权属于基本人权

社会救助权是基本人权——社会保障权的重要组成部分。人权是人的个体或群体，在一定历史条件下并基于"一定经济结构和文化发展，为了其自由的生存、活动和发展以能够真正掌握自己的命运所必需平等具有的权利。如果一个人的生命、安全与自由得不到保障，他将失去做人的资格，失去做人的尊严与价值。一切社会制度的设置及法律与政策的制定和实施，都是为了满足人类的需要与幸福，因而也可以说，都是为了充分实现人权"②。《世界人权宣言》第 25 条第一款规定："人人有权享受为维持他本人和家属的健康和福利所需的生活水准，包括食物、衣着、住房、医疗和必要的社会服务；在遭到失业、疾病、残废、守寡、衰老或在其他不能控制的情况下丧失谋生能力时，有权享受保障。"该条款从国际法层面提出了人权的基本内容包括社会救助权，是社会保障权的一个部分，既体现了第二代人权的社会分享权，也体现了第三代人权的群体性的发展权。社会救助作为一项基本人权，具有普遍性，为所有的人平等享有，只要是人类共同体的成员，都享有社会救助权。《经济、社会和文化权利国际公约》规定了较为广泛的基本人权，其中就包括社会保障和社会保险权、获得相当生活水准权、免于饥饿权等，其中涵盖对最贫困人群救助的人权内容。《美洲人权公约补充议定书》第 9、10、11、12 条也详细规定了公民的工作权利、社会保障权利、食物权利、老年保障权利、残疾人受到特别保障权利，并规定了相应的保障措施。1995 年 12 月

---

① 杨思斌：《社会救助权的法律定位及其实现》，《社会科学辑刊》2008 年第 1 期。
② 李步云、陈佑武：《论人权和其他权利的差异》，《河南社会科学》2007 年第 1 期。

发表的《中国人权事业的进展白皮书》指出，将人民的生存权和发展权摆在首位，生存权和发展权保障理所当然地成为其中的必然内涵，其受保护的立法层次也得到了提升。这在我国历史上具有重大而深远的意义。因为在当今世界上生存权理念已被普遍接受，社会救助法律制度设计的最原始立足点和出发点就是基于这种生存权理念的基本驱动和支撑。我国宪法第 45 条规定："中华人民共和国公民在年老、疾病或者丧失劳动能力的情况下，有从国家和社会获得物质帮助的权利。"《世界人权宣言》《经济、社会和文化权利国际公约》和我国宪法虽未明确提出社会救助权国家义务保障的概念，但从另一个角度体现了这一权利的保障要求，享有社会救助权虽然被理解为社会保障权的重要组成部分，但是这些条款已经明确显示"在丧失谋生能力时，人人有权享受保障"的社会救助权是一项基本人权。

### （二）社会救助权属于宪法权利

如前所述，社会救助权是公民的基本人权，无论什么原因，只要公民陷入需要社会救助的困境，就有权请求社会救助，国家和社会则有义务和责任给予救助，这是现代宪政理论和实践已经证明了的命题，这是一种所谓宪法权利。所谓宪法权利是指由宪法规范所确认的一种综合性的权利体系，是权利法，也是政治法。它是一个共同体为了自己的政治统治目的而制定的法律，其规定了一个共同体如何可能，以及其政治统治的正当性与合理性。从这个意义上来看，宪法规定公民的基本权利，是因为保障公民的这些基本权利对于其政治统治是极为必要的，如果不规定这些基本权利，其统治的正当性就会受到质疑。因此，宪法规定社会救助权，是因为公民的社会救助权对于建构宪政国家、一个共同体的社会秩序是不可或缺的。

近现代以来，经济得到了迅速发展，人民的物质和精神生活水平均有提高。然而，贫困问题并没有因此自然消失。弱势群体成为影响社会稳定的一个重要因素。如果缺少了社会救助权的保障，共同体成员的安全、生存、发展可能受到侵害，共同体成员就会基于自己最基本的要求对现行政治统治提出变革要求，导致现行共同体的政治统治出现危机，甚至发生"草根革命"。所以，许多国家的宪法都规定了一个共同体得以稳定存在的基本前提条件，并赋予这些前提条件以基本权利的地位，由宪法规定社会救助权。截至 1976 年 3 月 31 日，世界上 142 个国家中，有 62 个国家在宪法中规定了社会救济或者社会救助的权利。我国于 1954 年宪法、1975 年宪法和 1978 年宪法中也都保留了社会救济的权利。现行宪法对社会救助权作了较完整的规定，"中华人民共和国公民在年老、疾病或者丧失劳动能力的情况下，有从国家和社会获得物质帮助的权利。国家发展为公民享受这些权利所需要的社会保险、社会救济和医疗卫生事业。"该款的两句是一个整体，第一句是从积极方面规定公民的社会救助权，第二款是从消极方面进行规定，要求国家必须采取积极行为，为第一句规定的权利的实现创造条件，据此公民享有社会救助权。社会救助权要求国家积极主动地作为，国家采取积极有效的措施才能保证公民社会救助权的实现。如果国家不履行积极作为的义务，社会救助权的实现将成为无源之水、无本之木。

可以看出，社会救助权在许多国家的宪法中明确或默示地出现。虽然各国在立法传统、经济背景等方面的不同造成社会救助权在宪法中的地位不同，但总体来说，在人权发展的大潮中，社会救助权已经逐步被宪法所接纳，成为宪法所保护的一项重要人权，是一项宪法权利。

## （三）社会救助权属于社会权

社会权是一个涵盖很广的概念，它随时代发展、学术累积、各国立法发展而进一步深化为更细腻的类型。如在欧盟人权宪章中，规定有 Solidarity 一章，其区分为劳动权、家庭权、社会安全或社会救助权、医疗照顾权、环保权、消费者保障权。一般认为，社会权又称生存权或受益权，它是指公民从社会获得基本生活条件的权利。它有两层含义，一是公民有依法从社会获得其基本生活条件的权利；二是在这些条件不具备的情况下，公民有依法向国家要求提供这些生活条件的权利。与自由权、人身权等权利不同，社会权的实现更依赖于国家的积极作为。由于公民在实现这一权利时不仅需要及时排除非法侵害，而且有权要求国家提供其实现的条件，这就否定了在公民权利实现过程中的国家绝对不干涉主义，它表明，对于公民的某些权利，唯有国家积极参与，它们才能顺利实现。①

由于社会权需要国家的积极作为，而国家掌握的财政、物质等资源是有限的，社会权利在实现上具有"逐步实现"的渐进性。② 在福利国家的背景下，社会权要求国家积极为人们提供各种福利给付，是一种被期待的趋势，它的实现在很大程度上取决于一个国家的物质与文化发展的程度。此外，宪法保护社会权的目的无非就是帮助个人实现真正的自由，所以，社会权应该如何落实的问题，必须与个人自由如何在这个过程中获得确保（而非遭受不当挤压），进而获得充分发展的问题合并考量。从宪法的角度来看，"做的越多，给的越多的政府，并非必然是最好的政府"，因为国家福利的提供，必须以不违反宪法保障个人自由的初衷为条件。③ 我国《社会救助暂行办法》第2条规定："社会救助制度坚持托底线、救急难、可持续，与其他社会保障制度相衔接，社会救助水平与经济社会发展水平相适应。"《中华人民共和国社会救助法（草案）》（2009年4月3日修改稿）第2条规定："国家建立社会救助制度，承担为公民提供社会救助的基本责任，为开展社会救助提供必要的物质条件和组织保障。"这两条的规定都体现了社会救助权的渐进性和个人自由维护的特性，它不是寻求对公民的完全的救助，而是"必要的"保障，也不是以过分牺牲自由为代价。

---

① 林喆：《社会权：要求国家积极作为的权利》，《学习时报》2004年6月21日。
② 林嘉：《社会保险法教程》，法律出版社，2001，第9页。
③ 黄舒梵：《社会权在我国宪法中的保障》，《中原财经法学》2006年第6期。

# 三　社会救助权的实现机制问题——以《社会救助法》的立法为中心①

国家要具体实践公民所拥有的社会救助权，可以通过从宪法层面到具体法层面的转化，而得以保障和实现。因此，这就要求我们围绕社会救助权构建一个完备的权利保障法律体系，综合考虑立法、执法、司法等权力运行过程的各种因素，通过社会救助权的确认、保障和实现的整个过程来最终实现社会救助权从宪法层面向具体法层面的转化。由于社会救助权本身的综合性和复杂性，其实现机制还涉及私法、公法、社会法等多个法律领域，呈现为一个动态的、开放的、发展的体系和过程。本文以《社会救助法》的立法为中心，对社会救助权的实现机制问题略作论述。

## （一）《社会救助暂行办法》需要进一步提升立法层次

我国社会救助制度多年来一直处于改革阶段，走的是中央试点指导、地方立法为主的路子，导致统一的社会救助制度被分割，地区之间社会救助发展不平衡。以城镇居民最低生活保障为例，国务院虽然统一发布了通知，确定试点方案，并在全国 6 个城市初步建立城镇居民最低生活保障制度，但在实践中，不论是保障对象、保障标准还是资金配备都是依据各级地方政府的财政能力所最终决定的，随意性较强。各省、自治区、直辖市及所属地、市级政府均制定了相应的改革最低生活保障制度的地方性法规、规章，劳动、卫生、财政、民政、银行、保险公司等多方主体参与立法，各部门的规章制度的适用范围不尽一致，甚至相互冲突，使这项本该全国统一的制度处于非常混乱的局面。由于我国整体的社会保障制度改革尚未定型，其中对社会救助制度的建立更是刚刚走上

---

① 此部分参考了何平《社会救助权研究》（湖南大学 2010 年博士学位论文）中的部分内容，在此表示感谢。

正轨,① 法制建设表现为体制转型时期的应急性、过渡性，在立法指导思想上的突出表现就是"成熟一个、制定一个"，"需要什么、制定什么"的应急思想，缺乏常规性、目标性、前瞻性的制度建设。可喜的是，即将实行的我国第一部统筹各项社会救助制度的行政法规——《社会救助暂行办法》（以下简称《暂行办法》）已经颁布，并于 2014 年 5 月 1 日起正式实施。《暂行办法》体现了社会救助托底线、救急难、可持续的特点，它的出台标志着我国社会救助制度从改革试点状态向成熟、定型的制度安排迈进了一大步，是全面深化我国社会保障制度改革的一项重大举措。

　　然而，这个社会救助行政法规层次较低，形式分散，难以对社会救助制度的基本内容，如社会救助基本原则、类型、管理部门、征信机制和处罚措施等作出统一规定，不利于明确社会救助属于国家责任的理念，不利于建立完善的社会救助制度体系，容易导致对社会救助制度认识不一致，难以有效推动各项社会救助制度实施。② 笔者认为，基于目前社会各界对于《社会救助法》制定的认同以及立法机关对该法制定的热衷，制定统一的《社会救助法》是我国社会救助体系形成和发展的当务之急，该法的制定必将对整个社会救助制度的发展和实施起到积极的推动作用。

## （二）关于社会救助法的立法基本原则

　　社会救助立法的基本原则是指对社会救助活动具有普遍指导意义的准则，为国家和社会进行社会救助活动，被救助者取得社会救助权所必须遵循的基本行为规范。它所需要体现出的内在规律和价值取向，是社会救助制度实践中的行为准则。虽然《社会救助法（草案）》中确立了五个原则，但没有反映出社会救助的理念和发展趋势，有必要加以厘定。

---

① 我国目前的社会救助制度中长期存在"重经济轻社会保障，重社会保险轻救助，重城市轻农村，重地方轻中央"的状况，以至于社会救助制度发展一直不力，直到目前都没有一部正式的社会救助方面的立法，但社会各界以及立法机关都对社会救助立法越来越重视，国务院法制办公室将《中华人民共和国社会救助法（征求意见稿）》全文公布，征求社会各界意见。这对社会救助制度的发展起到了标志性的推动作用。

② 席锋宇：《社会救助法立法条件基本成熟》，《法制日报》2013 年 3 月 5 日。

根据我国宪法、党的重要文件、国家经济和社会发展计划以及十几年来社会救助制度改革和建设的经验教训以及国际人权公约中的相关内容，并借鉴世界各国社会救助立法的先进经验，[①] 笔者认为，我国社会救助法的立法基本原则可以归纳为以下几点。

（1）国家或政府责任原则。

中国的社会救助立法需要借鉴发达国家重视国家责任的经验，制度设计时应该明确国家或政府责任原则。国家责任原则不是对民间参与的否定，但国家责任原则强调政府与社会救助的其他主体不是平起平坐的关系，而是主导与补充的关系。[②] 所谓国家责任原则，是指国家负有给予贫困人口提供社会救助的义务。救助贫困群体、保障社会弱者的基本生活是国家和政府的义务，这种义务是一种法定义务，而非道德义务。这就意味着国家从各个方面，包括立法、执法等方面都应肩负起自己的责任，这一点必须在统筹社会救助的法律规范中予以明确规定。国家承担确保贫困人口基本生活的义务，只要人民有生活上的困难，政府就有责任给予救助，并依靠社会救助来维护社会公平。政府承担救助义务是由政府的职责所决定的，政府作为社会的管理者，其职能要求政府以缓解社会矛盾、谋求社会安定、保障社会成员生存权利、增进社会福利为己任，其中保障公民生存权是政府的重要职责之一。

（2）普遍保障原则。

普遍保障原则，是指社会救助的对象应包括全体社会成员，其保障的是全体社会成员最基本的生活需要。在国际法上，享有社会救助已普遍地被看成是一种基本的人权。《经济、社会和文化权利国际公约》等人权条约"使用包罗一切的用语，认为权利属于作为社会一分子的每个人、每个合法生活在缔约国境内者，或受缔约国管辖的一切个人"。笔者认

---

① 《社会救助法（草案）》第四条规定：社会救助应当遵循下列基本原则："（1）保障基本生活；（2）与经济社会发展水平相适应，与其他社会保障制度相衔接；（3）鼓励劳动自救；（4）公开、公平、公正、及时。"笔者认为，该条款所确立的社会救助基本原则值得商榷。

② 杨思斌：《论社会救助法中的国家责任原则》，《山东社会科学》2010 年第 1 期。

为，社会救助权是人人应当享有的一种基本权利，其权利主体具有普遍性（平等性）的特征，每个人都应普遍地、无例外地得到最低基本生活保障以及社会救助。而作为社会主义国家的中国，保护每个公民的生存和发展是国家的天然使命，在社会救助的立法中更应该明确这一点，人人都享有获得社会救助的权利，不管是什么身份、什么地位、什么性别、什么年龄、什么地域，只要是处在自力不能克服的生活困境中，就都能获得社会救助。

（3）可被接受性原则。

现代社会救助制度的核心理念是公民的"基本需要"的生存权利，近几十年来社会救助权有向维护人的尊严发展的趋势。理念对整个社会救助的实施及社会救助工作者具有潜移默化的影响，在先进的社会救助理念的影响下社会救助将更具人文的关怀，使被社会救助者享有作为人的尊严。社会救助制度的目的在于通过具体的制度设计以保障生存权的具体落实，是"一个还可以被接受的最起码的社会标准"。可被接受性原则在我国的社会救助制度中的要求是，以国家财力为保证，以城乡居民最低生活保障制度为基础，辅之以灾害救助、疾病救助、残疾人救助等专项救助，为处于生存危机的社会弱者提供物质帮助和其他服务救助，以帮助他们摆脱生活窘境，为下一步自立于社会奠定基础。其目的就在于保障社会弱者的生存权。①

（4）物质救助与政策扶持相结合的原则。

正确处理物质救助与政策扶持的关系，既要提供保障困难群众基本生活方面的物质救助，又要积极支持和鼓励被救助对象自强自立，落实各项帮扶政策，帮助他们尽早实现就业、再就业。② 社会救助制度的目的是向个人提供机会与条件以恢复和促进个人的发展和自由。在给予物质帮助的同时，应根据救助对象的具体情况分别采取相应措施帮助其走上

---

① 熊勇、杨俊：《社会救助法基本原则之厘定》，《青年与社会》2013 年第 1 期。

② 参见《哈尔滨市人民政府关于进一步加强城乡社会救助体系建设的决定》（哈政发〔2008〕17 号），www.harbin.gov.cn，最后访问日期：2014 年 3 月 11 日。

自立的道路。同时，要通过社会救助，让他们用自己的方式变得强大起来，让他们都像正常人一样挣钱、生活，帮助其发展。只有社会弱者发展起来，才能自立于社会，真正享有作为人的尊严。在立法中可以通过"生产自救"、"科技扶贫"、"以工代赈"等积极方式来得以实现。社会救助与助其自立相结合反映了社会救助理念发展的新趋势和社会救助实践的成功经验。当然，在社会救助的立法中贯彻物质救助与政策扶持相结合的原则，着重点是要实行一种积极的、全面的社会救助，要做到把单纯赈济式扶贫与自力更生结合起来。

### （三）关于社会救助法的立法模式

社会救助法是社会救助事业的基本法，是社会救助工作的直接法律依据，也是社会救助制度建设的法律框架和支撑。综观世界各国社会救助立法，其立法模式大致分为两种：一种是在社会保障法中对社会救助进行系统规定，如美国；一种是制定专门的社会救助法，对社会救助进行系统规定，如英国和我国的台湾地区。社会救助法制体系建设的具体模式取决于整体社会救助体制的建构模式，即社会救助是采用纵向的中央政府责任体制，还是采用横向的地方政府负责体制，其中最关键的是财政责任的安排。目前我国的社会救助体系在这一基本的体制安排上还没有成型，也没有在制度上明确社会救助到底应该是由中央政府负责还是由地方政府负责。但是无论采用哪种模式，社会救助的法制建设首先需要制定社会救助法。①

然而，我国的社会救助立法模式不能盲目地移植国外的模式，而是要考虑我国的国情和立法背景，同时应与中国法律体系相协调。我国现有社会救助相关立法多是在改革中出现问题而应急立法的产物，虽然有一定的针对性和时代性，但缺乏具有综合性和长效性的专门法律来做统一的规范。《暂行办法》虽已基本完备，但与法制化、科学化的要求尚有

---

① 关信平：《完善我国综合性社会救助体系的基本原则和主要议题》，《中国人民大学学报》2010 年第 5 期。

一定差距，我们要继续推动专门的《社会救助法》的立法进程，加快健全社会救助法制体系的建设。这部专门法律应该作为社会救助的基本法、救助对象的权利保障法，是救助机构的权力控制法以及社会救助监管的程序规则法。①《社会救助法》的专门立法，是我国政府应尽快解决的问题之一。

# Discussion about the Social Relief Right

## Xiao Yanhui

**Abstract**：Social relief right refers to the right that citizen maintain to receive material assistance and public service for basic living standard and it has its own special characters. In order to concretely practice social relief right, nation can rely on the transformation from the level of constitution to concrete law. Discussing the social relief right from the three dimensionality can help us fundamentally understand the current problems of relief right in our country. Thanks to the discussion of those problems, we come to realize that our country has its responsibility to establish and promote the system of social relief. The social relief right embody well in the constitution level while not reflect exactly in specific law level. Therefore, we should establish a completed legal system of right guarantee and public relief.

**Keywords**：Social relief right；Material assistance；Basic human rights；Social assistance law

---

① 朱勋克：《社会救助法的立法架构及法律规则研究》，《云南大学学报》（法学版）2010年第 6 期。

# 地方立法评论

# 浅析志愿服务法律关系之类型

易顶强<sup>*</sup>

**摘　要：** 研究志愿服务组织、志愿者与服务对象之间法律关系的类型，对于正确界定三者之间的权利与义务关系，具有重要的理论与司法实践意义。通过比较、实证等多种研究方法，发现由于目前立法对上述三者的法律关系界定不明，导致法院在裁决因履行志愿服务协议而引发的法律纠纷时，往往相互矛盾。这十分不利于促进志愿服务事业的发展和保障志愿者的合法权益。如果依据志愿服务协议来审视志愿服务组织、志愿者与服务对象三者之间的民事法律关系，则其类型应当为本人（委托人）、代理人（受托人）与第三人的关系。

**关键词：** 志愿服务；法律关系；类型；司法判决

随着社会的不断进步，在扶贫济困、帮残助弱、环境保护、应急救援、大型社会公益活动等社会公益服务等方面，志愿者都发挥了十分重要的作用，以至于志愿服务事业已经成为当今社会生活中不可缺少的组成部分。为了规范志愿服务行为和促进志愿服务事业的发展，很多西方国家在志愿服务方面制定了比较完善的法律。<sup>①</sup> 在我国，随着志愿服务事

---

\* 易顶强，湖南株洲人，长沙理工大学法律系主任、副教授，法学博士，研究领域为法理学、宪法学。

① 例如，美国在1973年制定了《志愿保护法》，1997年制定了《志愿者保护法》，2002年又制定有《公民服务法》。英国早在1601年就由伊丽莎白女王颁布了《济贫法》，对失业的贫民进行救济。该法规定以教会为主组成志愿团体，为贫民提供志愿服务。德国则于1964年颁布了《奖励志愿社会年法》，致力于提高社会公众的志愿意识和社会责任感。1993年德国又颁布了《奖励志愿生态年法》，以提高公民的环境保护意识。

业的不断发展，很多地方都颁布了有关志愿服务的规范性法律文件，有的甚至还属于地方性法规。① 迄今为止，据不完全统计，已有 30 余个省份和地级市颁布了这方面的规范性文件。

然而，中国现有的地方性立法中，存在诸多的法律问题。对此，已有不少学者撰文阐述自己的见解。例如如何加强对志愿者②的权利保障，合理界定志愿者、志愿服务组织③以及服务对象的权利、义务与责任；志愿服务如何防范法律风险；等等。笔者认为，有一个十分重要的问题一直被忽视，就是如何认定志愿服务法律关系之类型。现有立法一直未能给出明确的规定。如果这一问题没有弄清楚，那么，该如何正确界定志愿服务法律关系中各主体之间的权利与义务，厘清各自的法律责任，就是一个十分棘手的法律问题。一旦酿成司法纠纷，如何确保案件能够得到公正裁决？由于无法可依，将使得司法机关十分被动。④ 这也是当前涉及志愿服务的司法纠纷其裁决结果经常相互矛盾的重要原因。因此，对该课题的研究具有十分重要的理论与司法实践意义。

# 一　志愿者与志愿服务组织之间的法律关系之类型

在法理学上，法律关系是一个十分重要的范畴，系指法律在调整人

---

① 例如，1999 年广东颁布了《广东省青年志愿服务条例》；2001 年台湾颁布了"志愿服务法"；2001 年山东颁布了《山东省青年志愿服务规定》；2003 年宁波颁布了《浙江省宁波市青年志愿服务条例》；2012 年湖南省颁布了《湖南省志愿服务条例》。

② 志愿者包括两种，一是参加志愿服务组织并被其注册为成员的志愿者，二是没有加入任何组织而纯粹以自己的名义从事志愿服务的"草根志愿者"。由于目前的志愿服务立法所规定的志愿者仅为前者，因此这里对于第二种志愿者暂不予讨论。

③ 志愿服务组织包括两种，一是经民政部门登记注册依法成立的组织；二是未经注册登记的"草根组织"。本文仅讨论第一种情形。

④ 2004 年原告杨萍诉被告深圳市眼科医院及医生姚晓明健康权、身体权纠纷一案，就是典型的代表。杨萍是捐献眼角膜的志愿者，但是两被告均没有告知原告，捐献眼角膜必须要摘除供体眼球等伤害身体的事实。否则，原告可能会作出放弃捐献的决定。原告认为，由于被告故意隐瞒重要事实，没有履行告知义务，从而严重损害了原告的身体权和健康权，故要求两被告共同赔偿其损失。后原告的诉讼请求被法院驳回。此案引起了理论界和社会人士广泛的关注。

们行为的过程中形成的权利和义务关系。法律关系包括三个重要的概念，即主体、客体和内容。据此可知，所谓志愿服务法律关系，是指从事志愿服务的各相关主体，包括志愿者、志愿服务组织和服务对象之间的权利与义务关系。关于志愿服务法律关系，除了从宏观的视角来进行审视之外，还可以细分为以下三个方面，即志愿者与志愿服务组织之间，志愿服务组织与服务对象之间，志愿者与服务对象之间的法律关系。只有将微观与宏观的视角结合起来，才能更加清晰地认识志愿服务法律关系之类型。

我们首先来分析一下志愿者与志愿服务组织之间的法律关系之类型。有鉴于志愿服务的核心力量就是志愿者与志愿服务组织，因此这两者之间的法律关系就成了最为重要的法律关系。目前学术界一般将其归结为雇佣关系①、劳务派遣关系②、帮工关系③、特殊合同关系④等。各种观点皆言之凿凿，初看之似乎也有几分道理，然而若仔细分析，则可以发现都存在理论瑕疵。鉴于篇幅原因，以下我们仅以"雇佣关系说"为例进行阐析。

关于"雇佣关系说"，该学说主要参考了我国台湾地区一些学者的观点，甚至持此观点者还列举了台湾"最高法院"的司法判例来论证。例如，王泽鉴先生曾认为："雇佣人所负之责任，即系选任监督过失为基础，则雇佣关系是否存在，自应以选任监督之有无为决定标准。换言之，即某人受他人之选任监督从事一定劳务者，即为该人之受雇人，至劳务之性质、时间之久暂、报酬之有无、是否授予代理权，皆所不问，纵构成从事劳务基础之法律关系无效，对于雇佣关系之存在，亦不发生任何影响。"⑤据此，有学者认为，由于志愿服务组织对于志愿者有选聘、招

---

① 陈曼莉：《浅议志愿者侵权责任承担》，《金卡工程》2009年第7期，第116页。
② 谭榕：《志愿服务的法律思考》，《福建法学》2010年第4期，第72页。
③ 刘蓉：《志愿服务若干法律问题探析》，苏州大学2011年硕士学位论文，第30~31页。
④ 张裴：《中国志愿服务立法研究》，重庆大学2008年硕士学位论文，第16页；党秀云、蒋欢：《我国志愿者权益保障：困境、问题与对策》，《新视野》2010年第3期，第43页。
⑤ 王泽鉴：《侵权行为》，北京大学出版社，2009，第423~424页。

募之权，因此两者之间的法律关系应当定性为雇佣关系。例如，郭树理、肖浩认为："当志愿活动举办者自行招募志愿者，举办者的地位既同志愿组织又同志愿服务对象，二者合为一体，志愿者和举办方成立一种类似于雇佣的法律关系。"① 谭榕认为："志愿者与志愿者组织之间是志愿者受志愿服务组织的指导、培训、监督、控制和管理，获得相应补偿。因此，志愿者的法律地位与雇员类似，可以近似地适用雇佣关系来解决责任的问题。"②

关于志愿者与志愿服务组织之间的法律关系属于"雇佣关系"一说，甚至得到了司法判决的支持。台湾地区"最高法院"1969 年台上字第 1663 号判决书强调，只要受雇人接受雇佣者的监督、管理、指挥，至于劳务的种类、报酬的有无、时间长短，其所从事的究竟是事实行为或法律行为，有无代理权限，均非所问。③ 美国的法院也曾在司法判决中支持"雇佣关系"一说。例如，Baxter 诉 Morningside 一案，在该案中，一家慈善机构的志愿者驾车在办事途中因疏忽大意而发生了车祸，致使车上人员受伤。伤者将该志愿者和慈善机构同时告上了法院。初审法院认为慈善机构无须承担法律责任。伤者提起了上诉，上诉法院认为慈善机构应当承担赔偿责任，理由是该慈善机构与志愿者之间存在雇佣关系。④

笔者认为，不能将志愿服务关系简单地比照为雇佣关系。因为志愿服务关系与雇佣关系最大的不同之处就在于，志愿服务是无偿的公益性行为。虽然志愿者在从事志愿服务的过程中可以获得良好的社会评价，无形中可以作为一种收获，但是这种收获是没有经济利益的。雇佣关系则与此不同，雇主必须支付雇员报酬，是一种等价的合同关系。志愿者之所以参与志愿服务组织，最主要的原因并非从组织之中获得物质资料，

① 郭树理、肖浩：《奥运会志愿服务法律责任问题初探》，《法学评论》2008 年第 4 期，第 75 ~ 76 页。

② 谭榕：《志愿服务的法律思考》，《福建法学》2010 年第 4 期，第 72 页。

③ 王泽鉴：《侵权行为》，北京大学出版社，2009，第 325 页。

④ 上诉法院认为，本案符合以下几个方面的特征：1. 由于该组织的雇员之过失或者故意导致伤害；2. 存在雇佣关系；3. 雇员行为必须在受雇工作的范围内。很显然，上诉法院是将志愿者与志愿服务组织（慈善机构）之间的关系视同为雇佣关系。参见郭树理、肖浩《奥运会志愿服务法律责任问题初探》，《法学评论》2008 年第 4 期，第 79 页。

而是认同其服务社会的价值理念。由于志愿服务的无偿性，使得志愿服务具有自愿性特征。志愿者加入和退出志愿服务组织都完全是自愿的。志愿服务组织对志愿者并无行政管理方面的强制权。① 志愿服务组织不得将自己的意志强加于志愿者，尤其是不得安排志愿者从事营利性活动，否则志愿者有权予以拒绝并退出志愿服务组织，志愿者也无须就此向志愿服务组织承担违约之责。

那么问题是，志愿者与志愿服务组织之间究竟是怎样的法律关系？笔者认为，应当是委托代理关系。要明确志愿者与志愿服务组织之间的法律关系，必须要分析志愿服务协议。笔者认为，由于承接志愿服务任务的主体系志愿服务组织而非志愿者，因此志愿服务协议系志愿服务组织与服务对象之间所订立。志愿者并非订立此协议的主体。对此，目前很多地方性立法都有所规定。例如《杭州市志愿服务条例》第14条规定："必要时，志愿服务组织和志愿服务对象之间可以就服务内容及要求签订服务协议。"志愿者只能在志愿服务组织的指导和安排下，以志愿服务组织的名义履行上述服务协议的义务。② 志愿者并不是直接以自己的名义来与志愿服务对象订立服务协议从而产生法律关系。志愿服务组织实际上是委托志愿者来履行服务协议，而志愿者则是代理其完成上述任务。虽然志愿者与志愿服务组织之间也可以签订协议，但是该协议并非志愿服务协议，而是委托代理协议。据此可知，在志愿服务组织、志愿者与志愿服务对象三者之间，实际上存在着委托代理关系。志愿服务组织是委托人（本人），志愿者是受托人（代理人），而服务对象则是第三人。

---

① 对于志愿者与志愿服务组织之间的自愿性和平等性，很多地方性法规都有明确的规定。例如，《杭州市志愿服务条例》第11条规定：志愿者有权"自由退出志愿服务组织"。《北京市志愿服务促进条例》第19条则明确规定："任何组织和个人不得强迫他人从事志愿服务活动。任何组织和个人不得以志愿服务的名义从事以营利为目的的活动。"《广东省志愿服务条例》第26条规定："任何单位和个人不得强行指派志愿者组织或者志愿者提供志愿服务。"

② 故此，《杭州市志愿服务条例》第12条规定志愿者应当履行的义务中涵括："履行志愿服务承诺，完成志愿服务组织安排的服务工作"。

从法律责任的归属上分析，也可以看出上述三大主体之间的法律关系为委托代理。如果志愿者在履行服务职责之时，若行为不当而对服务对象有侵权行为，其责任应当由志愿服务组织来承担替代责任。而只有在极少的情况下，例如志愿者存在主观上的故意或重大过失，志愿服务组织在承担了责任之后，才可以向志愿者追偿。[①]

## 二 志愿服务组织与服务对象之间的法律关系之类型

志愿服务法律关系的第二个重要问题是，志愿服务组织与服务对象之间的法律关系类型如何界定？对此，有学者将其定性为一种委托关系。亦有学者将其归结为劳务派遣关系、特殊的合同关系等。笔者认为，这些理论虽符合志愿服务法律关系的某些外部特征，但是从内在本质上分析，并不正确。对于上述观点的谬误之处，下文将予以详尽分析。

### （一）关于"委托关系说"

持"委托关系说"的学者认为，如果是服务对象主动向志愿服务组织申请提供服务，则两者之间的关系为委托与被委托关系。具体而言，是服务对象委托志愿服务组织为其安排志愿者。[②] 但是，如果是志愿服务组织向服务对象主动安排服务，则两者之间的关系为服务合同关系，或者可以说是一种无因管理关系，即没有法定的或约定的义务，为避免他人的利益受损害而进行管理或者服务。[③] 这种观点具有一定的普遍性。例

---

① 譬如，《杭州市志愿服务条例》第 25 条规定："志愿者按照志愿服务组织的安排在提供志愿服务时因故意或过失给服务对象或其他相关人员造成损失的，由志愿服务组织依法承担民事责任；志愿服务组织承担民事责任后，可以向有故意或重大过失的志愿者行使追偿权。"

② 黄河：《志愿服务行为的法律规制比较研究》，湖南师范大学 2006 年硕士学位论文，第 9 ~ 10 页。

③ 黄河：《志愿服务行为的法律规制比较研究》，湖南师范大学 2006 年硕士学位论文，第 9 ~ 10 页。

如，有人撰文指出："需要志愿服务的单位和个人，在向志愿者组织提出申请并告知需要志愿服务的事项的完整信息和可能存在的风险后，此时服务对象与志愿服务组织之间是一种委托与被委托的关系。"①

甚至在司法判例中，也有将志愿服务组织与服务对象之间的关系定性为"委托关系"的。例如，某市主办亚洲皮划艇锦标赛，市志愿者协会组织志愿者到比赛现场参与赛事服务。某新闻媒体记者钱某因随身携带大量器材不便采访，特请求正在观赛台服务的志愿者赵某帮忙照看器材，赵某表示需要向领导请示。赵某当时并未明确答复，事后也没有找到志愿服务组织的带队领导。钱某采访完回来发现丢了一台价值1万元的相机，就要求赵某负赔偿责任，并向当地人民法院提出民事诉讼。经审理，法院合议庭认为，钱某的请求由于没有经过赵某与志愿者组织的承诺，因此钱某与赵某之间并未达成委托管理关系，因此驳回了钱某的诉讼请求。② 该案例表明，法院认为，在志愿服务组织与服务对象之间的法律关系类型为委托关系。

笔者认为，"委托关系说"显然存在法理上的明显谬误。依据该学说，是志愿服务对象向服务组织提出申请，委托安排志愿者提供服务。按照这种观点，则势必可以认定志愿服务的协议订立主体是志愿者和服务对象两方。志愿服务组织仅仅作为"中介人"的地位出现。这显然与事实和法律的规定相悖。因为如前所述，与服务对象签订服务协议的主体是志愿服务组织，而非志愿者。志愿者并不能单纯以自己的名义为志愿服务对象提供服务，而只能使用志愿服务组织的名义。当志愿者因履行职务不当而侵害了服务对象或者其他人的人身、财产权利时，由志愿服务组织来承担民事赔偿的替代责任。志愿者提供志愿服务的行为应当被视为一种职务行为。这足以说明，与志愿服务对象签订服务协议并履

---

① 袁文全、王文娟：《志愿服务行为的法律关系与法律责任解构》，《西南大学学报》（社会科学版）2011年第4期，第115页。

② 黄河：《志愿服务行为的法律规制比较研究》，湖南师范大学2006年硕士学位论文，第10页。

行该协议的法律主体，应当是志愿服务组织而非其志愿者。志愿服务组织与服务对象之间的关系并非委托与被委托的关系。

## （二）关于"劳务派遣说"

有学者认为，志愿服务组织与服务对象之间的关系应当定性为一种"近似"的"劳务派遣关系"。该学者认为："志愿组织作为一名中介者的身份为志愿者提供志愿服务的培训，并负责组织志愿活动的安排。""可以近似地认为志愿者、志愿服务组织和志愿服务对象之间是劳务派遣的关系，而且是作为派遣方的志愿服务组织和作为要派方的志愿服务对象共同分摊合同义务的劳务派遣关系。"[①]

笔者认为，"劳务派遣"一说实为谬误。首先，概念界定不清。何谓之"近似"？在法律上"近似"一词的内涵与外延就不清晰。譬如，应当"近似"到何种程度？是否可以比照《劳动法》和《劳动合同法》的相关规定来界定三者之间的权利、义务与责任？如果不可以，那么若产生了法律纠纷，司法机关该如何公正裁决？立法不能太模糊，以免因司法机关自由裁量权过大而陷入裁决结果相互冲突的混乱境地。其次，不可能将《劳动法》中关于用人单位的法定义务强加于志愿服务组织和服务对象。换言之，由于志愿服务的无偿性、自愿性、公益性等特点，因此志愿服务组织、服务对象与《劳动法》上的用人单位具有本质性的差异，不能将所谓的劳务义务分摊到志愿服务组织与服务对象头上。譬如，用人单位必须承担的为劳动者购买社会养老、失业、医疗保险等强制性法定义务，就不能适用于志愿服务组织和服务对象。当志愿者在从事志愿服务过程中遭受人身伤害，也不可能要求志愿服务组织与服务对象承担工伤赔偿责任。[②]

---

① 谭榕：《志愿服务的法律思考》，《福建法学》2010 年第 4 期，第 72 页。

② 例如，《四川省志愿服务条例》第 33 条规定："志愿者在志愿服务活动中遭受重大伤害或者死亡的，与用人单位建立了劳动关系的，依法享受工伤保险待遇。"据此，承担工伤赔偿法律责任的主体仍然是用人单位，而非志愿服务组织或服务对象。

### （三）关于"特殊合同说"

还有学者认为，志愿服务组织与服务对象之间的法律关系属于"特殊合同关系"。[①] 其"特殊"之处在于订立这种服务合同的"强制性"。因为依据某些地区的地方性法规规定，志愿服务组织与服务对象之间必须签订志愿服务协议。譬如，《成都市志愿服务条例》第 21 条规定："志愿者组织与志愿服务对象之间应当订立志愿服务协议。"《北京市志愿服务条例》第 13 条规定："志愿者组织与志愿者之间、志愿者组织与接受志愿服务的组织或者个人之间，应当就志愿服务的主要内容协商一致。任何一方要求签订书面协议的，应当签订书面协议。"

笔者认为，所谓"特殊合同说"亦有法理性瑕疵。正如同上文所描述的"近似"一词，"特殊"一词也是一个内涵难以界定的模糊概念。立法者应当使用内涵明确的概念，以便清晰地界定各法律关系主体之间的权利与义务。此外，要求订立书面形式的合同，也并非民法上的"特殊"之处。很多法律、法规都要求双方订立书面形式的合同。[②] 据此可知，法律、法规要求当事人之间订立书面形式合同，其实属于一种比较普遍的法律规定。

### （四）关于"辩证的无偿服务说"

亦有学者指出，应当对志愿服务组织与服务对象之间的关系进行辩证分析。要区分清楚志愿服务协议的要约与承诺主体，也就是说，要区分究竟是志愿服务组织主动向服务对象提供服务，还是服务对象主动向志愿服务组织提出申请。如果属于前种情形，"当志愿服务组织主动安排

---

① 潘哲汝：《我国志愿者立法问题研究》，山东大学 2011 年硕士学位论文，第 9 页。
② 例如，《城市房地产管理法》第 41 条规定："房地产转让，应当签订书面转让合同。"《合同法》第 10 条也规定："法律、行政法规规定采用书面形式的，应当采用书面形式。当事人约定采用书面形式的，应当采用书面形式。"

服务时，则双方是一种基于道德而非法律而产生的无偿服务关系。"① 而如果属于后一种情形，如前文所述，则两者的法律关系类型可被认定为"委托关系"。

该学说看似辩证，其实谬误。因为此说完全没有弄清楚民法上关于合同订立的基本过程。依据《民法通则》第 13 条之规定："当事人订立合同，采取要约、承诺方式。"合同的成立必须经过要约与承诺两个阶段性，至于由谁首先提出要约，对于确定双方的权利与义务并无甚区别。如果硬是要区分谁首先提出要约，谁附属承诺，并以此为依据来确定各自的权利与义务，则不仅于法无据，也会把本来简单的问题复杂化。很显然，如果依据所谓的"辩证的无偿服务说"，根据要约人的不同，志愿服务组织与服务对象之间的关系将被分割为"委托关系"与"无偿服务关系"两种类型，而这两种类型的法律关系所确定的各主体之间的权利和义务截然不同。如果志愿服务组织与服务对象一旦酿成法律纠纷，该如何确定各自的权利与义务，司法机关首先需要查明的是谁先要约，从而给司法机关增加一个不必要的麻烦，徒然增加司法成本和制造司法裁决的混乱。

"辩证的无偿服务说"也不利于促进志愿服务事业的发展。因为依据该说，谁首先要约，谁就将陷入法律后果不利的境地。譬如，如果是志愿服务组织要约，志愿服务协议被定性为无偿服务合同，那么订立该合同的主体就是志愿服务组织与服务对象。如果志愿者因不当行为所造成的法律责任将必须由志愿服务组织来承担替代责任。换言之，志愿服务组织将面临较大的法律风险。然而，如果是服务对象提出要约，法律关系的性质就成了委托关系。志愿服务组织的义务仅为服务对象介绍志愿者。换句话说，与服务对象缔结服务协议的主体就是志愿者，而不再是志愿服务组织。这使得志愿服务组织的法律风险大大降低，法律风险则

---

① 袁文全、王文娟：《志愿服务行为的法律关系与法律责任解构》，《西南大学学报》（社会科学版）2011 年第 4 期，第 115 页。

转移至志愿者和服务对象。对于志愿服务对象而言，由于志愿者往往缺乏承担责任的经济能力，因此，如果依据该观点来要求志愿者承担责任，将由于志愿者的履行能力有限而导致服务对象的受损权益难以得到充分保障。如果依据所谓"辩证的无偿服务说"，不仅使得志愿服务组织主动寻求为社会提供服务的动机大大降低，还会极大地挫伤志愿者从事志愿服务的积极性，也使得志愿服务对象不愿意寻求志愿服务帮助，从而不利于志愿服务事业的发展。

综上，笔者认为，由于与服务对象订立服务协议的相对方是志愿服务组织，而非志愿者，因此志愿服务组织与服务对象之间的法律关系其性质应当被认定为无偿服务关系，而不论也不应当区分究竟是谁先提出要约，谁随后附属承诺。这样才符合当前法律、法规的相关规定，也能够合理平衡志愿服务组织、服务对象与志愿者之间的权利、义务与法律责任，切合实际有助于促进志愿服务事业的发展，从而将法律风险在三者之间合理分配。其一，对于志愿服务事业的核心力量——志愿者，没有苛求其承担较重的法律责任。志愿者的侵权行为所产生的法律责任已经首先由志愿服务组织承担了替代责任。志愿者仅仅在有故意或重大过失的情况下才可以被志愿服务组织追偿。[①] 其二，有助于保护服务对象的利益。相对于志愿者而言，志愿服务组织还是具有一定的经济实力的，

---

① 关于不应当对志愿者苛求严格的责任，而应当给予一定的豁免权，在国际上也是比较普遍的做法。例如，美国《志愿者保护法》规定，只要志愿者不是基于下述行为所造成的损害，都可以被免责而不予追偿。（1）损害不是由于志愿者的故意或犯罪行为、严重过失、疏忽大意的行为引起，也不是明显地漠视他人的权利或安全而引起的。（2）损害不是由志愿者操纵机动车、船舶、飞机或其他运输工具引起的，因为州法对于操纵此类机器要求具备证书或投保。（3）损害行为不是基于下列行为，包括暴力犯罪行为、国际恐怖主义行为、仇视性犯罪行为，以及根据州法涉及性侵犯的行为、触犯联邦或州关于公民权利的行为，以及在醉酒或吸食药物的情况下发生的不端行为。我国许多地方性法规也规定志愿者在非故意或重大过失情况下可予以免责。例如，《江苏省志愿服务条例》第29条规定："志愿者在志愿服务中，因过错给志愿服务对象造成损失的，由志愿服务组织依法承担民事责任。志愿服务组织承担民事责任后，可以向有故意或者重大过失的志愿者追偿。"该条表明，只要志愿者主观上不存在故意或重大过失，志愿服务组织就无权向志愿者追偿。

由志愿服务组织来向服务对象承担替代责任更具有保障。况且志愿服务组织对志愿者在法律上具有选聘、监督、培训等管理职责。如果志愿服务组织怠于履行上述职责而致使服务对象权利受损，由志愿服务组织来承担民事赔偿的替代责任也是合情合理的。

## 三 志愿者与服务对象之间的法律关系之类型

关于志愿者与服务对象之间的法律关系之类型，目前学术界主要有以下几种观点。服务关系说[①]、劳动关系说[②]、不形成法律关系说[③]、合同关系说[④]、有限的无偿服务关系说[⑤]、使用关系说[⑥]等等。笔者认为，这些学说都有所偏颇。笔者将以比较有代表意义的服务关系说、劳动关系说为例，展开深入的阐述。

### （一）关于"服务关系说"

该学说认为志愿者与志愿服务对象之间的法律关系为"服务关系"或"无偿服务关系"、"服务与被服务关系"。虽然表述形式不一，但是基本内容一致，就是认为志愿服务协议的缔约者系志愿者与服务对象，依据该协议志愿者有为服务对象提供志愿服务之责。该学说认为："从个人服务的角度讲，志愿者与志愿服务对象之间是一种自愿、平等和互相尊重的服务与被服务关系"[⑦]。甚至还有学者进一步指出，这种"服务协

---

① 潘哲汝：《我国志愿者立法问题研究》，山东大学 2011 年硕士学位论文，第 41 页；曹波：《志愿者权益保护若干法律问题思考》，复旦大学 2009 年硕士学位论文，第 22 页；袁文全、王文娟：《志愿服务行为的法律关系与法律责任解构》，《西南大学学报》（社会科学版）2011 年第 4 期，第 116 页。

② 谭榕：《志愿服务的法律思考》，《福建法学》2010 年第 4 期，第 72 页。

③ 吕惠君：《志愿服务的法律问题研究》，重庆大学 2008 年硕士学位论文，第 17 页。

④ 冯毅：《志愿服务的法律问题》，山东大学 2008 年硕士学位论文，第 21 ~ 22 页。

⑤ 张裴：《中国志愿服务立法研究》，重庆大学 2008 年硕士学位论文，第 37 页。

⑥ 肖月霞：《志愿行为的法律规制》，苏州大学 2011 年硕士学位论文，第 22 页。

⑦ 肖月霞：《志愿行为的法律规制》，苏州大学 2011 年硕士学位论文，第 22 页。

议"属于基于"一种单方允诺行为"而缔结的协议。① 为了保护志愿者的权益，甚至还有学者指出，需要完善这种志愿者与服务对象之间的"服务协议"。对此，张裴就曾认为，"志愿者在提供志愿服务时，可以和服务对象通过契约的形式，将其中的权利义务关系加以明确化，以便志愿者更好地服务社会。"②

笔者并不认同"服务关系说"。主要理由在于，志愿服务协议的缔结主体并非志愿者。虽然志愿服务由志愿者来直接提供，但是志愿者仅仅是作为志愿服务组织的工作人员，其行为属于一种职务行为。如果因履行该职务行为不当而引发侵权责任，其责任的直接承担者也不是志愿者，而是志愿服务组织。对此，如前文所述，志愿服务组织必须就志愿者的侵权行为向服务对象承担民法上的替代责任。这足以说明，志愿服务协议的缔结者只能是志愿服务组织与服务对象。志愿者不能够与服务对象直接缔结服务协议。否则，若认定志愿者与服务对象之间的法律关系为服务关系，那么，如果志愿者因行为不当而引发侵权或违约责任，基于合同的相对性，其法律责任就只能由志愿者来直接承担，而非志愿服务组织。这显然与当前各地方所颁布的志愿服务条例相悖。因此，将志愿者与服务对象之间的法律关系简单而直观地定性为服务关系，并不恰当，也无法律依据。

## （二）关于"劳动关系说"

该学说将志愿者与服务对象之间的关系定性为劳动关系。同时，该学说又根据志愿服务组织与服务对象之间是否重合等现象，对志愿者与志愿服务对象之间的关系类型予以区分。③ 譬如，如果志愿服务对象与志愿服务组织重合而系同一主体，则志愿者与服务对象之间的法律关系为雇佣关系，即一般的劳动关系。如果志愿服务组织与服务对象并非同一

---

① 张裴：《中国志愿服务立法研究》，重庆大学 2008 年硕士学位论文，第 37 页。
② 张裴：《中国志愿服务立法研究》，重庆大学 2008 年硕士学位论文，第 37 页。
③ 谭榕：《志愿服务的法律思考》，《福建法学》2010 年第 4 期，第 72 页。

主体，则志愿者与服务对象之间的法律关系为劳务派遣关系。①

对于劳动关系说，笔者不敢苟同。因为该学说基本忽视了志愿服务的自愿、无偿、平等的基本特征。志愿者从事志愿服务活动，一方面，不得利用志愿活动从中渔利，志愿服务属于无偿性的社会活动；另一方面，为了鼓励志愿者从事该项崇高的社会活动，法律也赋予了志愿者以自由退出志愿服务活动的权利。志愿者与志愿服务组织和服务对象之间的法律关系完全是平等的。虽然志愿者也要接受志愿服务组织的选任、培训和安排，但是这种指导和安排并不具有法律上的强制性。这完全不同于劳动关系。劳动关系是具有利益性的法律关系，不仅劳动者可以从用人单位获得物质利益，用人单位也可以通过劳动者所提供的劳动来获取经济利益。因此，法律对于劳动者和用人单位都科以一定的强制性义务。例如，在劳动关系中，用人单位必须为劳动者支付不低于最低工资要求的劳动报酬，并承担购买社会保险的法律责任。劳动者必须接受用人单位的组织管理，法律没有赋予劳动者自由退出劳动关系的权利，否则将需要对用人单位承担损害赔偿责任。也正是由于这种利益关系的存在，因此在劳动关系中，用人单位与劳动者之间存在管理和被管理的不平等性。综上所述，志愿者与服务对象之间的法律关系迥异于劳动关系。

关于志愿者与服务对象之间的法律关系之类型，笔者认为，两者之间并不发生直接的合同关系。由于志愿服务协议系志愿服务组织与服务对象之间所订立，依据合同的相对性原则，该服务协议的权利与义务都应当由订立该合同的两主体享有和承担。志愿者并非该服务协议的当事人，仅仅是以志愿服务组织的名义履行服务协议所确定的义务，其法律

---

① 这里需要说明的是，之所以说劳务派遣关系也是一种劳动关系，而非传统意义上的纯劳务关系，是因为依据最新修改的《劳动合同法》的规定，被派遣劳动者不仅享有与用工单位的劳动者同工同酬的权利，而且如果用工单位给被派遣劳动者造成损害的，劳务派遣单位与用工单位承担连带赔偿责任。这实际上已经参照劳动关系，为保护劳动者的合法权益而给用工单位设定了较重的法律义务。

责任也由志愿服务组织直接承担。① 据此，如果从志愿服务协议的角度来审视，把志愿者与服务对象之间的关系，放到志愿服务组织、志愿者与服务对象三者的总体之中进行考察，可以发现志愿者与服务对象之间的关系仅仅是代理人与第三人之间的关系。志愿者并非志愿服务协议的当事人，与服务对象之间没有直接的合同关系。与服务对象直接发生法律关系的主体是志愿服务组织，而非志愿者。

当然，这一点也并非绝对。虽然从志愿服务协议的视角来看，志愿者与服务对象之间并不存在直接的法律关系，但是，如果服务对象对志愿者有人身或财产方面的侵权行为，那么，服务对象应当向志愿者直接承担侵权之责②，除了志愿者有权依据《侵权责任法》直接向侵权行为人主张权利之外，志愿服务组织也有义务协助志愿者行使该诉权。③ 也就是说，此时在两者之间也可以产生直接的法律关系。然而，这并非基于志愿服务协议而形成的合同关系，而是基于侵权行为而产生的债权债务关系。

综上所述，通过围绕志愿服务协议而展开的法学理论与司法实践层面的深入考察，不论是从宏观抑或微观的视角来分析志愿服务法律关系，可以发现，志愿者、志愿服务组织与服务对象三者之间的法律关系类型属于委托代理关系。其中志愿服务组织为委托人（本人），志愿者为受托人（代理人），服务对象则为第三人。志愿者与服务对象并无直接的法律

---

① 例如，《湖南省志愿服务条例》第19条规定："志愿服务活动组织者与志愿者之间、志愿服务活动组织者与志愿服务对象之间，应当就志愿服务的主要内容协商一致。任何一方要求签订书面协议的，应当签订书面协议。"该条例只肯定了在志愿者与志愿服务组织、志愿服务组织与服务对象之间应当签订书面协议。但是，并没有规定志愿者与服务对象之间也应当签订书面协议。这说明志愿者与服务对象之间并不存在直接的合同关系。

② 例如，《江苏省志愿服务条例》第30条规定："在志愿服务中，志愿服务组织和志愿服务对象因自身过错给志愿者造成损害的，应当依法承担法律责任。"

③ 例如，《广东省志愿服务条例》第36条规定："志愿者在参加经志愿者组织安排的志愿服务过程中，因不可抗力受到损害的，志愿者组织应当给予适当补偿；因第三人的原因受到损害的，志愿者组织应当协助志愿者向第三人取得赔偿。"《江苏省志愿服务条例》第30条规定："在志愿服务中，志愿者因其他原因受到损害的，志愿服务组织可以协助其依法获得适当补偿。"

关系。立法尤其是司法实践，应当依此为理论基础来确定三方主体之间的权利与义务，厘清各自的法律责任。

# Type of Legal Relationship of Voluntary Service

## Yi Dingqiang

**Abstract**: Research volunteer service organization, the type of legal relationship between the volunteers and clients, to correctly define the rights and obligations of the relationship between the three, has important theoretical and practical significance of justice. By comparing various research methods, empirical, etc., found that due to the current legislation on the above – mentioned three ill – defined legal relationship, leading to time due to perform volunteer service agreements and legal disputes caused by the court ruling, often contradictory. This is not conducive to the promotion of the legitimate interests of the development of voluntary service and to protect volunteers. If the agreement on the basis of voluntary service to examine voluntary organizations, volunteers and service civil legal relations among objects, it should be as I type (the principal), agent (trustee) relationship with a third person.

**Keywords**: Volunteer services; Legal relationships; Type; Judicial decisions

# 弱势群体权利保护

# 农民工养老权利保障问题研究[*]

王红艳　胡子儒　王小芳[**]

**摘　要：**长久以来，随着我国进入老龄化社会，为我国现代化建设做出突出贡献的农民工，其养老权利保障已成为我国当前理论和实践领域的重大问题。随着户籍制度改革的不断推进以及新生代农民工权利意识的增强，农民工这一特殊群体迫切要求保障自己的合法养老权利，而要切实解决这一问题就必须打破传统的养老模式，使全体社会成员都参与到农民工养老保障制度建设中来，即应该从政府、企业、社区、家庭和农民工个人角度来共同分担农民工养老保障的责任和风险，进而真正解除他们在工作和生活中的后顾之忧。

**关键词：**农民工；养老；社会权；人权保障

## 一　农民工和农民工养老权利的界定

### （一）"农民工"的界定

农民工是我国特有的城乡二元体制的产物，是我国在特殊的历史时

---

\*　本文获 2013 年湖南省科技计划项目"新型城镇化进程中农民工社会权利保障机制与对策研究"（项目编号：2013ZK2011）资助。

\*\*　王红艳，湖南邵阳人，长沙理工大学法学系教授，主要从事民商法研究；胡子儒，湖南长沙人，武汉大学法学院学生，主要从事民商法研究；王小芳，山西晋中人，长沙理工大学马克思主义学院研究生，主要从事马克思主义法学理论研究。

期出现的一个特殊的社会群体，介于农民和工人（或城市户口居民）之间，其有广义和狭义之分。广义的农民工包括两部分人，一部分是在本地乡镇企业就业的离土不离乡的农村劳动力，一部分是外出进入城镇从事第二、三产业的离土又离乡的农村劳动力；狭义的农民工则主要是指后一部分人。据有关部门调查，目前我国狭义农民工的数量为 1.2 亿人左右，广义农民工的数量约为 2.6 亿人。

从严格意义上来说，"农民工"并不是法律上的概念。我国的《劳动法》规定劳动者的地位平等，且平等地享有劳动权利。故对于那些凭借自身劳动换取劳动报酬的劳动者来说，他们并没有"农民工"、"城市工"等身份上的差别，他们都是平等的劳动权利主体，我国学界也一致认为，我国现行《劳动法》并未将农民工排除在该法的适用范围外。2006 年 3 月发布的《国务院关于解决农民工问题的若干意见》指出，农民工已成为产业工人的重要组成部分。[①] 2013 年 11 月 12 日中共十八届三中全会审议通过的《中共中央关于全面深化改革若干重大问题的决定》也规定："推进农业转移人口市民化，逐步把符合条件的农业转移人口转为城镇居民。"联系当前我国国情以及我国广大农民工的实际情况，我们有理由认为农民工已经成功实现了自身身份的转变，他们已经成为城市的一分子，甚至已经成为整个城市建设的主力军。

### （二）农民工享有法定的养老权利

从权利的属性而言，农民工的养老权是一项法定的权利。首先来自国际法的规定，《经济、社会和文化权利国际公约》第 9 条规定："本公约缔约各国承认人人有权享受社会保障，包括社会保险"。1991 年联合国大会通过的《联合国老年人原则》明确指出，"老年人有权利得到来自家庭和社区的照顾和保护；老年人有权利得到来自社会的法律服务以提高其自主能力；老年人有权利在适当程度上得到医院的照顾。"其次，我国

---

① 唐政秋：《和谐社会背景下农民工劳动权利保障思考》，《湖南行政学院学报》2007 年第 4 期，第 47 页。

法律也做出相关规定。《中华人民共和国宪法》第 45 条第 1 款规定："中华人民共和国公民在年老、疾病或者丧失劳动能力的情况下，有从国家和社会获得物质帮助的权利。"《中华人民共和国老年人权益保障法》第 3 条规定："国家保障老年人依法享有的权益。老年人有从国家和社会获得物质帮助的权利，有享受社会服务和社会优待的权利，有参与社会发展和共享发展成果的权利。"《中华人民共和国社会保险法》第 2 条规定："国家建立基本养老保险、基本医疗保险、工伤保险、失业保险、生育保险等社会保险制度，保障公民在年老、疾病、工伤、失业、生育等情况下依法从国家和社会获得物质帮助的权利。"

故从国际、国内一些相关法律规定来看，农民工作为社会成员和国家公民，依法享有在年老时要求家庭和子女提供赡养与扶助，以及要求国家和社会提供基本养老保障的权利，它同农民工的生存与发展密切相关，是农民工享有的法定社会权利之一。

# 二　农民工养老权利保障现状及问题

近年来，随着社会主义市场经济的发展和社会结构的转型，我国政府全面推进社会保障体系建设，建立新型农村社会养老保险和城镇居民社会养老保险制度，城乡居民基本养老保险实现了制度全覆盖，各项养老保险参保人数达到 7.9 亿人，企业退休人员基本养老金从 2004 年人均每月 700 元提高到 2012 年 1721 元。虽然我国养老保障事业整体上取得了一些成绩，但也存在许多问题。

## （一）养老权利保障城乡差别太大

2013 年 6 月，北京大学国家发展研究院发布的《中国健康与养老追踪调查》显示，目前我国新型农村社会养老保险发放的养老金很低，政府或企业提供的养老金则很高。我国城乡养老保险之间差距很大，政府或事业单位养老金中位数是新农合养老金中位数的 33 倍。如今，对城镇居民我国已基本建立起一套保障水平和完善程度较高的社会保障体系，但对于广大农民，特别是那些游走于城市与农村之间的农民工，他们的养老权利仍得不到切实保障。

### （二）农民工融入城市困难，无法享受同等养老服务

国家统计局发布的《2012 年全国农民工监测调查报告》显示，2012 年全国农民工总量达到 26261 万人。其中，约六成是新生代农民工。另外，国务院发展研究中心的一项调查显示，约 92.3% 的新生代农民工将来不愿再回农村。与父辈不同的是，新生代农民工多出生于 20 世纪 80、90 年代，他们的权利意识和生活质量意识较强，不想一直充当城市的"过客"，渴望在城市中扎根，实现自己的"市民梦"。他们也不愿被排除在城市各项公共福利之外，希望享受市民一样的养老福利待遇。但是，不愿回到农村的他们，虽然表面上获得了"市民"的身份，却依然会遇到各种不公平的待遇。他们无法真正融入城市，享受不到城市公民权以及和城市居民同等的养老权利。

### （三）养老保险参保率低，退保率高

近年来，农民工参加养老保险的比例不断升高，但总体上看，我国农民工养老保险的参保率仍较低，但退保率却逐年攀升，2012 年全国农民工的退保率已高达 40%。造成这种状况的原因之一便是我国多数农民工认为其养老金偏低，难以维持他们的养老之需。中国社会科学院发布的《2012 社会保障绿皮书》显示，在接受调查的五省市中，有近八成参加新农保的农民认为其养老金不能满足生活需要。再加上当前我国城乡基本养老保险转移接续机制初步运行，操作尚不便捷等原因，使得那些参加了养老保险的农民工不得不放弃这种无法给他们带来福利的保险制度。

### （四）养老保险关系转移接续难

很长一段时间以来，流动性强、就业不稳定不仅使广大农民工参保

难，也使他们的养老保险关系转移接续较难。2014 年新出台的《国务院关于建立统一的城乡居民基本养老保险制度的意见》规定了城镇职工养老保险和城乡养老保险参保人员相互转换的问题，一定程度上有助于解决农民工养老保险关系转移与接续的问题，但在实际操作过程中仍存在不少问题。其一，我国尚未形成统一协调的全国统筹机制。目前，我国基本养老保险制度尚未实行省级的全部统筹，好多地方只是市级统筹、县级统筹，而且在养老保险关系转移过程中由于各地、各单位之间管理系统的具体要求尚不统一，很可能出现无法完整记录农民工的参保信息情况，使农民工养老保险关系不能及时、顺利转移接续。其二，由于各地经济水平差异，当前全国范围内农民工参保信息尚未实现全面联网，有些地方只能通过人工办理养老保险关系转移，这便会导致部分农民工办理养老关系转移后长期处于"两不管"的状态，即转出地社保机构和转入地社保机构之间信息共享不及时，各环节衔接不顺，办事效率低下，使农民工为了解养老保险关系的转移情况而奔波于两地。

## 三　农民工养老权利保障问题产生的原因分析

### （一）从政府角度看

**1. 政府对农民工的人权保障重视不足**

养老是政府的一项法定责任，政府有为农民工提供养老服务的义务。2006 年国务院制定下发《关于解决农民工问题的若干意见》，指出"要积极稳妥地解决农民工养老保障问题，把农民工纳入城市公共服务体系，探索适合农民工特点的养老保险办法"。2011 年 7 月 1 日正式实施的《中华人民共和国社会保险法》对城乡基本养老保险关系转移接续制度、提高基本养老保险基金统筹层次等问题做出了原则性规定。2014 年 3 月 5 日，国务院总理李克强在政府工作报告中再次强调："有序推进农业转移人口市民化。稳步推进城镇基本公共服务常住人口全覆盖，使农业转移人口和城镇居民共建共享城市现代文明。"虽然国家出台了不少关于农民工权利保障的政策，但仍远远不足。长久以来，我国政府受传统官本位思想的影响，把过多的精力放在促进经济发展上，而忽视了农民工的人权保障问题。例如，有些政府为了保证本地的企业资源不流失，对企业不为农民工缴费的现象睁一只眼闭一只眼，更有甚者把农民工不参保作为招商引资的王牌。由此可见，同广大农民工的生存权和发展权相比，经济利益更能吸引政府的注意力。

**2. 政府出台的相关法律法规不完善且落实不到位**

我国现在只是零零散散地出台了一些关于农民工特别是新生代农民工养老权利的相关政策法规，这些政策法规的立法层次偏低、专门性不强，尚未构成一个系统的政策法律体系。而且这些政策在贯彻落实方面往往不尽如人意，真正实施起来的更是少之又少，当前我国政府的农民工养老工作明显处于"治标不治本"的地位。

**3. 农民工养老服务网络信息平台建设不完备**

在移动大数据和互联网时代，我国养老服务业也应与时俱进。特别是农民工养老保险关系转移接续这一难题的解决，更需要网络信息平台的支持。纵观全国，现今只有上海、广州等沿海发达城市在养老服务信息系统建设方面做得比较好，全国范围内尚未形成一个统一的社保信息网络服务系统，这就使得农民工跨省的信息共享和养老保险关系转移接续不像银行那样方便快捷，所以尽管政府出台了养老保险异地接续政策，但在具体执行过程中，依旧很艰难。

## （二）从企业角度看

我国养老保障的资金主要来自企业，而且《农民工参加基本养老保险办法》也明确规定："用人单位与农民工签订劳动合同时，应当明确农民工参保相关事宜。用人单位应按规定为农民工办理参保手续。"但是，现实中很多企业都追求利益的最大化，它们认为给农民工缴纳养老保险费用会大大增加企业的经济成本，加重企业的负担。所以，它们不会积极主动地为农民工提供各种社会保障项目，其中自然包括养老保险，它们往往通过各种方式规避自身的法定养老责任，少缴甚至拒不为农民工参保。再加上我国劳动力市场本身可以提供给农民工的工作岗位十分有限，农民工作为提供廉价劳动力的一方，并不具有平等谈判的资本，他们常常处于比较被动的地位，很难做到主动要求企业为自己提供养老保险。

### （三）从社区角度看

近年来，我国各地政府采取多种措施积极推进社区养老服务，取得了一些成绩。国家统计局发布的《2013 年国民经济和社会发展统计公报》显示，截至 2013 年底，全国社区养老服务设施进一步改善，其中，养老服务机构 4.3 万个，床位 474.6 万张，收留抚养各类人员 294.3 万人。综合性社区服务中心 1.9 万个，社区服务站 10.3 万个。但我们也须认识到，社区在农民工养老责任的承担方面仍存在不少问题，一定程度上制约了我国农民工养老权利保障事业的健康发展。第一，社区养老政策的涉及范围较小，而农民工的流动性大，常常居无定所，使得社区养老无法覆盖包括农民工在内的城乡所有居民。第二，由于资金缺乏，许多社区养老设施严重不足，养老功能不健全，专业护理人员和社工严重短缺，故社区往往把这些有限的资源提供给少数内部人员，农民工这一弱势群体常常被排除在外。第三，社区对于养老服务的宣传力度不够，很多从事社区养老服务的工作人员在自己的岗位上没有尽职尽责，导致大量农民工谈及社区养老服务时所知甚少。

### （四）从家庭角度看

我国多年来计划生育政策的实施，使得越来越多的"四二一"家庭难以单独支撑起养老的重任，更何况农民工的子女大多数又重复着父辈的故事，进城谋发展，他们在工作和家庭之余根本无法兼顾父母的养老问题。加之我国城乡户籍制度的限制，现在的农民工流动总体上还是以单个劳动力流动为主，以家庭形式流动的并不多见，这也在一定程度上大大降低了家庭对农民工养老的保障作用。

### （五）从个人角度看

#### 1. 广大农民工对养老保险仍持观望态度

大多数农民工对我国现行养老保险制度一眼看不到底，不知道他们参加以后，到退休时能拿到多少钱。并且他们的工资比较低，用来缴纳养老保险的钱很少，而按照现行社会养老保险政策，参加社会养老保险连续缴费15年以上才能享受，这一时间跨度太过漫长，其中又有很多不确定因素，他们害怕自己的养老钱一去不复返。所以，大部分农民工对养老保险的缴纳仍持观望态度。

#### 2. 农民工较难维护自身的养老权利

与老一代农民工相比，新生代农民工在城市的洗礼中各方面得到很大发展。但不可否认的是，他们依然或多或少保留着传统的乡土意识，抵御自然和市场风险的能力还较弱，这就导致他们难以快速接受并适应现代社会的法治观念。当权利受到侵害时，他们既不能以传统"非讼"的方式保护好自身利益，也不能拿起法律武器捍卫自己的合法养老权利。

## 四 农民工养老权利保障问题的解决

要妥善解决当前我国农民工养老权利保障过程中遇到的诸多问题，政府、企业、社区等义务主体必须各司其职、各尽其责，建立一个以政府为主导，企业为主力，家庭为基础，社区为依托，投资主体多元化，服务方式多样化，服务队伍专业化的社会养老格局。

### （一）政府层面

#### 1. 加强我国农民工养老权利保障的相关立法

政府必须进一步加强我国农民工养老权利保障的法律法规建设，尽快出台一些针对性强的法律法规，使农民工养老权利受到侵害时有法可依。同时，要增强我国相关政策法规的约束力和执行力，从中央到地方将养老政策一步步落实到位。

**2. 完善相关制度，让农民工更好地融入城市**

政府必须从观念上改变"重经济轻人权"的传统观念，进一步完善城乡居民养老保险制度，真正做到"效率优先，兼顾公平"。在逐步放开户籍制度的同时，必须弱化和剥离附着在户籍上的附加利益，帮助农民工更好地融入其就业生活的城市，并在城市平台上提供均等化的公共服务，赋予新生代农民工以完整的公民权，使其真正享受到同城市居民一样的养老权。

**3. 建立全国统一的社保信息系统，保障养老保险转移接续**

我国应充分利用网络优势，尽快建立全国统一的社保信息网络服务系统，以提高养老保险的统筹层次和管理水平，保障农民工养老保险的转移接续。首先，应大力推进该服务系统与其他公民信息管理系统的信息资源共享，以提高相关行政机构的工作效率和水平。其次，要将信息网络不断向基层延伸，逐步实现省、市、县、乡镇、社区间的联网与信息共享，为流动性强的农民工在转移接续养老保险关系时提供快捷、准确的服务。最后，建立健全全国社保信息查询系统，大力推行全国统一的社会保障卡。以公民的个人身份证号码作为其本人全国通用、终身不变的社会保障号码，加上密码，在全国各个社保经办机构都能随时查询本人的养老保险参保缴费等权益记录信息。①

### （二）企业层面：提高投保的积极性，为农民工妥善投保

企业要彻底改变把为农民工投保当作负担的错误思想，应树立可持续发展的战略思想，目光要放长远，不要为了眼前的蝇头小利而一味压榨农民工的福利，应主动为他们投保。"苦了谁也不能苦工人，抠什么也不能抠福利"，企业的低成本应建立在科学的技术和管理之上，为广大农

---

① 任东芳：《农民工养老保险关系转移接续问题探析》，《知识经济》2010年第3期，第85页。

民工妥善投保，保障他们的养老权利，这能够最大限度地调动农民工的劳动积极性，使他们真心实意地为企业效力，同时也有利于树立企业的良好形象，增强企业的市场竞争力。

### （三）社区层面：农民工所在社区应积极履行自身的养老义务

社区应充分发挥自身的社会融合功能，组织动员社区各方面力量为农民工提供帮助和服务，构建以社区为载体的农民工养老服务管理平台，按照社区基本养老服务均等化的要求，将涉及农民工切身利益的社区养老服务项目逐步向农民工覆盖。

首先，社区在加强自身养老服务建设的同时，应主动向农民工宣传介绍社区居家养老服务，并结合农民工群体流动性强的特点，整合社区内常住农民工的基本信息，建立农民工养老信息档案，根据农民工的意愿和实际情况，尽可能多地将社区内需要养老服务的适龄农民工纳入到社区养老服务体系中来，为他们提供便捷高效的养老服务。

其次，在社区内成立工会，密切联系广大农民工，听取和反映农民工的意见和要求，帮助他们解决生活中的困难，全心全意为农民工这一职工中的弱势群体服务。当农民工的养老权利受到侵害时，也可以寻求来自工会的帮助。通过工会来维护农民工的正当权益，在一定程度上可以避免单个工人与资方打交道的弱势地位，增强谈判能力。[1]

最后，一些非营利性质的社区中介组织，在解决社区养老人员设施短缺，改善农民工的居住、生活等方面也发挥着不可替代的作用，它们能够在农民工老年时带给他们家的温暖。社区可以通过与其签订合同，使其上门为社区居民提供养老服务，满足社区民众日益增长的养老需求。

### （四）家庭层面：家庭应与其他各主体相互配合

虽然传统的家庭养老功能日益弱化，但要实现对农民工养老权利的

---

[1] 王伟：《农民工社会养老保障多元化责任分担——基于治理理论的视角》，《泰山学院学报》2009 年第 2 期，第 68 页。

全方位保障，家庭仍需承担相应的辅助性义务。一方面，必须提高我国农民工的流动形式，允许他们的家庭成员一同进入城市生活。另一方面，对于那些常年在外打工的子女，他们可以采用打电话、发短信等方式经常问候父母，有条件的家庭也可以通过"子女替代"的方式，雇用专业人士来接替自己入户照料家中老人，保障老人的日常饮食生活、医疗保健、休闲娱乐等。

### （五）农民工自身层面：农民工应积极提高自身素质，树立参保意识

新生代农民工必须努力提高自身的文化素质和技能水平，增强参加养老保险的意识，认识到参加社会保险是自己的一项权利。同时也必须注意，养老保险并不是一朝一夕的事，一旦选择参保，就必须长期坚持下去，不能半途而废、随意退保。另外，在同企业签订劳动合同时，农民工要认识到企业所缴纳的"五险一金"是自己报酬的一部分，当受到来自企业的不法侵害时，要学会运用法律的武器维护自身的合法养老权利。

综上所述，切实保障农民工的养老权利，将政府、企业、社区和家庭等行为主体纳入社会养老服务体系，广大农民工将不会再有养老的忧虑和窘迫，他们才能在年老时依旧保持自己的人格和尊严。希望未来十年，新生代农民工能够真正融入城市，共享改革发展的成果。当生存权不因家庭贫富而有高低、发展权不因财富多少而有先后，居民基本养老保障事实上不再有城乡差别，三种基本养老保险实现衔接转换时，十八大报告中所说的"权利公平、机会公平、规则公平"才能真正实现。

# Research on the Protection of the Rights of Migrant Workers Pension

Wang Hongyan, Hu Ziru, Wang Xiaofang

**Abstract**: For a long time, as China entered the aging society, made outstanding contributions to the modernization construction of our country's migrant workers, their pension rights protection has become a major problem in our country at present the field of theory and practice. With the reform of the household registration system, the continuous progress of the new generation of migrant workers and enhance the awareness of the rights, this special group of migrant workers the urgent requirement to safeguard their legal rights and pension, to solve this problem we must break the traditional pension model, so that all members of society to participate in the old-age security system of migrant workers in the construction, that is, it should be from the government enterprise, community, family and individual perspective of migrant workers, migrant workers to share the old-age security responsibility and risk, then really relieve their worries in the work life.

**Keywords**: Migrant workers; Pension; Social rights; Human rights protection

# 论农民工劳动报酬权的法律保障

阳明武[*]

**摘　要**：农民工已成为我国产业工人的重要组成部分，为城乡发展注入了活力，但目前农民工劳动权益现状很难令人满意，突出问题之一是农民工劳动报酬权得不到有效维护。本文在把握我国农民工劳动报酬权现状的基础上，剖析农民工劳动报酬权受侵害的原因，并提出相应的法律保障措施。

**关键词**：农民工；劳动报酬权；保障

农民工是我国改革开放和工业化、城镇化进程中涌现的一支新型劳动大军。他们户籍仍在农村，主要从事非农产业，有的在农闲季节外出务工、亦工亦农，有的长期在城市就业，已成为我国产业工人的重要组成部分。2006 年，全国进城务工和在乡镇企业就业的农民工总数超过 2 亿人，其中进城务工人员 1.2 亿人左右。农民工对我国现代化建设做出了重大贡献，他们为城市创造了财富，为农村增加了收入，为城乡发展注入了活力，为改变城乡二元结构、解决"三农"问题闯出了一条新路。[①]但目前农民工劳动权益现状很难令人满意，突出问题之一是农民工劳动报酬权得不到切实维护，由农民工劳动报酬问题引发的劳动纠纷不断增加，对抗的方式和剧烈程度也愈演愈烈，有的甚至上升为群体事件、恶

---

\*　阳明武，湖南衡东人，长沙理工大学文法学院副教授，主要从事劳动法学研究。

①　参见《国务院关于解决农民工问题的若干意见》（国发〔2006〕5 号）。

性事件或刑事案件，严重危及国家的长治久安和社会的和谐稳定。

# 一　我国农民工劳动报酬权现状分析

农民工劳动报酬权是指农民工依据国家有关法律规定和劳动合同的约定从用人单位那里获得工资收入的权利，农民工劳动报酬问题是社会关注的重点与热点问题之一。长期以来，我国对农民工劳动报酬权保护不力，农民工劳动报酬权经常受到用人单位的侵害，主要表现如下。

## （一）农民工工资被拖欠现象严重

一些用人单位受经济利益驱动，为了降低生产成本，无视农民工劳动报酬权，拖欠甚至拒付农民工工资，有些农民工一年忙到头却连工资都拿不到。据新华社 2003 年发布的一项调查统计，在接受采访的农民工中，72.5% 的被采访对象表示，他们的工资不同程度遭受到拖欠，其中28.8% 的人反映从未按时拿到过工资。拖欠最为严重的无疑是建筑领域，该领域管理混乱，违法转包、分包、层层转包和拖欠工程款等现象普遍，农民工的工资发放随意性大，拖欠次数多，时间长，数额大。在建筑施工领域，拖欠农民工工资的项目占全部建设项目的八成左右，能够按时足额发放农民工工资的建筑施工企业少之又少。据劳动和社会保障部调查，2004 年，北京市建筑业有 70 万外地进京施工的农民工，被拖欠的农民工工资总额高达 30 亿元，人均被拖欠 4000 多元。拖欠工资使得农民工的辛勤劳动付诸东流，使得他们的生活陷入困境，严重挫伤了他们的工作积极性。

## （二）农民工工资水平低，与其劳动付出很不相称

劳动报酬是劳动者付出体力或脑力劳动所得的对价，体现的是劳动者创造的社会价值，获得合理的劳动报酬是农民工依法享有的正当权利。我国《劳动法》规定：工资水平在经济发展的基础上逐步提高，用人单

位支付劳动者的工资不得低于当地最低工资标准。改革开放以来，我国经济取得了快速发展，年均 GDP 以 10% 左右的速度增长，但农民工的工资收入水平却没有得到相应的提高。2004 年劳动和社会保障部在《关于民工短缺的调查报告》中指出，农民工每天工作时间为 10 ~ 12 小时，但每月工资只有 600 ~ 700 元，由此可以看出农民工的工资长期处于极低的水平。为了保障劳动者获取劳动报酬的基本权利，自 1993 年起我国借鉴国际通行做法开始实行最低工资制度，各地根据地方经济发展水平制定了相应的最低工资标准和具体规定。但是有的用人单位招聘农民工时，不管技术要求多高，不管劳动强度多大，一律按最低工资标准执行，将最低工资标准普遍化。更有甚者，有的企业、个体工商户支付给农民工工资低于当地最低工资标准。农民工虽然干的是最脏、最累、最险的活，但最终获得的工资待遇却与他们的劳动付出极不相称。

### （三）农民工劳动报酬受到歧视，违背同工同酬原则

我国《劳动法》第 46 条规定："工资分配应当遵循按劳分配原则，实行同工同酬。"而在一些用人单位，农民工虽在同样岗位上从事同样工作，付出的劳动量一点不比城镇正式工少，但由于农民工、非正式工的特殊身份，其劳动收入与同岗位的城镇职工相差甚远，与社会平均工资水平的差距在不断拉大，"同工不同酬"的现象普遍存在。据调查，在深圳，在相同的岗位上，2003 年农民工的月工资是 1000 元左右，而深圳户籍的员工则高达 3000 元。北京市统计局 2005 年初对京城农民工生存现状的调查结果显示：京城农民工月均收入 875 元，年均收入 10500 元，而 2004 年北京市职工平均工资为 28348 元，这里的职工还包括在岗职工和不在岗职工，如果只按在岗职工计算的话，两者的差距更大。[①]

---

① 李东东：《试论农民工权益的法律保障》，http://www.66law.cn/lawarticle/5632.aspx，最后访问日期：2013 年 8 月 20 日。

### （四）随意安排农民工加班加点，不依法支付加班加点工资

有些用人单位为了赚取更多利润，置农民工的安全和身心健康于不顾，随意延长农民工的劳动时间，有的没有星期天和节假日，要求农民工加班加点，每天一般工作 10 ~ 14 个小时，超时工作现象十分严重。国家统计局所做的调查显示，农民工人均每周工作 6.4 天，每天工作 9.4 小时。有些地方，农民工每天工作时间在 11 个小时左右，每月工作时间在 26 天以上。珠江三角洲的农民工每天工作 12 小时至 14 小时者占 46%，没有休息日者竟占 47%。① 虽然农民工的劳动时间被随意延长，但一些用人单位既不安排补休，又不依法支付加班加点工资，加班不给加班费或少给加班费现象较为普遍。如果按月扣除休息日工作和平常加班加点应得的工资，将会发现还有一些农民工的基本工资没有达到用工所在地的最低工资标准。

### （五）工资被克扣或变相克扣现象依然存在

有的用人单位以实行计件工资为借口，通过抬高劳动定额和压低计件报酬等手段变相克扣农民工工资；有的用人单位为了保证农民工能够长期在企业工作，以加强劳动管理为名，要求农民工交纳数额不菲的劳动保证金或押金；有的用人单位转嫁生产经营成本，向农民工收取服装费、培训费、水电费、卫生费、流动人口管理费、治安费、计划生育费之类，以克扣农民工工资。

## 二　农民工劳动报酬权受侵害的主要原因

### （一）立法上存在欠缺

迄今为止，我国尚未制定统一的关于工资方面的法律或行政法规，

---

① 苏海南：《保障农民工的劳动报酬权》，《中国劳动》2006 年第 9 期，第 13 页。

工资立法散见于《劳动法》《劳动合同法》《就业促进法》和《劳动争议调解仲裁法》等法律和《工资支付暂行规定》《企业最低工资规定》《工资集体协商试行办法》等规章或规范性文件之中，但这些法律文件中均没有对农民工劳动报酬权益保护做出详细的规定，导致实际操作性差，有些规定得不到落实。虽然国务院及有关部门在维护农民工劳动报酬权上做了大量努力，发布了一些保障农民工劳动报酬权的规范性文件，如2004年国务院办公厅转发了《建设部等部门关于进一步解决建设领域拖欠工程款问题意见的通知》、2005年劳动和社会保障部发布了《关于进一步解决拖欠农民工工资问题的通知》、2010年国务院办公厅发出《关于切实解决企业拖欠农民工工资问题的紧急通知》等，各省、自治区、直辖市也制定了相应配套性文件，要求切实解决企业拖欠农民工工资等问题，但这些文件政策性强，法律效力较低，加上法律责任不够严格，不足以遏制用人单位侵害农民工劳动报酬权的违法行为，导致实际执行效果不理想。

### （二）司法和行政救济不力

农民工劳动报酬权得不到切实维护，除了立法不完善的原因外，很大程度上是因为司法和行政救济不力所造成的。

在司法方面。其一，由于我国对劳动争议案件实行劳动仲裁前置程序，即必须先进行劳动仲裁、对劳动仲裁裁决不服才能依法向法院起诉的解决途径，导致农民工在发生劳动报酬纠纷之后寻求公权力救济的时间周期太长和经济成本过高，而救济效率却很低，结果使得许多农民工的合法权益得不到及时保障。其二，在劳动争议案件举证责任方面，沿用民事诉讼中的"谁主张谁举证"的原则，而大多数农民工举证能力有限，也不利于农民工权益的保护。其三，现行法律援助制度不健全，使得处于弱势地位的农民工很难获得法律援助。我国从1994年开始创立具有中国特色的法律援助制度，其目的是为经济困难或特殊案件的当事人给予减免收费的法律帮助，以保护弱势群体的合法权益。但在具体的实施过程中，并未落到实处，法律援助没有成为维护农民工合法权益的一种有效手段，农民工维权难已成为一个普遍性的社会问题。调查显示，在北京市开展的一次外来务工人员法律援助专项服务活动中，有 1000 多名外地民工来反映欠薪问题，然而真正能获得法律援助的不足 3%。①

在劳动行政执法方面。由于有些地方政府对保护农民工劳动权的认识不足以及政府行政不作为，加上劳动监察力量薄弱，导致行政执法不力，当出现侵犯农民工权益问题时，没有依法实行查处职责，甚至自身的某些行政行为也在侵犯农民工的合法权益。有些地方政府只顾招商引资，片面追求 GDP 的增长速度，忽视对农民工的正当权益的维护，甚至存在官商结合、接受吃请和收受钱财的腐败行为。

## （三）农民工法律意识淡薄，依法维权能力弱

农民工法律意识差，依法维权能力弱，是农民工劳动报酬权受损的内在原因。由于农村社会与经济发展相对落后，教育资源不足，农民工受教育机会较少，文化水平低，经济贫困，加之就业竞争激烈，农民工为了挣钱养家糊口，他们优先考虑的是如何找到事情做，而对于如何维护自己的劳动报酬权则事先很少考虑。许多农民工在自己的劳动报酬权受侵犯时，不懂得运用法律维权；有的虽有维权意识，但想到自己势单力薄而不敢维护自身权益，目前农民工很少加入工会等社会团体，在权益受到侵害时，不能通过集体的力量更好地维护自己的利益；有些农民工由于法律知识缺乏和法制观念淡薄，在维权中因证据不足求助无门，或因行政部门、司法部门执法不公而无奈，往往铤而走险，采用跳楼自杀、绑架、阻塞交通等非法手段和极端手段来解决问题，极易造成社会危害。例如顿某某、于某某、杨某均是从外地来京打工的农民工，2009年 3 月至 11 月，他们所在的施工队在北京市昌平区盖了四栋小楼。但完工后包工头郭某并没有按时结算工资，并以房主未给工程款为由推卸债

---

① 王晓玉：《浅议农民工劳动权利的法律保护》，http://court.gmw.cn/html/article/201301/09/116580.shtml，最后访问日期：2013 年 9 月 20 日。

务责任，随后就消失不见了。三位农民工经多方打听，得知郭某在石景山区又承包了一个工程。2010 年 1 月 4 日，三人采取暴力方式将郭某绑架并进行非法拘禁和殴打，当晚 11 时许，三人被抓获。后因犯非法拘禁罪被北京市石景山区人民法院分别判处拘役六个月，缓刑六个月。①

# 三　农民工劳动报酬权的法律保障

保障农民工劳动报酬权是一项复杂的系统工程，需要立法、司法、行政执法等各个环节的相互配合与支持。

## （一）健全相关立法，制定保护农民工劳动权益的专门法

立法保护只是解决农民工劳动报酬权益保护问题的起点和基础，针对农民工劳动权益累遭损害与现行法律保护不力的现实，我国除尽快出台《工资条例》和完善《劳动法》《工会法》《劳动争议调解仲裁法》等法律之外，应该制定一部专门保障农民工劳动权益的法律，使保障农民工劳动权益尽快走向制度化、规范化、法制化轨道，该法应涵盖农民工劳动就业、劳动合同、劳动报酬、工作时间和休息休假、劳动条件与劳动保护、社会保险、法律责任等内容。笔者以为，在该专门法中涉及农民工劳动报酬权事项方面至少应写入以下内容。

### 1. 农民工工资保证金制度

工资支付保证金制度，是强制要求用人单位向政府指定的账户里注入一定的资金，待用人单位未及时支付或者无力支付农民工工资时，由政府从保证金中提取资金支付欠薪的制度，以满足基本需要，维持和谐的劳动关系。工资保证金实行专户存储、专项支取，任何单位和个人不得挪用，目前，这种制度在我国大部分省市都已建立，主要在农民工比较集中的建筑业、装潢和交通水利施工企业实行，实施成效显著。今后

---

① http://china.findlaw.cn/bianhu/xingshidongtai/9599.html，最后访问日期：2013 年 9 月 27 日。

应从国家法律层面做出规定，并扩展到所有领域，以从根本上解决拖欠、克扣农民工工资问题。

### 2. 农民工劳动报酬标准

合理确定和提高农民工工资水平，规范农民工工资管理，农民工劳动报酬标准要与当地的社会经济发展水平和企业经营状况相适应。对农民工劳动报酬不得歧视，要严格遵守按劳分配、同工同酬原则，切实改变农民工工资偏低、同工不同酬的状况。严格执行国家最低工资制度，明确规定农民工劳动报酬标准不得低于法定最低工资标准，而且最低工资标准要在经济发展的基础上逐年提高。严格遵守国家关于职工休息休假的规定，延长工时和休息日、法定假日安排劳动者加班的，要依法支付加班加点工资。

### 3. 农民工劳动报酬支付、清偿期限

农民工工资至少每月支付一次，能够按月支付全额劳动报酬的，必须按月全额支付；但考虑农民工劳动报酬支付的复杂性，也可按劳动任务分阶段给付或者按比例先后支付，但每月支付的金额不得低于当地最低工资标准。对于用人单位因经营困难拖欠农民工劳动报酬的，应规定有利于农民工的合理清偿期限，拖欠时间原则上不超过六个月。

### 4. 农民工工资支付监控制度

采取全面监控和重点监控相结合，将建筑企业以及其他行业中曾有拖欠克扣工资行为的企业作为重点监控对象，要求其定期将工资支付情况报当地劳动保障行政部门。

### 5. 加大对侵害农民工劳动报酬权的惩处力度

因违法成本偏低，用人单位才敢恶意、经常侵犯农民工劳动报酬权，所以对于侵害农民工劳动报酬权的用人单位的惩处力度必须加大。除了责令改正，让用人单位承担补偿金、赔偿金和加大行政罚款额度外，对于恶意拖欠劳动报酬情况严重、数额较大、社会影响恶劣的用人单位和相关责任人员还应依法追究刑事责任，以有效遏止拖欠农民工劳动报酬的行为。

### （二）畅通司法救济渠道

#### 1. 设立劳动法庭

在我国现有法院模式下，设立独立于现有体制之外的劳动法院不太现实，但考虑我国劳动争议案件大幅增长的实际，可在一些经济较发达、劳动案件数量多的地方基层和中级人民法院内部设立劳动法庭，专门处理劳动争议案件，以增强审判力量，提高审判效率和审判质量。

#### 2. 尽量简化程序

对于农民工通过诉讼途径维护劳动报酬权的案件，法院受理案件后要尽量缩短审理时间，多适用简易程序，涉及农民工劳动报酬案件要尽快立案、优先审理和及时裁决；对符合条件的可以采取发布支付令和先予执行等措施；判决生效后应加大执行力度，对一些故意拖欠不履行判决给付义务的，执行中应按银行同期贷款利率的二倍标准支付迟延履行的债务利息等。

#### 3. 扩大劳动争议案件举证责任倒置的适用范围

我国的劳动争议案件属于民事案件的范畴，也适用《民事诉讼法》有关"谁主张，谁举证"的诉讼原则，例如在拖欠工资诉讼中，举证责任在农民工，由于许多用工单位不与农民工签订书面的劳动合同，而农民工在领取工资时，一些用工单位不用正式工资支付凭证，而是让农民工写收条签名，甚至连收条都不打，这就使农民工劳动报酬权受损时维权处于劣势地位。而农民工大多数文化素质不高且生活贫困，自己缺乏举证质证能力更无力请律师为自己举证质证。因此，应进一步扩大劳动争议案件举证责任倒置的适用范围，加大在各种资源上均占优势的用人单位的举证责任。

#### 4. 完善法律援助制度，有效维护农民工劳动报酬权

各级司法行政部门、法律援助机构应严格按照《法律援助条例》的规定，将农民工劳动报酬权纠纷作为一项法律援助的重要内容，各类法律援助机构应当简化手续，及时受理农民工的申请，支持农民工依法维

权行为。办案律师要加强职业道德修养，努力提高专业知识素质，提高办案效率，为农民工提高优质、高效的法律服务。

### （三）行政执法部门认真履行职责，加强对侵犯农民工劳动报酬权的监督检查和查处力度

首先，要加大维护农民工劳动报酬权的执法力度。加强日常巡视检查和责任制度。扩大日常巡视检查覆盖面，特别要加强对使用农民工较多的建筑、劳动密集型加工等企业和个体工商户的工资支付情况的监督检查，督促用人单位依法经营，对于不依法与农民工签订书面劳动合同、随意延长工作时间、拖欠农民工工资等违法行为要及时、严肃查处。其次，要畅通农民工举报投诉渠道。向社会公布举报投诉电话，加强举报投诉接待力量，做好对举报投诉案件的调查处理工作，对于向劳动部门反映、投诉的有关侵害农民工劳动报酬方面的情况要依法及时给予答复和进行调查处理。再次，要抓好专项检查。劳动保障行政部门要会同有关部门持续开展农民工工资支付情况专项检查活动，严肃查处克扣、拖欠行为和支付的工资低于法定最低工资标准的情况，以切实维护农民工的劳动报酬权。

### （四）努力提升农民工法律素质，强化工会对农民工劳动报酬权的维护，增加农民工依法维权的意识和能力

应大力拓宽劳动权益普法宣传教育渠道，扩大宣传教育覆盖面，灵活运用各种宣传教育手段，广泛深入持久地开展相关法制宣传活动，努力提升农民工法律素质，引导他们增强法制观念，知法守法，学会利用法律、通过合法渠道维护自身权益。农民工可以在工作之余多读些书或参加一些法律知识培训班，这样不仅能提高自身的文化修养，同时也能在权利受到损害时知道怎么维权。

要强化工会维护农民工权益的作用。用人单位要依法保障农民工参加工会的权利，各级工会要加强工资方面的检查与监督，督促用人单位

严格履行支付工资的义务，积极做好集体合同的签订、工资集体协商、劳动争议调解等工作，以切实维护农民工的劳动报酬权。

# The Right of Migrant Workers on Labor Legal Protection of Labor Remuneration

Yang Mingwu

**Abstract**：Migrant workers have become an important part of China's industrial workers, they added energy to develop for urban and rural. But the current situation for labor rights of these migrant workers is difficultly satisfied, one of the outstanding problem is that do not an effectively safeguard to protect right of remuneration. In this paper, with describing the status of the way that Chinese migrant workers to earn the right of remuneration, analyzed the causes of remuneration aggrieved on migrant workers, and submitted corresponding legal safeguards.

**Keywords**：Migrant workers；Remuneration rights；Protection

# 住房权视野下的中国保障性住房制度

严　谣　高中权[*]

**摘　要：** 住房权作为一项重要的社会权，其实现与国家义务之间存在密切关联。中国政府为了更好地实现公民的适足住房权，确立了包括经济适用房、廉租房、公共租赁房在内的保障性住房制度，但是在实施的过程中，遇到了一系列的问题。国家作为主要的义务主体，应该在实践过程中不断地完善保障性住房制度，为每一个公民实现其住房权提供保障。

**关键词：** 住房权；保障性住房制度；经济适用住房制度；廉租房制度；公租房制度

基本人权包括生存权和发展权，我们的生活离不开衣食住行，"住"作为人类基本的生活需要，是人类生存发展的基本前提。《经济、社会和文化权利国际公约》第11条第1款规定，"本公约缔约各国承认人人有权为自己和家庭获得相当的生活水准，包括足够的食物、衣着和住房，并能不断改进生活条件。各缔约国将采取适当的步骤保证实现这一权利，并承认为此而实行基于自愿同意的国际合作的重要性。"我国作为《经济、社会和文化权利国际公约》的签署国，应当履行好国家义务，保障公民住房权的实现。

---

\* 严谣，湖南岳阳人，长沙理工大学马克思主义学院研究生，主要从事马克思主义法理学研究；高中权，辽宁北票人，长沙理工大学法学系副教授，主要从事民商法研究。

# 一 住房权的内涵

"适足住房权"的概念是一个舶来品，英文表达为"The right to adequate housing"，我国学术界大多赞同这一译法，但依习惯有时也称之为"住房权"。

## （一）住房权的界定

《现代汉语词典》对住房的界定为"供人居住的房屋"，但是这并不意味着任何人居住的地方都可称为此处的"住房"。根据美国心理学家马斯洛的需求层次理论，人的需求分为五种，依次为：生理需求、安全需求、情感和归属的需求、尊重的需求和自我实现的需求。将此需求适用于人们对住房的需求上，则可知住房不仅应满足人生存的需要，还应满足人的更高层次的需要。

首先对住房权做出解释的是 1948 年的《世界人权宣言》，接着，1966 年的《经济、社会和文化权利国际公约》也对适足住房权做出了明确的规定，但是其规定都比较抽象，难以依其具体实施。直到 1991 年，经济、社会和文化权利委员会通过了关于住房权的《第四号一般性意见》，对住房权的内容做出了详细的解释。

根据《第四号一般性意见》第 8 条的规定，适足住房权包括以下 7 个方面的内容：（a）使用权的法律保障。（b）服务、材料、设备和基础设施的提供。（c）力所能及。（d）乐舍安居。（e）住房机会。须向一切有资格享有适足住房的人提供适足的住房。（f）居住地点。适足的住房应处于便利就业选择、保健服务、就学、托儿中心和其他社会设施之地点。（g）适当的文化环境。

## （二）住房权的实现

住房权作为满足人类基本生存的一项权利，毋庸置疑是一项基本人权。根据联合国《经济、社会和文化权利国际公约》及其通过的相关决议，可知适足住房权是一项社会权。住房权作为一项社会权，具有双重属性。它不仅仅是一项积极权利，它的实现需要国家提供一定的资源或者说需要国家进行给付，而且住房权也是一项消极的权利，它的实现需要国家不干预，即尊重公民的住房权。除此之外，非国家行为体也承担着越来越多的义务。

**1. 尊重的义务**

"尊重的义务主要是指国家不要干涉经济、社会、文化权利的享受，不得干预公民自己实施免于匮乏的努力。"① 具体而言，即国家不得直接或者间接地干预公民的住房权。公民有权通过自己的劳动来实现自己的住房权，国家作为社会权实现的首要主体，则应该做到尊重公民的此项权利。

**2. 保护的义务**

保护的义务是指为了防止他人阻碍公民实施免于匮乏的努力，国家用公权力予以保护。具体到适足住房权，则是指国家应该保护公民免遭不合法的驱逐和不正当的威胁等。国家不仅应该防止第三方干预住房权的实现，国家自己也应该约束自己的行为，人民将权利让渡一部分给国家，是希望其保障自己权利的实现，如果国家反过来违背人民的利益，那么毋庸置疑这样的行为是应制止的。

**3. 实现的义务**

"实现或促进的义务则在于公民无法以己之力免于匮乏时，国家应当承担给付的义务或物质帮助，使其免于匮乏。"② 目前，住房权未得到保障的现象屡见不鲜，在公民无法通过自己的方式实现住房权时，国家需要提供相应的帮助，以便公民能更快更好地实现自己的住房权。

---

① 王新生：《略论社会权的国家义务及其发展趋势》，《法学评论》2012 年第 6 期，第 13 页。

② 王新生：《略论社会权的国家义务及其发展趋势》，《法学评论》2012 年第 6 期，第 13 页。

# 二 美国、新加坡的住房保障制度

不同国家由于其各具特色的政治制度与文化背景发展出了适于各自不同国情的住房保障制度。随着工业化、城市化的发展，仅仅用私人住房来实现公民的住房权越来越成为不可能，国家作为住房权的义务主体，必须承担起解决中低收入家庭住房权问题的责任。很多国家都建立了成功的住房保障制度，美国作为世界上的超级大国，是发达国家的典型，其住房保障制度值得我们学习并加以运用；另外，新加坡作为新兴的市场经济国家，其住房保障制度同样取得了令人瞩目的成绩，对我国住房保障制度的完善、实现公民的住房权也具有重要的借鉴意义。

## （一）美国的住房保障制度

美国是一个市场经济高度发达的国家，其住房模式有"大政府、小市场"的特点，美国联邦政府在落实保障公民住房权时，取得了显著效果。根据不同家庭的不同收入水平，美国的保障性住房制度分为三个层次：针对低收入家庭的出租公共住房和租金补贴；针对中低收入家庭的低息贷款、首付担保及首付补贴；针对所有购房者的贷款抵个人所得税政策。

为了实现不同收入阶层公民的住房权，采取了不同的保障形式，落实国家的义务。针对低收入家庭，提出了"租得起房"的目标，保障形式主要有出租公共住房和租金补贴的方式。美国政府是从供给和需求两个方面来实现低收入家庭的住房权的，政府提供公共住房以低价出租，从供给的角度提供保障，但是由于公共住房建设时间较长，租金收取较低，造成了资金的回收困难。从20世纪70年代起，美国逐渐开始向需求保障转化，保障形式也逐渐向租金补贴转化。租金补贴的具体内容是政府向低收入者发放房租补助券。受益的家庭将自己家庭收入不超过30%的部分交作房租，余下的与市场租金的差额由政府发券补足。针对中低

143

收入家庭主要采取了低息贷款、首付担保及首付补贴的保障形式。对于中低收入家庭，美国则从需求的角度来提供保障，提高中低收入家庭的购买力，实现中低收入家庭的住房权。美国设立了 12 家"联邦家庭贷款银行"，为购房者提供低息贷款。购买中低价位的、自住用房的家庭可以申请对首付提供担保，从而降低了购房首付，提升了购买力。除此之外，2003 年，美国还开始实施"美国首付计划"对购房首付予以直接补贴，在实践中取得了显著效果。美国的住房保障制度的对象主要是中低收入家庭，美国将中低收入家庭界定为家庭收入低于所在区域平均收入 40% 的家庭，大约有 2000 万户。

### （二）新加坡的住房保障制度

新加坡政府为了保障公民住房权的实现，从 1960 年开始即推行公共住房政策，1964 年开始推行"居者有其屋"的政策，为了真正做到"居者有其屋"，实现公民的住房权，新加坡政府以组屋的形式向无力购买私人住宅的公民提供大量的公共住房，即我们通常所说的"组屋计划"。自实行组屋计划 50 多年来，新加坡由自独立以来的大多数居民的住房权得不到保障到现在的住房自有化率达 80% 以上，取得了令人瞩目的成绩。

新加坡政府保障公民住房权的形式以组屋的供应为主，辅之以财政补贴。其组屋分为用于出租的廉租屋和用于销售的廉价屋。新加坡自 1964 年起从出租组屋为主向出售组屋过渡，目前，居住在廉租屋的人口不到 10%，而大多数人购买了廉价屋。国家作为住房权实现的主要义务主体，新加坡政府不仅在提供廉租房和廉价房上履行其义务，还对组屋的建筑和购买进行补贴。组屋计划的保障对象是无力购买私人住房的公民，具体而言，新加坡根据收入条件、家庭结构条件、居住和住房条件确定了不同的申请标准。对于廉租房的出租标准是家庭月收入不高于 1500 新元，根据是否组建家庭分了两种不同的房型。对于廉价房的标准更为复杂：对于家庭月收入不高于 2000 新元，无私有房产且未曾购买过组屋，未享受公积金住房资助或其他政府住房补贴，或者是有房产但经过 5 年的等候的，大于 21 岁，核心家庭中有一人是常住居民的新加坡公民，可以购买上述组建家庭的廉价房的房型；对于家庭月收入不高于 3000 新元的居民，且满足前述家庭结构条件及居住和住房相关条件的公民提供了另一种房型；对于家庭月收入不高于 8000 新元的则提供了更高级的房型。[①]

### （三）美国和新加坡的住房权研究的借鉴意义

他山之石，可以攻玉。相对于发达国家而言，我国的保障性住房制度起步较晚，发展得还不够完善，研究其他国家的住房权现状对我国房屋保障制度的完善具有重要的借鉴意义。

美国和新加坡的保障性住房制度在保障公民的住房权方面取得了显著效果，根据美国和新加坡的保障性住房的实践，可知，一种是政府起着引导作用，一种是政府发挥了全面主导作用。在住房短缺时，政府全面主导，建设公共住房，能够在短时间内缓解中低收入家庭的住房问题。但是仅仅依靠政府的主导作用显然是不现实的，随着住房问题的不断缓解，最终会走向政府引导、市场建设的模式。我国目前住房问题相对来说比较紧张，应该发挥政府的主导作用，等到住房问题有所缓解时，慢慢地转向政府引导、市场建设的模式。

政府作为住房权实现的主要义务主体，应该履行好自己的职责，建立一定数量的保障性住房，为公民购买或租赁保障性住房提供一定的优惠。从美国和新加坡的住房保障制度分析可知，其保障模式不仅包括实物补贴，还包括了货币补贴。目前我国的保障性住房制度发展得还不够完善，保障模式先以实物补贴为主，之后逐渐向货币补贴过渡。

美国和新加坡为了实现不同收入阶层公民的住房权，针对不同的保障对象采用不同的保障模式，形成了一个较为完整的住房保障体系。我

---

① 惠博、张琦：《美国、新加坡保障性住房发展经验及对我国的启示》，《海南金融》2011年第 5 期，第 57 页。

国是一个幅员辽阔的国家，保障性住房制度的建设更应该因地制宜。①

# 三 作为中国公民住房权保障的保障性住房制度

近年来，我国经济得到了快速发展，人民生活水平得到明显提高，然而房价的快速攀升却与居民收入的增长水平不同步。住房问题成为许多人头痛的问题。为了实现广大中低收入家庭的住房权，我国已经初步建立了适合我国国情的保障性住房制度。保障性住房是与商品房并行的概念，是指政府为解决中低收入家庭住房问题而在实行社会保障过程中所提供的限定价格、供应对象、建筑标准的住房。我国的保障性住房制度主要由廉租房、经济适用住房和公租房制度组成。

## （一）廉租房制度

廉租房制度是国家为了体现社会公平，解决最低收入家庭的住房问题实现其住房权而实施的一种住房保障制度。对于最低收入家庭而言，他们无法通过自身的努力实现其住房权，国家作为社会权的主要义务主体，有义务采取措施满足他们的最基本的住房需求，因此廉租房的主要供房责任由政府承担。

廉租房的保障对象以家庭为单位，2003 年，《城镇最低收入家庭廉租住房管理办法》中将廉租房的保障对象限定为最低收入家庭。2005 年，"国八条"提出要尽快地完善我国的廉租房保障制度，廉租房的保障对象又扩大到了低收入家庭，但是由于政府的不作为以及开发商的唯利是图，"国八条"并没有得到很好的落实。随后，国务院又颁布了"国六条"以调控房地产市场。2007 年，《廉租住房保障办法》颁布，对廉租房的保障制度进行了较为明确的规定。《廉租住房保障办法》规定："为促进廉租住房制度建设，逐步解决城市低收入家庭的住房困难，制定本办法。本

---

① 惠博、张琦：《美国、新加坡保障性住房发展经验及对我国的启示》，《海南金融》2011 年第 5 期，第 59 页。

办法所称城市低收入住房困难家庭，是指城市和县人民政府所在地的镇范围内，家庭收入、住房状况等符合市、县人民政府规定条件的家庭。"可知廉租房的保障对象是城镇低收入家庭，不同的地区根据当地的经济发展水平的不同而有所差异。廉租房的保障对象主要针对"双困户"家庭，即收入低于一定标准并且人均住房面积低于一定标准的家庭。然而在实践过程中，有些地方的保障对象的标准却发生了异化，由低收入家庭演变成了劳模、优抚对象等具有特殊身份的人，与廉租房制度的初衷相背离。①

根据《廉租住房保障办法》的相关规定，我国的廉租住房保障方式实行货币补贴和实物配租等相结合。实施廉租住房保障，主要通过发放租赁补贴，增强城市低收入住房困难家庭承租住房的能力。廉租住房紧缺的城市，应当通过新建和收购等方式，增加廉租住房实物配租的房源。采取货币补贴方式的，补贴额度按照城市低收入住房困难家庭现住房面积与保障面积标准的差额、每平方米租赁住房补贴标准确定。采取实物配租方式的，配租面积为城市低收入住房困难家庭现住房面积与保障面积标准的差额。有条件的地区，对城市居民最低生活保障家庭，可以免收实物配租住房中住房保障面积标准内的租金。

廉租房制度的设计初衷毋庸置疑在于保障公民住房权的实现，然而实践结果却并不那么尽如人意。住房权不仅仅包括住房保障权，国家在实现低收入家庭的住房保障权时，却忽略了住房宜居权，适宜的居住地点也是住房权的应有之义。适宜的居住地点应处于便利就业选择、保健服务、就学、托儿中心和其他社会设施之地点，然而我国的廉租房建筑区却远离市区，其相应的设施得不到保障。对于低收入家庭而言，如果选择在廉租房内居住，就得在生活的其他方面忍受各种不便，如上班地点远，子女上学距离远，等等。根据《第四号一般性意见》的规定，服务、材料、设备和基础设施的提供也是住房权的重要内容，我国廉租房

① 王雪：《中国公民的住房权研究——兼反思中国的廉租房制度》，吉林大学 2012 年硕士学位论文，第 16 页。

保障过于强调最低保障的面积，却忽视了其他的标准，如居住环境、与房屋相配套的基础设施的提供，这些无疑造成了廉租房住宿环境的恶劣。著名经济学家茅于轼曾经就提出过"廉租房不应该设厕所，以防止富人购买"的观点，这一建议甚至还在一定范围内得到支持，由此可知，人们将住房权的理解狭隘化了，并不是说有了遮风挡雨的处所就是实现了住房权，还应该关注"乐舍安居"的层面。

### （二）经济适用住房制度

根据《经济适用住房管理办法》的相关规定，经济适用住房是指政府提供政策优惠，限定套型面积和销售价格，按照合理标准建设，面向城市低收入住房困难家庭供应，具有保障性质的政策性住房。经济适用住房制度也是我国保障性住房制度的重要组成部分，其目的是保障低收入住房困难家庭的住房权，为其提供住房机会。同廉租房制度一样，国家仍然是主要的责任承担者。

经济适用房的保障对象也是以家庭为单位，其对象与廉租房保障对象相衔接，针对的是经济能力高于租廉租房而买不起商品房的中低收入家庭。正如 1998 年《国务院关于进一步深化城镇住房制度改革加快住房建设的通知》中的规定："最低收入家庭租赁由政府或单位提供的廉租住房；中低收入家庭购买经济适用住房；其他收入高的家庭购买、租赁市场商品住房。"2007 年新修订的《经济适用住房管理办法》也指出经济适用房的对象为城市低收入住户困难家庭。其中城市低收入住房困难家庭是指城市和县人民政府所在地镇的范围内，家庭收入、住房状况等符合市、县人民政府规定条件的家庭。经济适用住房制度将保障对象定位于中低收入家庭，体现了其保障性，其实施目标和价值取向无疑在于更好地落实政府保障公民住房权的义务，切切实实做到实现公民的住房权。

对于经济适用住房制度的内容，《经济适用住房管理办法》做出了相关规定，包括建设制度、分配制度和管理制度。对于经济适用房的建设方式，我国采取了政府组织协调与市场运作相结合的原则。在具体的实践中，一般情况下是以企业开发作为主体的，北京市就采用了这种模式，首先由政府将土地划拨给开发商，再由开发商承担具体的设计、建设、销售工作。对于经济适用房的建设，政府提供了许多优惠措施，如经济适用住房建设用地以划拨方式供应、经济适用住房建设项目免收城市基础设施配套费等各种行政事业性收费和政府性基金、购买经济适用住房可提取个人住房公积金和优先办理住房公积金贷款等。对于经济适用房的分配，指什么样的家庭能够申请购买经济适用房，以及如何确定购买经济适用房的具体标准等。根据《经济适用住房管理办法》的规定，城市低收入家庭申请购买经济适用房应该满足三个条件：具有当地城镇户口；家庭收入符合市、县人民政府规定的低收入家庭标准；无房或现住房面积低于市、县人民政府规定的住房困难标准。经济适用住房供应对象的家庭收入标准和住房困难标准，由市、县人民政府根据当地商品住房价格、居民家庭可支配收入、居住水平和家庭人口结构等因素确定，实行动态管理，每年向社会公布一次。制度执行的好坏，在很大程度上取决于管理的水平，我国在建设、准入与退出机制、价格方面都有相关规定，但是这些规定都不够具体，在实践中的实施情况与制度设计的初衷相背离。

经济适用住房制度的实施，解决了一部分家庭的住房难题，在一定程度上促进了居住权的相对平等，有利于社会的稳定。但是政府的不作为，房地产开发商的投机行为等原因导致了其在实施过程中的异化。在有些城市，政府为了减少土地出让金的损失，将经济适用房建在城市的边缘地带，中低收入家庭买上房子时其他生活成本必定增加，并不满足《第四号一般性意见》关于居住地点的相关规定。经济适用房同时具有经济性和适用性的特点，其价格低于普通的商品房，但是其质量并不亚于商品房，因而产生了保障对象失控问题，常常会出现开着宝马、奔驰车购买经济适用房的相关报道。对象的失控阻碍了其他低收入家庭获得住房权的平等机会。我国的经济发展不平衡，中低收入家庭所占比重较大，然而经济适用房的数量却有限，造成了经济适用房的供不应求。①

### （三）公租房制度

经济适用房和廉租房主要是针对本地的低收入家庭，而将没有本地户口的大学毕业生、外来务工人员、新就业人群这类"夹心层"排除在外，为了实现"夹心层"的住房权，公共租赁住房应运而生。公共租赁住房是指政府提供政策支持，限定了租赁房的面积和租金，为更好地实现中等偏下收入住房困难家庭等群体的住房权，而为其提供的保障性住房。2010年6月我国出台了《关于加快发展公共租赁住房的指导意见》，我国的公租房开始在全国各大城市推行，北京、上海、天津、重庆、广州等大城市率先试点。②

根据《关于加快发展公共租赁住房的指导意见》可知，由于有的地区住房保障政策覆盖范围比较小，部分大中城市商品住房价格较高、上涨过快、可供出租的小户型住房供应不足等，一些中等偏下收入住房困难家庭无力通过市场租赁或购买住房的问题比较突出。公租房的保障对象主要是城市中等偏下收入住房困难家庭。与此同时，随着城镇化的发展，外来务工人员的居住条件也亟须改善，因此，将新就业职工和有稳定职业并在城市居住一定年限的外来务工人员纳入供应范围。但是为了防止资源的不合理利用，已经享受廉租房和经济适用住房政策的家庭，不可以承租公共租赁住房。

公租房是"以租代售"，它只是提供房屋的使用权。公租房制度的重点在于解决公民的阶段性住房问题，只是一个过渡性的保障产品。公民的收入水平提高后，当不满足申请公租房的标准时，即应退出公租房这一保障体系。公租房作为保障公民住房权的过渡性产品，其只能由承租人自住，不得出借、转租或闲置，也不得用于从事其他经营活动。由于

---

① 李哲：《我国经济适用房制度法律问题研究》，《法学杂志》2011年第1期，第119页。

② 王者洁、郭丽华：《公共租赁住房制度法制化研究》，《法学杂志》2011年第1期，第158页。

公租房的福利性，决定了其租金水平低于市场类似房屋租金。不同的省、区、市考虑到市场租金水平和供应对象的支付能力等因素确定了不同的价格。

公租房制度的建立，有助于完善住房供应体系，是满足城市中等偏下收入家庭基本住房需求的重要举措，所有公民都有权获得平等的住房机会，但是由于户籍制度的限制，外来务工人员等"夹心层"人员的住房条件得不到改善，公租房有利于保障"夹心层"人员的住房权。乐舍安居是住房权的内在要求，公租房的统一规划和建设可以有效缓解某些区域"脏、乱、差"的现象。如北京市唐家岭，一个户籍人口不足4000人的村庄聚集了接近5万的外来人员，他们的居住条件可以用"脏、乱、差"来形容，在这种情形下，人们的住房权并不能得到很好的保障。[1] 我国的公租房制度刚刚起步，发展得并不完善，在实践中也暴露出一些问题。

公租房的优惠政策并不能辐射到所有"夹心层"人员，对于他们的住房权保障问题，在以前的保障性住房制度中并未提及。由于有些地方限制了户籍，外来人员也不能得到此种优惠，因此他们的住房机会受到了限制。除此之外，公租房的价格仍然偏高，阻碍了一部分公民获得住房的机会，不利于公民住房权的实现。

# 四　住房权视野下中国保障性住房制度的反思

公民的住房权是一项社会权，社会权的实现需要国家承担主要义务，我国政府为了更好地实现公民的住房权，在我国确立了保障性住房制度。根据上述分析可知，我国的保障性住房制度对于保障公民住房权的实现起到了一定的作用，但是在实践中却出现了与该制度设计初衷背道而驰的现象。美国和新加坡是成功解决公民住房权问题的典型国家，我国在

---

[1]　马德天：《我国公共租赁住房法律制度研究》，中国政法大学2011年硕士学位论文，第6页。

完善保障性住房制度时可以借鉴其成功经验，从而更好地保障公民住房权的实现，实现居者有其屋的理想。

## （一）强调保障性住房制度的人权内核，实现国家的住房权义务

我国在建立保障性住房制度的过程中，一直缺少住房人权意识，太过于追求 GDP 的增长，将住房问题看成是一项经济问题，而忽略了其人权内核。正是由于缺少人权意识，政府便不认为对公民住房权的保障是一项义务，而仅仅将其作为维持社会稳定、促进经济增长的一种方式而已。如果政府能够将保障公民的住房权作为一项义务，便会努力地实现它，保障性住房建设中的住房面积、配套设施、交通情况都会纳入考量范围。国家作为住房权实现的主要义务主体，在保障公民住房权实现时，无疑应发挥主导作用，政府作为国家的执行机关，应落实好这一责任。

综合政府和市场的力量，间接或直接地提供更多的保障性住房。我国是实行社会主义市场经济体制的国家，在资源的配置过程中，市场机制发挥着重要作用，由于市场具有一定的盲目性，需要政府一定程度上的干预。目前，我国还有部分人员的住房权得不到保障，我国政府虽然建设了一些保障性住房，但是并不能满足需求，所以在数量上还需增加。

完善保障性住房制度。保障性住房制度中关于保障对象的审查、土地的供应、保障性住房的建造、进入与退出机制等的管理，目前分工并不是很明确，造成了多头管理的现象，影响了政府公信力的建设。为了更好地落实我国的保障性住房制度，实现公民的住房权，有必要完善保障性住房制度，做到"统一规划、统一建设、统一分配、统一管理、统一运作"。除此之外，还应完善保障性住房的争议解决机制。我国保障性住房制度中出现的争议越来越多，如住房的建设分配问题、适用范围和对象的界定、法律执行过程中遇到的争议。因此，建立争议解决机制是必要途径，为了有效地解决争议，可以建立行政复议和诉讼机制。

制定国家住房权发展战略，有计划地完善保障性住房制度。借鉴新加坡的成功经验，根据我国的实际情况，制订一套长期完整持续的公共

住房计划，有步骤地完善保障性住房制度，并且能够根据新的情况制定新的政策，解决实际中遇到的新的问题，更好地保障公民的住房权。

### （二）加强法律法规的建设，为公民住房保障提供法律依据

住房权作为一项社会权，并未像其他社会权一样有专门的法律来规范，在我国仅仅有一些行政规章规定了保障性住房制度，在实施的过程中并没有统一的上位法来规范，并未形成一个系统、科学的法律规范体系，也因此造成了保障性住房制度执行的随意性。保障性住房制度涉及多种的利益关系，仅仅依靠单一的力量不能够很好地建立，因此，建立一个科学、系统的法律规范体系能够保证相关措施的顺利实施。住房权作为一项基本的人权，与宪法密不可分，在人权的保障体系中，宪法无疑是最有成效的，宪法作为我国的根本大法具有最高法律效力，如果没有宪法的保障，人权保障将成为无源之水、无本之木。① 在我国，住房权的保障并没有写入宪法，我国可以通过宪法修正案的形式将公民的住房权写入宪法。2004 年，宪法修正案规定"国家尊重和保障人权"，可以在后面增加基本人权的内容。仅仅将住房权入宪是不足以保障我国公民的住房权的，因为宪法并不具有现实的可操作性，可以根据宪法的基本精神，建立具有现实操作性的《住房保障法》。目前，我国的保障性住房制度缺少一部统一的法律，因此建立系统的法律，辅之以相关政策为公民的住房保障提供法律依据显得尤为重要。

# View of Housing Rights under Chinese Indemnificatory Housing System

Yan Yao, Gao Zhongquan

**Abstract**: The right to adequate housing is an important part of the social

---

① 李步云：《法理探索》，湖南人民出版社，2003，第 207 页。

rights, which is closely related to the state obligation. Government established the indemnificatory housing system mainly contains affordable housing system, low-rental housing system, public lease housing system for achieving the right to adequate housing better. However, there are series of problems during the process of implementation. As the main subject of duty, the state should improve the system of indemnificatory housing constantly during the practice, that to provide security for every citizen to realize the right to adequate housing.

**Keywords**: Right to adequate housing; Indemnificatory housing system; Affordable housing system; Low-rental housing system; Public lease housing system

# 农村流动人口城市治理机制的法理分析

王伟奇<sup>*</sup>

**摘　要：** 我国市场经济体制发展到今天，公民的迁徙自由权保障获得了巨大发展。但由于我国土地制度的影响，它却发展成了一种单向度的自由流动机制，即农村劳动力向城市的自由流动。同时，公民的这种自由流动权利虽然与自由就业机制相协调，但是没有与获得平等的福利权益保障相协调。因此，当前我国城市政府实施的流动人口治理机制要解决的核心问题就是地方福利给付的平等化问题。为此，地方政府开始推行准户籍性质的"居住证"制度。这种渐进性的户籍制度改革措施不但具有必然性，而且具有正当性。因为这种渐进性改革为其他法律制度系统的协调改革赢得了时间和空间。

**关键词：** 城市化；农村流动人口；城市治理；户籍制度改革；市民化

# 前　言

对于发展中国家来说，城市化既是现代化发展的必然结果，也是推动现代化发展的重要手段。但如果发展中国家不顾自身的实际国情，片面地去追求西方世界所建议或推崇的那种高城市化率，那么在当前的这种西方世界居于主导地位的既有的国际经济和政治秩序中，发展中国家

---

\* 王伟奇，湖南邵阳人，长沙理工大学法学系副教授，博士，主要从事行政法学研究。

的这种高城市化率发展模式也许将使得这些国家最终会掉进一个西方世界所乐于见到的发展陷阱之中。因为在当前的国际经济和政治秩序中，西方世界总是以是否符合它们的利益和发展需要——比如商品的对外销售、对世界经济和政治的控制能力的保障等角度——来看待发展中国家的进步或失败的。

就我国的发展而言，中国的现代化进程要保持可持续发展，必须要科学地解决一个关键问题，即农民的城市化问题。但是，如果在现阶段片面地去追求数字意义上的高城市化率，将会导致很多后患。因此，中国的城市化发展速度不应该是一个人为追求的目标，而应该是一个自然发展的过程。在这个过程中，要不断地在各种权力和利益之间进行平衡，协调其发展。就我国当前的城市化进程来说，政府必须要在稳健地提升城市化率的同时，努力提高城市的公共服务供给质量，提高国民的各种社会福利保障水平，特别是提高城市中流动人口的社会福利保障水平。为此，除中央政府以外，地方政府更需要承担在政治、经济和文化教育等各个领域不断改善农村流动人口生存和发展环境的责任，为其提供在城市生活的基本保障和支持。

当前，我国正在进行重大的户籍制度改革实验。但在当前的城市化进程中，地方政府更关注的是如何将自己行政辖区内的农村户籍人口转化为城市居民的问题，而不是外来流动人口的市民化问题。它不是要解决人口的自由迁徙问题，而是在继续遵循城乡户籍分割的前提下，将自己辖区内户籍人口的城市化率提升而已。因此，这样的户籍制度改革不是本研究所要特别关注的。因为它不能为解决中国的流动人口平等保障问题提供足够的经验，它既没有对外来流动人口的平等对待问题提供解决方案，也没有对城市人口向农村转移的问题提供解决方案。

本研究所关注的命题是"流动人口的自由迁移与平等享受当地政府提供的福利保障问题"。因此，本文将从流动人口的角度来研究户籍制度的改革问题。但是，本研究关注的是跨省市流动的农村人口，即那些从外省或外地市流入本地的农村流动人口，而不包括在市管县体制下的那些县域内的农村人口或城市郊区的农村人口在本市内的流动。因为，对于后者而言，在市管县的体制下，基于城市政府的政治责任和管理职责，通过城乡一体化的发展，相对而言，他们比前者能更好地得到同等保障。

# 一 农村流动人口城市治理模式的转变：从准入限制转向积极服务

改革开放 30 多年来的人口流动现象，从经济学意义上讲，就是劳动力资源从行政分配转向自由流动和市场配置的 30 多年，是充分实现劳动力价值的 30 多年；从制度发展意义上来讲，是一个人口从地域及职业禁锢向自由迁徙与职业自由转向的 30 多年，是对劳动者的政治、经济、社会和文化等各种权利保障机制不断完善的 30 多年。在这个过程中，无论是中央政府还是地方政府，无不在各个领域展开对既有的管理制度的改革和完善。

## （一）地方政府成为管理的主体及管理内容的变化

在改革开放的早期阶段，从 20 世纪 80 年代到 90 年代初，尽管受到农村改革的冲击，城市劳动就业和福利分配基本上保持原有格局，市民依然处于城乡分割式的"体制保障"之下，地方政府尚无须通过分割和区别对待本地和外来人口的方式来确保本地市民就业和福利。但是从 90 年代中期开始，随着国有企业大规模重组和城市劳动力市场改革的深化，城市失业问题及其社会影响越来越严重，于是地方政府就成为最渴望对流动人口进行管治的政府主体，开始积极推行各种就业保护政策，限制并力图减少外来人口数量。① 这在制度建设上的典型表现就是 1994 年劳动部制定的《农村劳动力跨省流动就业管理暂行规定》（2005 年被废止），以及各大中城市针对农村流动人口就业而制定的各种限制性规则。

---

① 张展新：《从城乡分割到区域分割——城市外来人口研究新视角》，《人口研究》2007 年第 6 期，第 16 页。

同时，针对变化了的城市治安问题，城市政府开始更加严格地监管流动人口，实行多种证件管理制度，比如"三证"制度，否则就将外来流动人口作为流浪人口对待而实施收容审查并强制遣返。

随着社会的发展，在进入 21 世纪以后，限制外来流动人口就业的地方性制度就基本上被废除了。当《行政许可法》于 2003 年颁布后，就从法律上彻底禁止了地方政府针对外来流动人口的自由流动和自由就业的限制。与此同时，地方政府严格实行的"三证"制度也在 2003 年因《城市生活无着的流浪乞讨人员救助管理办法》的颁布而发生了重大变化，收容审查制度被废止。就这样，城市流动人口的治理机制发生了重大转变，即从"限制管制"转向了"提供服务"。但是，由于户籍制度的继续存在，地方政府针对外来流动人口所作的这种区别对待的重心就从就业保护转向了在社会保障以及城市公共产品和服务的供给领域进行"本地—外来"的分割。[①]

### （二）管理目标的转变：从"回乡导向"转向"进城导向"

当前，我国城市政府开始积极实施居住证制度，许多地方政府已经制定了相关的地方性法律。中央政府对此也给予了肯定。由国务院转发的国家发改委《关于 2010 年深化经济体制改革重点工作的意见》中就明确提出要"逐步在全国范围内实行居住证制度"。这标志着我国对农村流动人口的管理政策发生了重大变化，从以前"回乡导向"的消极限制向"进城导向"的积极服务转变。从国家与社会的发展来讲，这是我国城市化发展战略的一个重大的阶段性成果。

而从 2013 年党的十八届三中全会以来的土地制度改革意见，对我国城市化进程中的农村流动人口的社会生存和发展权利的保障来讲，又将是一个重大的制度飞跃。

从农民工或流动人口的角度来看，这也是一种必然的结果，是对其

---

① 张展新：《从城乡分割到区域分割——城市外来人口研究新视角》，《人口研究》2007 年第 6 期，第 16 页。

不断发展的权利诉求的积极回应。农民工的诉求主要体现在这样两个方面。

第一，从20世纪90年代后半期开始，流动人口居留模式发生了质的变化，流动人口居留长期化的倾向得到发展。[①] 特别是新生代农民工，他们渴望将城市作为他们的家。国家统计局公布的《2009年农民工监察调查报告》显示，2009年中国的农民工数量已经达到2.29亿人，其中"新生代"的农民工达到1.41亿，占农民工人口总数的61.6%。面对规模如此巨大的农村流动人口，我国中央政府和城市政府不得不探索流动人口的"市民化"机制。

第二，外来流动人口的需求发生了重大变化。在改革开放初期，农民工只要能在城市找到一份工作就心满意足了。但是，随着时代的发展，在今天，农民工的权利平等保障意识越来越强烈。当前，城市流动人口呼唤权利平等的最迫切的领域就是城市政府提供的社会福利保障领域。对于任何一个民主选举的政权和法治社会来讲，它都必须建立一套正当有效的机制来妥善引导这一股巨大的社会力量。

### （三）管理手段和措施的进一步完善和发展

#### 1. 充分发挥市场、政府和社区三位一体的治理功能

城市外来流动人口的总量控制及流动人口治理机制的完善需要通过市场调节、政府调控和社区服务三个治理机制的相互配合，才能达成。

第一，市场的调节。城市的经济实力总会在一个时间段内保持一种相对稳定的发展态势，因而其就业机会的总量也会处于一种相对稳定的有限状态。于是，在市场机制的作用下，一个城市的劳动力人口总数，在一个时期内也会保持一个相对稳定的状态。再加上流动人口对自身生活方式和生活质量的理性追求，就会使得城市流动人口不可能始终保持一个无限增长的状态。

---

[①] 任远、姚慧：《流动人口居留模式的变化和城市管理——基于对上海的研究》，《人口研究》2007年第3期，第71页。

但是，从西方的经验来看，我国的市场机制未必能够有效地调节城市人口的总量。有研究者就指出，要像西方发达国家那样真正实现市场对人口分布的有效调节，需要具备五个条件：区域间经济、社会发展水平差异不大；相对较均衡的市场经济；国内各区域的相对就业机会较多，各区域内部失业人口数量在某一个适宜的控制指标之内；城乡差别缩小到一定程度，城镇经济社会发展所需要增加的劳动力数量与农村经济社会发展所析出的劳动力数量之间较易达成平衡；一国之内各区域发展水平大致接近、各地社会福利水平大致相当。① 从这五个条件来看，我国的人口分布难以通过市场机制来实现有效的调控。这可以从沿海经济发达地区，以及像北京、上海这样的特大城市的人口的迅速膨胀获得事实证明。因此，这就需要政府进行适当的调控和干预。

第二，政府的调控。一个城市为了保持其可持续的发展，它必须根据自身的经济实力来对自身的各种城市发展规划进行科学决策，特别是对城市的人口规划要有一个合理的控制。否则我国的城市化运动就会陷入西方国家，特别是发展中国家那样的"城市病"——比如贫民窟——的陷阱中。

但是，城市政府对人口数量等因素的干预，不应该再继续沿用过去的户籍制度的方式，不应该再采取限制外来人口进入城市的行政限制方式。因为这种方式既违背市场经济的基本要求，又违背基本的人权原则——平等原则。为此，城市政府就只能通过其他的政策手段来予以引导，比如提供不同水准的城市社会福利保险或最低工资水准，或者通过制定科学的产业发展政策和城市定位等方式来间接引导流动人口在当地的流入和流出。比如，在发现劳动力总量不足以满足市场需要时，通过提高最低工资水平或提供较高的城市福利供给等措施来吸引外来流动人口。比如，为了限制或淘汰部分流动人口，就可以通过制定产业升级政策，或将劳动力密集型产业外迁等措施来予以解决。再比如，城市政府通过对住房

① 袁政：《市场能否合理调节人口的区域再分布——中国未来户籍政策选择分析》，《中国人口科学》2001 年第 5 期，第 40 页。

政策的调控，也可以影响流动人口的进入和流出。

第三，社区组织的功能。社区是最基层的公民自治组织，是城市流动人口实现自我管理和自助互助的正式制度结构。社区组织对外来流动人口在城市的流入和流出不能发挥其影响力，但它是一个对外来流动人口在本社区的居住、工作或生活等方面给予各种服务和帮助，并承担某些信息登记功能的组织。同时，社区组织还因为可以承担基层政权组织委托的某些管理事务，而成为国家地方政权组织实现管理职能的最重要的帮手。此外，社区作为一种正式组织，它能够消除城市农村流动人口自发形成的组织——比如因地缘因素而自发形成的一些松散的集合体——的诸多弊端。因此，加强社区组织的建设，在城市流动人口治理机制中具有重要的地位。

**2. 提高人口信息的网络化管理**

城市政府基于各种管理或提供服务的需要，比如城市空间的发展规划、市政设施的布局和规模、城市住房规划、福利资金的预先规划、义务教育学校和医院的布局和规划、城市交通规划、社区治安警力的配置规划等等，都必须以对自身的人口状况有一个比较准确的了解为基础。因此，城市政府的各管理职能部门都需要建立相应的信息系统，比如计划生育管理部门的信息系统，教育部门的信息系统，公安部门的信息系统，等等。

但是，由于行政管理的条块分割体制，既使得这些公共管理职能部门在信息搜集方面容易重复劳动，又使得这些信息因为不能实现有效的整合而无法发挥其最大效用。因此，人口信息的网络化，特别是流动人口信息的网络化就成为城市人口管理机制完善中的一个重要环节。比如，早在"十五"期间，国务院就批准在部分城市进行人口基础信息共享的试点工作，要求以公安人口信息为基础，逐步融合计划生育、统计、民政、社会保障、税务、教育等部门的相关信息资源。

**3. 促进人口管理机制的区域一体化**

为了解决现实的问题，当前，我国地方政府之间开始重视区域协作。

在流动人口管理方面，人口流出地和流入地政府之间开始建立跨行政区域的协调机制。一方面是为了加强流动人口信息的沟通，另一方面是为了更好地共同维护流动人口的权益。比如，在计划生育管理领域，计划生育人口信息的省际、区域间的协作和共享机制已经取得了重要成果，并于 2011 年实现全国"一盘棋"，做到"统筹管理、服务均等、信息共享、区域协作"。再比如，湖南、广东等 10 个省份共同签署了全国首个《省际农民工法律援助合作协议》（2007 年）。这类初级形态的区域协作方式正在向更高级的制度一体化方向发展。比如《浙江省流动人口居住登记条例》（2009 年）就规定，浙江地方政府发放的居住证在全省范围内有效。这种制度一体化的发展模式在城市群的发展中显得尤其重要。比如，武汉都市圈就规定，持有"8 + 1"武汉城市圈内任一城市有效暂住证的人员，在圈内其他城市暂住，登记后可不办理暂住证。① 这种一体化管理制度就能够为城市群内的人口自由流动和人力资源的优化配置提供高效率的支持。

## 二 过渡形态的流动人口"市民化"机制：基于权利平等的主动性实践

### （一）外来人口"市民化"待遇的基准：居住证制度

#### 1. 居住证制度的诞生和平等精神的体现

新中国形成一种以城乡区分的户籍管理制度为主要特点的城乡分割体制有其必然性。从世界范围来看，几乎所有的发展中国家的经济和社会结构都呈现出某种二元特征，但多数国家都没有像中国这样，通过以户籍制度为核心的一系列正式制度安排来阻碍人口和劳动力流动和迁移。中国的这种户籍制度是由新中国的重工业优先发展战略、高度集中的计

---

① 《湖北省："8 + 1"武汉城市圈暂住证"一证通行"》，中华人民共和国中央人民政府网，http://www.gov.cn/jrzg/2008 - 06/13/content_1016027. htm，最后访问时间：2010 年 6 月 22 日。

划体制和基数庞大且增长迅速的人口三大因素所共同决定的，而后一因素是中国特有的国情条件。①

我国的社会主义市场经济体制改革发展到今天，无论是从经济的角度，还是从政治的角度，原有的户籍制度都已经不适应我国社会发展的需要了。而从平等这一法治基本原则来看，户籍制度就是对该原则的破坏。这种破坏体现在两个方面：一是体现在对公民迁徙自由权的限制上，一是体现在对公民平等的政治选举权、经济自由权和社会福利保障权的歧视上。就当前来看，公民在国内的自由流动已经得到基本保障②；公民的经济自由权利中的自由就业权，也已经得到基本保障；至于流动人口在当地的选举权问题，按照当前的改革路径，该问题还没有被提上议事日程。因此，当前最主要的问题就出现在是否能够获得平等的社会福利保障问题上。

按照我国当前的改革路径，流动人口要获得平等的当地福利保障待遇，其前提就是要获得当地的户籍。由于我国城市人口数量的增长和城市空间区域的拓展都是受行政控制的事项，因此，在这种城市发展模式的约束下，外来人口的"市民化"过程就只能是一个有数量限制的渐进性过程。那么，如何在既有的体制下寻找一条合适的改革道路呢？

能否用身份证制度来取代户籍制度？回答应该是否定的。从我国的身份证制度和户籍制度来看，户籍证明文件的法律含义和功能与身份证的法律含义和功能有明显的差异，即身份证不包含由地方政府提供的各种经济、社会和文化福利权益。因此，城市政府为了便于对城市流动人口的社会、经济和文化权益的分配，就必须找到一种新的管理制度。当前，这种新的制度形式就是从暂住证制度发展而来的居住证制度。

从法理上分析，居住证与暂住证的区别有以下几个方面。

---

① 张展新：《从城乡分割到区域分割——城市外来人口研究新视角》，《人口研究》2007 年第 6 期，第 16 页。

② 我国当前所保障的人口自由迁徙权，仅仅是指农村人口向城市的自由流动。同时，由于我国土地制度的影响，我国并不存在城乡之间的双向的人口自由迁徙机制。

（1）暂住证在过去很长一段时间内侧重于与社会治安管理的需要相关联，而居住证则更多的是与当地城市政府给予城市各类人口的社会福利权益相关联。这种针对包括外来农村流动人口在内的城市各类人口的福利供给，它在本质上是属于城市政府自主权范围内的一种行政给付。由于这类行政给付具有地方性，因此，在如何给付的问题上，地方性法律规范都赋予了地方政府及其职能部门以行政裁量的权力。

（2）在过去的相当长一段时间内，暂住证制度与其他各种流动人口管理制度，比如务工证制度、流浪人口收容审查制度、蓝印户口制度等相互纠缠在一起，使得暂住证制度实际上成为一种管理最底层的农村流动人口的歧视性制度。而当前的居住证制度则改变了这种做法，成为一种纯粹的程序性法律义务，体现了人人平等的法治精神。也就是说，当前的居住证申请程序只是一个流入人口的信息登记程序，它是城市政府要求流动人口应该履行的一种程序性义务。这种程序性义务具有以下三个基本特点。

第一，这种程序性义务没有同时赋予管理部门针对居住许可的自由裁量权，即没有剥夺或限制外来流动人口自由出入当地的权力。比如《湖南省流动人口服务和管理规定》就规定：只要是拟在当地居住30日以上、年满16周岁的流动人口，地方政府就必须在申报暂住登记后7日内发给居住证。

不过，当前某些地方政府将有违法犯罪行为的人列为"不受欢迎的人"，试图对这类流动人口的居住证申请进行限制。这种做法就是错误的。居住证制度不是要区分好人和坏人。即使流入的是曾经有过违法犯罪行为的人，城市政府也只能通过其他方式来加强城市的治安管理，而不能剥夺这些人群自由进出该城市的平等权利。这就如同城市政府不能因为本地户籍人口违法犯罪而将他们驱逐出去是一样的道理。

第二，是否履行居住证申请义务不与流动人口在当地居住、工作和生活这样的实质性权利的许可或剥夺相关联。也就是说，即使外来流动人口没有申请居住证，也不能以此来限制或剥夺其在当地居住、工作和生活的权利。

但是，居住证申请程序作为一种必要和有效的治理措施，如果流动人口拒绝履行这种程序性义务，作为具有管理职能的城市政府应该有处罚的权力。当然，如何设置处罚程序及处罚方式，必须遵守基本的法治原则以及《行政处罚法》的规定。比如，是实行经济罚款，还是采取其他处罚方式，或是以流浪人口来对待？诸如此类的问题就必须深入探讨。其实，当居住证与福利提供相关联的时候，流动人口就会有动力主动去申请居住证。

第三，它没有附加经济负担，即发放居住证不再收取费用。这种收费制度的废除实际上是城市政府为流动人口提供的一种福利。

### 2. 居住证的"准户籍"属性：福利给付的根据

居住证不是户籍证明，但是它又像户籍证明一样承载了城市福利利益。一方面，它根据流动人口连续居住的年限不同而分别给予不同的社会福利利益。另一方面，居住证制度又规定了持居住证的流动人口转变为户籍人口的转化条件，在流动人口和户籍人口之间架起了一座桥梁。不过，这些转化条件的确定，完全成了地方政府自由裁量的领域。

正因为居住证与福利给付和户籍转化之间存在如此紧密的关系，所以，城市政府就必须按照一定的标准对居住证进行等级划分。这种标准主要就是居住时间的长短。当然，如何合理地划分居住证等级，地方政府应该依据本城市的发展规划等因素来科学制定。① 在我国，当前一般对三年以上有效期的居住证的发放设置了更高的条件。比如湖南省规定："已在暂住地连续居住二年以上，需要继续居住较长时间，并且能够提供长期稳定工作合同、房屋租赁合同或者自有居住住所等有关证明的流动人口，根据本人申请和实际需要，发给其本人有效期三年、五年的居

---

① 从制度本身来讲，居住证等级的划分不是要将外来流动人口做身份等级的划分，它只是一种分配城市福利利益的手段，是城市基于其可持续发展所必须做出的一种针对流动人口的筛选机制。因此，将居住证看作是制造"二等公民"的观点并不正确。这种观点反映的其实是一种社会文化心态，就如同其他各种社会优越心态或自卑心态一样，它不是通过行政手段就可消灭的。

住证。"

要实现通过居住证制度来逐步达到平等保障各类城市人口的目标，就必须不断完善居住证制度所包含的城市福利利益，否则居住证又只会是暂住证制度的翻版。这种完善机制至少可以从以下两个方面来进行。

第一，居住证制度必须能给流动人口提供"最低限度的"社会保障，比如建立流动贫困人口的社会救助机制；外来流动妇女的计划生育保障机制；外来流动人口子女享受平等义务教育的机制；流动人口保险金的自由转移机制；等等。即使地方政府因此而背上了沉重的财政负担，也应该提供。因为这是一个城市政府的政治道义责任，人民才是国家的主人，政府是人民的政府。

第二，城市政府必须在自身可持续发展的基础上，不断提高对各类流动人口的社会福利保障水平，并通过各种措施来提高外来流动人口的生存能力。比如，各地的居住证制度都要求为外来流动人口提供相应的职业培训，等等。但是，城市政府又应该通过各种制度设计来防止各类人口不劳而获，包括外来流动人口。

### （二）渐进性户籍制度改革的内在矛盾：进步和保守的交织

居住证制度不是一项革命性改革措施，而是以户籍制度为基础，以既往的暂住证制度经验为借鉴而进一步发展起来的。因此，我们应该正确地看待居住证制度的保守性和进步性。

就其保守性而言，居住证依然是以承认既有的户籍制度为前提的改革。这是因为户籍制度作为一个历史的产物，在长期的发展过程中，已经深深地融入了我们的生活之中，与其他制度一起锻造出了一整套相互关联的利益分配机制。这就使得户籍制度的继续存在具有了现实的合理性，并因得到其他制度的支持而在整个社会制度体系内获得了合法性。正因为如此，居住证制度只是一种渐进性调整，从而表现出保守性。

但是，居住证的这种保守性毕竟是次要的，进步性才是最重要的。这种进步性主要体现在这样两个方面。

第一，如前所述，对任何外来人口来说，居住证制度会根据其居住年限而给予相应的不同程度的城市福利保障。

第二，居住证制度中的分类不再按照身份和职业等来进行分类，而是按照外来流动人口的居住年限来进行分类。在当前的法律制度中，这种分类措施体现了进步的平等要求，它不构成法律上的不平等或法律上的歧视，它是一种符合实际管理需要的科学手段。

分类本身是人类认识和改造世界的最基本和最重要的工具。在城市发展中，劳动力的流入和流出是一个绵绵不断的过程，并且"外来人口不是一个共同体，其内部是高度分化的"①。因此，在现阶段，对流动人口不加区分地给予同等对待和同等社会福利保障既是不公平的，也是城市政府事实上做不到的。于是，城市政府就必须根据某种比较合理的标准，对外来流动人口进行分类管理，并提供相称的城市社会福利保障。正如有学者指出的那样，"具有一定合理基础的分类并不仅仅因为它没有完全达到像数学那样精确，或者在实践中导致某种程度的不平等而被认为违反'平等原则'。"②

从世界的经验来看，比较合理和公平的分类标准，大概就是根据外来人口的贡献大小和居住时间的长短来定。比如在美国，各州对外来人口的福利供给也有一个居住时间的要求。如 1996 年颁布的《个人责任与工作机会改革法案》也规定："对于在本州未住满 12 个月的家庭，各州可以按照其原居州执行本计划的标准给他们提供福利救济。"

在我国，因为没有取消户籍制度，所以城市政府通过居住证制度来进行福利分配。一方面，居住证制度按照外来人口居住时间的长短来给付相适应的城市福利；另一方面，居住证制度又明确了居住证人口向户籍人口转化的途径。这样一种制度设计，是一种比较稳健的渐进改革途径。

---

① 李若建：《广东省外来人口的定居性与流动性初步分析》，《人口研究》2007 年第 6 期，第 45 页。

② 〔美〕杰罗姆·巴伦等：《美国宪法概论》，刘瑞祥等译，中国社会科学出版社，1995，第 141 页。

# 三　废止户籍制度不能消除人口流动，<br>特别是农村人口的流动

居住证制度除了上述的进步性法律价值以外，它的另外一个更为重要的价值在于：它为我国相关制度的改革和完善赢得了更多的时间和空间。因为，无论是从解决农村流动人口的贫困来说，还是从城市的发展和竞争力的提升来说，或者从整个国家和社会的发展来说，彻底废除户籍制度都不是当前最急需的改革措施。反而是，如果匆匆忙忙废除户籍制度，我们将面临更复杂的法律问题。

## （一）户籍制度的废止不能彻底解决农村的"贫困"问题

学界已经论证了户籍制度在我国产生的必然性。但是，我们必须承认：无论是在计划经济体制下，还是在改革开放的初期，户籍制度在这样两个方面都体现出了它的不公正性。

第一，它剥夺了公民个体的自由就业的机会。在今天的市场经济体制下，如果继续援用计划经济体制下的户籍制度，其结果就是剥夺了农业人口在城市中获得"发展机会"的可能性。从事实来讲，正是因为不再限制农村人口的自由流动，所以今天才有数以千万计的农村人口因为在城市工作而获得了比单纯地从事农业耕作所获得的财富多得多的财富。

第二，计划经济体制下的户籍制度对农村中那些愿意挑战城市风险并渴望在城市生活的部分个体来讲，构成一种毁灭性的歧视，是对他们实现自己生活理想的强制性限制，使得他们成为户籍制度的牺牲品。

值得庆幸的是，既有的户籍制度的这两个弊端，在今天，已经由居住证制度予以了纠正。

不过，户籍制度与贫困的关联性仍然是值得进一步研究的。我们可以追问：为什么在今天，当居住证制度几乎不再对农村流动人口的就业、

生活和居住等构成障碍而只在城市福利给付方面存在差异时，城乡人口的贫富差距依然存在，甚至越来越大？我们可以看看西方国家或其他第三世界国家的情形。在完全实现迁徙自由的西方发达国家和发展中国家，虽然解决了限制迁徙自由所导致的不平等，虽然消除了城市内部原住人口与外来流入人口之间的福利差别，但是没有能够从根本上解决城乡贫富差别，反而是将这种贫富差别转化为以城市贫民窟为象征的城市内部的贫富差别，并导致了更多的社会问题。因此，可以这么说，户籍制度的废止，不是解决农村流动人口贫困的根本手段。无论是否废除户籍限制，不同生活状态和生活环境的人们总会围绕着贫富差距以及福利利益的分配是否公平而斗争，只不过批判的对象会有所不同而已。在有户籍限制的时候，就将导致所有不平等的原因归结于户籍制度；而在没有户籍制度的时候，就会将其他社会制度当作批判的对象。因此，那种认为可以通过废除现有的户籍制度和实现城市福利平等给付就能解决城乡人口之间越来越大的贫富差距问题的观点，是值得商榷的。

**（二）在工业化阶段，户籍制度的废止不能消除城乡差别**

即使将来我国彻底废除了户籍制度，也无法消灭"农民工"现象。因为，在人类社会的工业化发展阶段，农业和工业的差别，农村和城市的差别，将伴随着工业化阶段的始终，不会因为城市化运动的发展以及市场机制和自由迁徙制度的完善而被消灭。

只不过是，当社会发展到一定阶段，当相当数量的农村人口变成城市人口以后，城乡之间的这种大规模身份转化运动就会停止，城乡之间就会保持一个比较稳定的人口比例关系。但是，即使到了那个时候，城乡矛盾以及人口在城乡之间的流动仍然会存在。至少，保持着"亦工亦农"生活方式的季节性往返于城乡之间的农村人口也依然会存在。因为，农村地区会生生不息地产生一代又一代的农村人口，这些未来的农村人口中相当一部分依然会继续其前辈的道路——向城市进发，因为他们遇到的依然是他们前辈遇到过的同样的问题即工业化阶段中的城乡差别。

## （三）户籍制度改革必须考虑的几个重要法律问题

制约户籍制度改革的因素有很多，比如上述的工业化社会的本质问题、国家的城市化发展战略问题①，流动人口对城市风险的认识和承受能力②等问题，都会影响到户籍制度改革的路径选择及其功效的发挥。下面主要对法制系统内的几个主要相关因素进行分析。

### 1. 农村流动人口的土地权益制度

在农村土地权利制度没有做出协调性变革时，从权利平等的法律视角来看，废除户籍制度的做法将导致针对城市人口的反向不平等。因为，对于农村流动人口来说，无论其保留的土地的实际保障价值有多大，他们都比城市户籍人口多了一重重要的保障，即土地保障。③ 如果未来对农村流动人口的土地权利进一步进行股份化改造，那么那些生活在城市而

---

① 在不同的城市化战略中，户籍制度改革的路径和模式是存在差异的。据专家预测，中国城市人口将于 2030 年突破 10 亿。面对如此巨大的新增城市人口，以及我国当前的大中城市的那种"摊大饼"式的扩张及其导致的各种城市发展问题，我国的城市化必须走绿色发展的道路，要"均衡城镇化的压力，避免贫困的城镇化"。因此，在我国，大力发展中小城市的城市化战略似乎是一条更为可取的道路。相应地，户籍制度的改革就其特殊性。

② 城市风险的存在使得农村人口可以选择"亦工亦农"的生活模式。新中国成立后至 1958 年期间的那种农村人口自由迁徙景象，在当今时代已经无法重现。这不仅仅是因为今天存在着户籍的制约，而且是因为今天的城市已不同于那时的城市。在当今的市场经济体制下，高昂的商品房价格，昂贵的生活支出，允许一定比率的城市失业等因素，都使得今天的城市风险已经彻底改变了那时的城市生活形态。面对着巨大的城市风险，当今的农村流动人口也开始理性地选择其生活模式，不再将成为大中城市的城市人口作为其奋斗的唯一目标。这就是为什么那么多的农村流动人口在奋斗多年以后，最终选择在靠近自己土地的小城镇或中小城市中生活的原因。因此，从西方国家以及发展中国家的城市发展经验来看，城市风险是我国探索城市化发展道路时必须认真对待的问题。在我国，恰恰是因为农村土地的集体所有制，农村流动人口可以在无法承受城市风险的时候选择再次回到土地上去。因此，如果政府不顾实际情况，强行推动城市化，一旦数量巨大的贫困人口产生，这对整个社会以及城市的可持续发展都将造成巨大的风险。

③ 不过，当前的农民土地保障制度中存在着很多的问题，比如农民的集体土地承包经营权未能得到切实的保障，经常受到各种干预；再比如，在土地征收过程中，失地农民的土地权益不能得到较好的补偿。此外，就农村流动人口的生存保障来说，其土地保障机制的存在不影响建立专门针对他们的特殊的贫困救助机制。如果农村流动人口在城市中因为工伤或暂时失业等而陷入贫困，城市政府至少应该给予其临时性的贫困救助保障。因为这是城市政府必须承担的法律义务和政治道义。

不愿意回到农村,但继续拥有土地权益的农民工将获得更大的土地收益。

从政治和法律上来讲,村民享有的集体土地权益毕竟不同于土地私有下的土地权益。因此,我们应该从理论上追问:如果集体土地直接进入市场,那么集体土地的市场化权益及其货币化价值是否应该全部属于村集体或村民?这些权益在多大程度上可以让全社会参与分享?因为农村的发展从来就没有离开过国家和城市的支持,就如同城市的发展从来没有离开过农村的支持一样。

我们还可以进一步追问:为了保障迁徙自由,而以城市贫困人口的大量增加和贫民窟的大量存在为代价是否就是正义?① 当农村流动人口宁愿选择在城市流浪也不愿回到农村时,他们所拥有的土地的生产功能如何保障?当某一地区大量的农村劳动力及其资金转移到城市后,在现行的农村土地制度下,其他农村地区或城市中那些有意愿从事农业生产的劳动力和资金能否进入该农村?② 如果能够进入,他们与当地农村集体组织的权利义务关系将如何配置?诸如此类的问题就会纷至沓来。

这些应该予以追问的问题就说明了:制约城市户籍制度改革路径和成效的指标体系是多重的,户籍改革在事实上承载了多重的经济和政治评价指标,而不仅仅是城市福利给付的平等性问题。农村土地制度的改革与农村流动人口的"城市化"是两个相互牵连并相辅相成的问题。因此,户籍制度的改革必须采取一种渐进模式,为其他相关制度系统的协调改革赢得更多的时间和空间。

---

① 比如,在 2010 年《重庆市人民政府关于统筹城乡户籍制度改革的意见》(渝府发〔2010〕78 号)中,重庆市政府就考虑到这个问题而允许现在迁入城市的农民可以继续拥有农村土地一段时间。但是这种过渡期的设置,仍然受到质疑,即这种过渡措施真的能够保障迁入城市的农民不沦为贫困人口吗?2014 年国务院发布的户籍制度改革意见,以及国家正在进一步完善的土地权利改革政策,正在朝着进一步保障农民工流动人口土地权利和生存权利的方向发展。

② 从某种意义上讲,户籍制度加上现在的农村土地制度甚至可以被看作一种对农民的保护屏障。试想一想,在今天这个时代,如果城市人口可以自由进入农村并自由获得农村土地,那对原有的农业人口来说,意味着什么?正是因为在现行制度下城市人口难以进入农村,而农村人口却可以自由进入城市,所以在城市生活的农村流动人口才可以无所畏惧地在城市中奋斗,直到他们自愿回到农村土地上去为止。

**2. 福利给付的地方化**

在工业化道路上飞速前进的中国，为了减小城乡差别，为了消除农村贫困，为了解放农村剩余劳动力，国家终于解除了户籍制度对人口流动的限制，允许农村人口自由流动，并要求城市政府遵守市场经济法则，保障外来流动人口与当地户籍人口具有同样的劳动权利，要求城市政府不得用非市场的手段对外来流动人口的就业和工资等进行歧视性的限制。但是，国家没有要求地方政府必须承担起将福利权益平等地赋予城市户籍人口和农村流动人口的法律责任，而只是在政治道义上要求这样做。

就公民的经济、社会和文化权利而言，在西方资本主义国家，存在着对其是否属于基本人权的争论；而在社会主义国家，虽然宪法对其作了比较系统的规定，但其实现道路还很漫长。就这些权利的实现而言，无论是资本主义国家，还是社会主义国家，都存在一个相同的问题，即福利权益保障的地方性差异问题。①

当前，影响我国农村人口流向的因素，最主要的不是某些大中城市和沿海发达地区有更为优厚的城市福利，而是那些地方有更多的就业机会。但是，从各地的户籍制度来看，一旦农村流动人口能够从外来人口转化为当地的户籍居民，就将获得相当好的城市福利保障。因此，流动人口的这种心理预期就增加了这些地区的城市政府的户籍制度改革压力，使得这些地方政府为了限制人口的过度膨胀而不得不提高户籍迁入的标准，并且将对外来流动人口的福利权益的供给标准细化为多层次标准。因此，从这一点来看，户籍制度的废除在当前也是难以实现的。

**3. 流动人口选举权与经济、社会和文化权利保障的互动性**

社会福利供给的地方化使得地方政府在如何给予外来流动人口以更

---

① 陕西吴起县的全民免费教育实践及其引发的不同观点都显示出了这样一个事实，即社会福利的地方性问题。对此可以参阅《陕西吴起县"全民免费教育"引发的思考》，新华网，http://news.xinhuanet.com/edu/2010 - 07/12/c_ 12324870_ 2.htm，最后访问日期：2010 年 7 月 24 日。

大的福利帮助时，必须尊重当地户籍选民的意志。① 这就产生了一个基本矛盾：一方面，对于如何提高在当地生活和工作的所有人口的社会福利保障水平，地方政府必须接受民主选举政治的基本规则，即充分尊重本地选民的意志，保障当地选民利益的最大化。但是，另一方面，对于不具有当地户籍因而难以在当地行使其政治选举权的外来流动人口而言，当地政府必须承担起保障他们作为本国公民而依宪法所享有的各种社会、经济和文化权益的责任。更不用说在强行性宪法原则——平等原则——的要求下，地方政府必须不断地为实现本地人和外来流动人口的平等保障而努力。并且，基于基本的政治道义，当地政府也必须为那些为当地的发展做出贡献的外来流动人口提供相称的福利待遇。

面对这样一个矛盾，地方政府必须在以下两个方面达成平衡：一是在本地选民的意志和外来流动人口的意志之间达成一种平衡；二是在现有的地方发展评价指标体系下，必须在本地的可持续发展和不断提高在本地生活的所有人口的社会保障水平之间达成一种平衡。

但恰恰是因为当前的地方选举机制，外来流动人口难以在居住地有效行使其选举权利，因而无法有效地通过民主选举机制将其意志反映到地方政权机关的各种政治和法律活动中去，特别是无法直接、有效地将其意志在当地的地方福利立法过程中予以反映。这就使得外来流动人口无法通过民主政治行动来保障其对城市福利的平等化分享的追求。

我国当前的做法是：先努力提高对外来流动人口的各种社会福利权益的给付，然后在外来人口达到一定标准后，再赋予其户籍资格，使其充分享受本地的城市福利并获得当地的选民资格。这种将外来流动人口的政治权利与其经济、社会和文化权利分割实现，以及先后顺序倒置的做法，使得地方政府在有关如何保障外来流动人口各种权益的制度建设方面失去了最根本的和最重要的民主政治压力。

---

① 在我国当前的选举制度下，外来流动人口在其居住地行使政治选举权利的途径虽然是存在的，但是这种情形在实践中并不普遍，也没有被我国地方选举法所明确肯定。

# 结　语

通过以上的分析可以得出这样的结论：既然当前的居住证制度依然是以户籍制度的存在为前提，因此，无论怎样提高居住证所包含的城市福利水平，都无法实现城市人口与农村流动人口之间的绝对平等。而如果彻底废除当前的户籍制度，这固然能够立即实现城乡人口的福利平等化，但这种平等化措施可能会在中国问题的背景下引发更多难以预测的风险。并且，我们还必须认识到：无论在中国还是在西方发达国家，自由迁徙和城市平等对待外来人口的制度都不能解决工业化阶段中的城乡差别和工农差别，更不能彻底解决农村流动人口的贫困问题。

当前城市中农村流动人口对城市福利权益的平等化诉求，或者说对城市户籍的渴望，可以被看作他们对城乡生活水准巨大差异的折射性诉求。因此，在国家没有做出最终废除户籍制度的政治决定以前，我们可以在以下两个方面采取行动，这样就既能逐渐满足农村流动人口的发展诉求，又能为协调改革那些与户籍制度紧密相连的其他制度的改革行动赢得更多的实践时间。这两方面是指：

第一，不断完善农村流动人口的权利保障机制，缓解农村流动人口与城市户籍人口之间的斗争。比如，随着经济的发展，不断提高其工资水平；切实保障农村流动人口的土地权益；加强对农村流动人口最迫切需要的那些城市福利的供给；等等。

第二，废除户籍不是目的，而只是手段，是实现城乡平等、发展经济、提高人民生活水准的手段。在户籍制度没有立即废除的前提下，我国的城市化运动和户籍制度改革必须探索出一条具有中国特色的发展模式和道路：在保持大城市稳健发展的同时，通过各种支持措施来大力促进中小城市和小城镇的发展。比如，大力促进区域经济一体化，通过城市群区域内的中小城市和小城镇的发展来"加速"农村流动人口的城市化进程。但是，我们必须明白：在坚持城乡二元户籍制度的前提下，即使大幅度提高城市化率，也不等于人口的自由迁徙和外来流入人口的平等保障的实现。

# The Legal Analysis of Urban Governance Mechanism for Rural Immigrants

Wang Weiqi

**Abstract**: China's market economic system has developed a lot, and the protection of the right of citizens to freedom of movement has achieved a great development. However, due to the impact of China's land system, it has developed into a one-dimensional free-flow mechanism, namely the free flow of rural labor to cities. Meanwhile, the free flow of citizens' rights, although it coordinates with the freedom of employment mechanism, there is no coordinated with equal access to welfare rights protection. Therefore, the core problem need to be solved by this mechanism is the equality of the welfare system in local governments. For this reason, the local government launched the "residence permit" system quasi-household properties. This progressive reform measures not only has the inevitability but also it has the legitimacy. Because this progressive reform wins time and space for the coordinated reform of other legal institutional system.

**Keywords**: Urbanization; Rural migrants; Urban governance; The household registration system reform; Citizenship

# 劳动法与社会保障法专题

# 比较视野下政府在劳资集体谈判中的角色定位及其经验借鉴<sup>*</sup>

王继远　张富全<sup>**</sup>

**摘　要：** 针对近年来劳资群体性事件频发，提出构建劳资集体谈判制度。比较分析国内外政府在劳资集体谈判中的不同角色，提出我国政府在劳资集体谈判中的角色优化思路，认为我国政府应立足本国国情，借鉴国外先进的经验，按照适度干预、偏重弱者、公共利益优先和公开公平等原则介入劳资集体谈判，促进劳资和谐发展。

**关键词：** 政府；劳资集体谈判；立法

近年来，我国劳资纠纷所引发的劳资群体性事件频发，如 2008 年重庆出租车司机"罢运"事件，2009 年 7 月吉林"通钢"事件、8 月河南"林钢"事件，2010 年 5 月广东省"南海本田罢工"事件，2014 年 2 月广东省白云区穗宝安全押运公司押运员罢工封路事件，等等，这些劳资群体性事件曾一度引起了中央高层以及国外媒体的高度关注。以广东省"南海本田罢工"事件为代表的劳资争议矛盾现象，揭示了转型期我国劳资关系正处于不稳定状态，劳资纠纷矛盾处于高发期。而这些"停工"、"罢工"和

---

\* 本文为教育部人文社科青年基金研究项目（11YJC820116）与广东省教育厅人文社科一般项目（11WYXM050）的阶段性成果。

\*\* 王继远，五邑大学政法学院院长，副教授，法学博士，主要从事社会法、商事法研究；张富全，江门市人社局副局长，行政管理硕士，主要从事劳动行政管理研究。

"堵马路"等集体行为，因事前缺乏协商、谈判或者调解等程序给政府带来了巨大压力。如何建立有序、规范和常态化的劳资集体谈判机制，政府通过引导劳资双方利益共决，达至双赢，对化解劳资纠纷矛盾尤为迫切，对于构建和谐社会，确保我国国民经济持续健康发展具有十分重大的现实意义。

# 一　政府在劳资集体谈判中的角色

## （一）集体谈判之界定

英国学者吉尔·帕尔墨（Gill Palmer）认为，集体谈判是"专门的雇主与工会谈判委员会共同决定有关雇佣问题的制度化的协商谈判体系"①。国际劳工组织在1981年《促进集体谈判公约》（154号公约）第2条将集体谈判定义为：集体谈判是适用于一名雇主、一些雇主或一个与数个雇主组织为一方，同一个或数个工人组织为另一方之间就以下目的所进行的所有谈判。② 在我国，用"协商"代替"谈判"，"集体协商"自然取代了"集体谈判"，故所谓的集体谈判制度目前仅具备基本框架，未形成有效运作的制度体系。市场经济的实践证明，集体谈判是一种制度化的劳资利益平衡机制，一旦劳资双方出现利益分配不公平的苗头，劳资双方即可启动集体谈判程序，平衡双方利益关系，从而及时化解因利益分配不公而引发的劳资冲突，使劳资矛盾的激化程度降低，减少社会震荡。

## （二）我国劳资集体谈判中政府的角色

集体谈判制度中的政府主要是指政府劳动行政部门以及与劳动关系

---

① Terry Mellwee, "Collective Bargaining," *European Labor Relations*, 11 (2001): 15.
② 国际劳工组织：《促进集体谈判公约》，http://china. findlaw. cn/fagui/p_1/139294. html，最后访问日期：2013年10月29日。

相关的其他政府部门。① 关于劳资集体谈判中的政府角色，国内学者也从不同角度研究了政府的角色定位，如刘玉生认为，政府应是中立公正的执法者、公众利益的代表者、弱势群体的维护者。政府应定位于公共服务、协调利益、调节分配、提供社会保障、保障市场秩序、维护社会稳定。② 英国利物浦大学教授罗恩·比恩将之概括为五种，简称为"五P"角色，即：劳动者基本权利的保护者、集体谈判与雇员参与的促进者、劳动争议的调停者、就业保障与人力资源的规划者、公共部门的雇佣者。③ 我们认为，在中国的政治制度下，集体谈判是解决劳资矛盾的合适途径。集体谈判涉及劳资政三方，政府在集体谈判中应当担当组织、协调和监督的角色。一是政府在集体谈判中充当组织者。在劳资关系中，劳方与资方的地位不对等，信息也不对称，劳方往往处于弱者的地位，而资方不会主动或情愿地进行劳资双方的集体谈判。因此，政府为推行企业劳资集体协商制度应该充当组织者，在集体谈判中采用政府主导、工会响应、企业配合、职工参与的方式。二是政府在集体谈判中充当协调者。政府在资方和劳方之间扮演一种维持利益均衡的角色，通过建立合理公正的工资集体协商制度，保证工会或职工代表和企业代表能坐下来谈判，谈判不破裂，谈判取得成效，劳资双方的利益都得到维护。三是政府在集体谈判中充当监督者。政府在公权力的引导协助下，督促企业建立工资集体协商制度，依法支持工会代表所属企业的职工与企业就劳动标准、计件单价、最低工资等进行谈判，达成工资集体协议。④

### （三）我国劳资集体谈判中政府角色定位存在的问题

我国一些地方政府及其相关部门在对待集体谈判和集体合同推行这

---

① 常凯：《政府在劳动法律关系中的主体地位和作用》，《中国劳动》2004 年第 12 期。
② 赵忻：《政府在劳资关系中的角色定位与职责研究》，《湖北经济学院学报》（哲学社会科学版）2010 年第 1 期。
③ 程延园：《政府在劳动关系中的角色思考》，《人大复印资料·经济法学、劳动法学》2003 年 2 期。
④ 袁国敏、朱梦妍：《对集体谈判中政府的角色定位的认识》，《渤海大学学报》（哲学社会科学版）2009 年第 2 期。

一问题上存在着一些对角色定位的错误认识。一些地方政府，要么持"稳定压倒一切"的态度，认为集体谈判是破坏社会稳定的不安定因素，对集体谈判和集体合同的推行加以阻挠；要么持"经济效益优先"的态度，只着眼短期效益，对集体谈判和集体合同的推行漠然处之；要么带着强权行政和官僚主义的偏好，对集体合同的订立做流于形式的任务安排。主要有以下三个原因。

一是国家劳动立法不够完善。在市场经济条件下，资本与劳动力都是生产要素之一，劳资关系由市场调节，政府的角色在于通过完善劳动法律法规，提供完备的制度和规则，把劳资双方的行为限制在法律和制度的框架之内。以日本为例，截至 2009 年，日本已经形成了由宪法（第 21 条和第 28 条）、个别劳动关系法、集体劳动关系法、劳动市场法和公务员劳动关系法组成的完备的劳动法律法规体系。其中，个别劳动关系法包括劳动基准法、最低工资法、工资支付确保法、劳动安全卫生法、劳动者灾害补偿保险法、男女雇佣机会均等法、非全日制用工劳动法、育儿休假法、劳动合同法、劳动合同继承法、民法第 623～631 条；集体劳动关系法包括工会法和劳动关系调整法；劳动市场法包括雇佣对策法、职业安定法、劳动者派遣法、雇佣保险法、高龄者雇佣安定法、残疾人雇佣促进法、地方雇佣发展促进法和职业能力发展促进法；公务员劳动关系法包括国家公务员法、特定独立行政法人等劳动关系法、地方公务员法、地方公营企业等劳动关系法。[①] 反观我国，现行的劳动立法存在很多不足：一方面，许多重要的劳动法律法规尚未出台，如劳资关系法、劳动安全卫生法、劳动基准法、工资保障法等等；另一方面，现有的劳动法律法规要么是规定得过于原则，缺乏可操作性，要么是有关法律规定本身就存在问题，亟须进一步的完善。

二是缺乏有效的集体劳动争议权利救济手段。近年来集体性劳动争议不断，其社会影响面更广，如果处理不当，势必会在劳资之间产生冲

---

① 〔日〕荒木尚志：《日本劳动法》，李坤刚等译，北京大学出版社，2009，第 12 页。

突对抗，进而扰乱企业的生产秩序，甚至危及整个社会的稳定。遗憾的是，当前我国政府解决集体劳动争议过于注重事后救济，而忽视事前防范，尚未形成一套行之有效的政策和办法，以至于现存的法律程序和行政程序，无法通过有效途径使正在激化的社会矛盾得以缓解和最终解决。

三是政府出于自身考虑无法做到行政中立。政府是社会整体经济利益的促成者，代表国家行使公共权力。然而，地方政府和官员出于追求个人政绩和 GDP 的数字，制定各种政策鼓励经济发展，而忽略了社会安全与公平正义，有意偏袒经营者，使得劳资双方的不平衡状态进一步恶化。甚至，在调节劳资关系的过程中，部分地方政府为了追逐自身利益的最大化，要么基于劳方或资方（主要是资方）的贿赂或其他行为，利用权力为劳方或资方谋取不正当的利益；要么在公共部门领域，政府以雇主的身份在劳资关系中出现，损害劳动者利益。例如，在国有企业授权经营模式下，政府代表国家行使国有产权，在公共部门劳务派遣中，政府均扮演着雇主的角色，在国有企业下岗分流或劳务派遣雇佣中损害劳动者利益。

# 二 国外政府在劳资集体谈判中的角色定位

由于各国历史、政治、经济、法律、文化背景不同，其劳动关系调整的核心规则和集体谈判制度也呈现出不同的特色，现将比较具有代表性做法的国外政府集体谈判制度的主要特色介绍如下。

## （一）美国政府角色：一般少干预

美国劳动关系调整的核心规则是：鼓励集体谈判的做法和程序，保护工人充分的结社自由。其主要特点表现为：一是全国级别、产业或区域级别的集体谈判有限，企业级别的集体谈判普遍。具体来说，美国缺少中央级的工会组织，关于工资、劳动条件的交涉主要在企业范围内进行，而产业级别的集体谈判权存在于某些重工业，如汽车、钢铁行业。

二是工会和集体协议覆盖面较小。美国企业工人的入会率较低，公务员的入会率比企业高。目前，私有企业工人入会率仅为 8%，公务员的入会率为 30%，全国平均入会率仅 12%。[1] 三是工会通过积极参与政治来提高谈判实力，影响谈判结果，谋取劳工利益。积极游说议员和协助竞选都是工会在直接进行集体谈判之外的重要工作。工会通过游说议员和协助竞选来实现参与立法，曲线维护工人利益的目的。四是劳动争议处理中权利争议处理的法定性和利益争议处理的分散性、任意性和民间性。

### （二）日本政府角色：有限干预

日本劳动关系调整的核心规则是劳动者对本产业保持较高的忠诚度，通过以劳动基准法为核心配合终身雇佣制、年功序列制和企业工会制三项谓之"国粹"的制度协调劳动关系。其集体谈判制度的主要特色表现为：一是以企业级别的集体协议为主。在日本，政府制定统一的工资政策，工资的高低以及增长幅度完全由企业自行通过团体交涉决定。产业级别的团体交涉仅在少数领域如航运业存在。二是"春斗"，即春季工资谈判。[2] 自 1956 年起，日本的团体交涉就在春天进行，并形成制度。其主要内容是工资的涨幅，也包括劳资双方共同关心的其他问题。每年一度的工资谈判，能够确保工资恰当、准确地反映当前经济形势，有利于劳资双方据以确定各企业的实际工资涨幅，调整工资水平。三是劳资合作协商制度。劳资双方就共同关心的问题如企业基本管理制度、生产和销售计划、雇主雇员关系、工作时间、工作条件、雇员福利、工作环境等问题进行协商，交换信息和意见，从而促进双方的理解、交流与和谐共处。四是终身雇佣的传统和罢工鲜有发生。由于日本的劳动者对本产业保持着较高的忠诚度，同时也得到比欧洲公司更为周到、细致的照顾，加之劳动者终身为同一企业服务的传统，罢工鲜有发生。五是在劳动争

---

[1]  王丽明：《关于美国工会及集体谈判工作的考察与思考》，《北京市工会干部学院学报》2005 年第 4 期。

[2]  程延园：《集体谈判制度研究》，中国人民大学出版社，2004，第 75 页。

议处理上，一切权利争议（除涉及不当劳动行为部分的案件）均由法院依司法程序处理；利益争议在团体交涉的基础上，如有必要则依劳动委员会的争议处理程序（如斡旋、调解和仲裁等）加以处理。[①]

### （三）德国政府角色：融入市场体制

德国劳动关系调整的核心规则即工资自治和劳资共决。在德国的市场经济中始终坚持"市场自由"和"社会公平"的原则。此原则在劳动关系领域的反映即工资自治政策及劳资共决政策和由此确立的雇主和雇员间的"社会伙伴关系"。[②] 社会伙伴关系，即认为德国的雇主与雇员之间的关系，以及他们的代表者雇主联合会与工会之间的关系，不是你死我活的根本冲突，而是一种在客观上既有矛盾但又谁也离不开谁的、要共同为经济稳定和繁荣发挥积极的社会作用的伙伴关系。[③] 其主要特色表现为：一是集体协议覆盖率高，"工资协约"与"劳动条件协约"并存。在德国，工资和雇佣条件都由经劳资双方通过集体谈判达成的集体协约确定，集体协议覆盖率较高，对未参加工会的劳动者也有约束力。"工资协约"与"劳动条件协约"并存，工资协约通常属于区域性的产业级别的集体协议，其有效期一般为 1 年；劳动条件协约通常则属于区域性或全国性的产业级别的集体协议，其有效性一般为 2 ~ 5 年。二是以区域性集体谈判居多。在德国除了建筑行业出现过全国范围的集体谈判，其他的集体谈判仅在特定地区范围内展开，全国性的集体谈判鲜有发生。三是较低的罢工发生率和功效显著的警告性罢工。德国相关法律规定工会进行罢工应首先举行秘密投票，只有赞成罢工的票数超过 75% 时，工会举行的罢工才合法，因此，德国的罢工发生率较低。20 世纪 80 年代后，德国出现警告性罢工，即在严重罢工出现前发动的为期只有数小时的争议行为。警告性罢工无须经投票通过，而且因其持续时间很短，破坏性

---

① 黄越钦：《劳动法新论》，中国政法大学出版社，2003，第 328 页。
② 程延园：《集体谈判制度研究》，中国人民大学出版社，2004，第 71 页。
③ 孙宪忠：《德国社会市场经济法律制度初探》，《外国法译评》1995 年第 4 期。

非常小，但对雇主存在一定的警告作用，所以成为解决劳资争议的功效显著的武器。四是政府对集体谈判的间接调控。在德国，工资水平和工资结构的确定由劳资双方依照工资自治政策通过集体谈判自主商定，政府不予直接干涉，但政府会通过有针对性的适时立法、数据影响、舆论引导等措施对劳资集体谈判进行间接调控。五是颇具民主参与性的共决权制度。即德国法律规定的、在所有企业中建立的雇员享有参与和雇主共同决定企业事务的权利的制度，主要包括企业委员会制度和雇员参加企业监事会制度。[①] 六是劳动争议处理上程序多元，手段多样。[②] 即企业层面的利益争议以通过劳动者参与的经营参与和共决权制度解决为主；无法通过上述方式解决的企业内部利益争议和产业、区域级别的利益争议主要通过团体交涉解决；权利争议依法由劳工法院处理。

### （四）瑞典政府角色：加大干预

在 20 世纪 50 年代到 60 年代，瑞典在劳动关系领域中居于世界领先地位。但自 20 世纪 70 年代以后，随着意识形态的对峙和经济困难，尤其是 20 世纪 90 年代高失业率时代的到来，多年来一直很成功的"瑞典模式"也开始受到批评。其主要特点是：一是工资决定权交还企业。瑞典在工资决定的形式上，长期以来倾向于中央集权，20 世纪 80 年代之后转而向分权方向发展。工资和劳动条件基本上交由企业与劳动者双方以缔结协约的方式决定，政府只通过立法变更税率进行间接干预，或通过介入劳动争议案件进行调解。二是三阶段的团体交涉。从 1956 年到 1982年，瑞典雇主联盟与工会联盟之间的交涉主要分为三个阶段：由劳资双方中央级组织对其会员组织提出交涉建议书；劳资双方会员组织之间缔结正式的集体协议；具体劳动条件在企业层级决定。[③] 三是团体交涉的分权化。自 1983 年机械业雇主组织与金属工人联盟自行缔结团体协议之后，

---

① 程延园：《集体谈判制度研究》，中国人民大学出版社，2004，第 71~73 页。
② 黄越钦：《劳动法新论》，中国政法大学出版社，2003，第 335~340 页。
③ 张其恒：《世界劳动关系总览》，台湾政治大学劳工研究所，1998，第 163~164 页。

劳资双方的下级组织均开始尝试发展新的交涉模式。1990 年，瑞典雇主联盟决定不再参与工资交涉。自此，虽然仍有上级集体协议的存在，但各企业都已逐渐将工资的决定视为其经理人的基本职责。四是集体协议存续期限各不相同。虽然工会联盟努力建立固定的协议存续期限，但集体协议的期限较之过去更为多样。如 1995 年集体协议期限有两年的，也有两年半或三年的，而且不同协议生效和终止的时间也各不相同。

## 三 国外政府参与劳资集体谈判的经验借鉴

### （一）政府作为劳资集体谈判的制定者应完善相关制度框架

（1）建立健全有关法律法规体系。许多市场经济成熟的国家和地区在这方面已经建立了完备的法律体系，比如美国国家劳资关系法、德国企业组织法、韩国劳动争议调整法、中国香港地区劳资关系条例、日本劳动关系调整法等。为此，我国也应就劳资集体谈判制度进行立法，如制定集体谈判制度和有关规则，限制和约束集体谈判的内容，向谈判双方提供有助于制定谈判方案和达成协议的各种信息和数据，政府介入方式和劳资双方争议行为规范等，建立健全劳资集体谈判机制（见图 1），化解制度的实施阻碍。

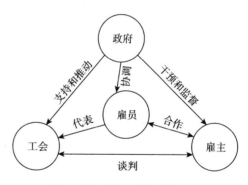

**图 1　劳资集体谈判机制模型**

（2）强化对劳动者的合法权益保护。在我国，这几年劳动者开胸验肺、跳楼讨薪等极端事件的发生，反映了我国劳动者个人合法劳动权益保护仍严重不足。对照一下劳动者权益受侵害的种种表现，再去看看《劳动法》《工会法》《工伤保险条例》《工资支付条例》等法律和法规的相关规定，会发现除立法不完善外，一个很重要的原因是政府及其职能部门没有依法办事，执法不严，违法不究，甚至阻碍执法。故为化解劳资矛盾，平衡劳资利益分配，一方面，要注重建立并完善劳动立法，通过经济政策规范雇主对待劳动者的行为，即合理限制资本的本能张力；另一方面，更重要的是，必须加大劳动监察力度，严格公正执法。

（3）提高劳动争议处理效能。在市场经济国家，当集体谈判过程中发生争议，劳资双方不能协商解决时，政府的调解机构或仲裁机构或应邀协调处理，或在必要时主动介入，进行调解、调停，甚至采取强制性措施，控制和阻止极端的争议行为，如工会组织罢工、雇主关厂等。2008 年，我国《劳动争议调解仲裁法》开始施行，进一步完善了"一调一裁两审"劳动争议处置模式（见图 2），对公正及时解决劳动争议，维护劳动争议当事人特别是劳动者的合法权益，起了十分重要的作用。但是，还有必要进一步推进劳动争议仲裁机构实体化，加强劳动争议仲裁员队伍建设和进一步完善劳动争议仲裁制度，坚持落实"预防为主、基层为主、调解为主"的方针，大力构筑企业内部调解、区域性行政调解和仲裁调解相结合的调解体系，切实筑牢劳动争议处理的第一道防线。

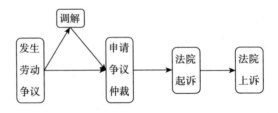

**图 2　劳动争议处置流程**

## （二）政府作为劳资集体谈判的监督者应强化监管职能

政府作为集体谈判主体，需要解决其与产业、行业层面或地区、国家层面的工会、雇主组织三者间关系的问题。其中，最为重要的是政府应完善监管手段，对企业内部集体谈判的干预应尽可能减少，赋予劳资谈判主体较大的自治空间。

（1）建立促进劳资集体谈判的动力机制。如将构建和谐劳动关系纳入地方经济社会发展规划或政府工作考评体系，对开展集体谈判自主确定工资总额的企业予以税收、财政等方面的政策支持；通过建设社会信用体系，把企业自主开展集体谈判纳入企业信用评价内容之一，借助企业信用建设，促使企业加强人文关怀，主动与员工协商重大利益问题，主动消除劳资隔阂，增进沟通了解。

（2）加强集体合同执行监督。首先，要将员工特别关心的工作时间、休息休假、劳动定额、计件工资、加班工资基数等标准作为集体谈判的重要内容。其次，对双方制定集体合同的过程、签订的内容实行审核备案制度，向政府劳动部门进行申报。再次，要通过三方协商机制，政府与工会、企业组织建立广泛、有效的监督检查网络，检查监督集体合同履行。

（3）加强宏观调控能力。要完善国有企业工资总额调控办法，加强对垄断企业的工资调控，协调不同类型单位之间工资分配关系，建立工资正常增长机制、工资支付保障机制和宏观监控机制的目标。全面加强人力资源市场建设，通过充分发挥市场机制的作用，使人力资源的配置在供求双方相互选择中得到实现。一方面促进人力资源的充分开发和利用；另一方面也提高配置效率和效益，激发生产要素的活力，提高劳资集体谈判中劳动者的议价能力。

**（三）政府作为劳资争议的协调者应增进劳资双方沟通理解**

实践经验告诉我们，劳资矛盾，很多时候是由于劳资之间彼此在意识上的对立，缺乏良性互动的沟通管道，使劳资关系渐行渐远，日益紧张，最后产生冲突与抗争的事件。因此，政府应帮助企业建构一个双向互动的劳资沟通与协调机制，促使劳资关系和谐。

（1）大力倡导"劳资两利"思想。劳资双方作为劳动关系的当事主体，具有平等的法律地位，相关的法律法规当然要对劳动者的合法权益给予足够的关注和保护，但对雇主和用人单位的正当权益也必须一视同仁。否则，就不能做到"劳资两利"，意味着利益分配的不均衡，自然也就谈不上劳资合作、共建社会主义和谐社会，最终受损害的不仅是资方，还可能是劳动者及政府。

（2）积极搭建劳资双方沟通平台。通过劳资沟通平台，资方的想法、意图、要求也可以有效地得以传达、贯彻和实施，增进了劳资理解，推动了劳资合作。特别是通过平等协商，使员工参与单位的民主决策、民主管理和民主监督，逐步改变了过去对涉及员工利益的问题和事项由资方单方决定的状况，有利于引导企业逐步走上重人文关怀、重平等协商、重民主管理的现代管理之路。

（3）充分发挥调解在化解劳资争议中的作用。广东"南海本田罢工"事件处置中，由中国人民大学劳动人事学院教授，著名的劳动关系、劳动法专家常凯及广汽集团总经理、广东省人大代表曾庆洪作为调解员对劳资双方进行斡旋，在劳资双方的争议中找到了一个平衡点，在解决该起劳资矛盾中起到了关键作用。因此，政府一方面应在大中型企业普遍依法建立劳动争议调解委员会，在小型微型民营企业设立劳动争议调解员，在商会（协会）建立劳动争议调解组织，建立健全企业内部劳动争议协商解决机制。另一方面，要抓好调解员队伍建设，建设一支有丰富的群众工作经验和调解经验，熟悉各项劳动保障法律法规，掌握各方谈判底线和调解技巧的调解员队伍，通过他们，帮助劳资双方增进沟通理解，化解谈判僵局，实现双方在利益博弈中的共赢。

### （四）政府作为劳资集体谈判的促进者应提高公共服务能力

（1）强化行政指导。按照国际劳工组织 1981 年 163 号建议书的要求，政府部门对参加集体协商、集体谈判的劳资双方组织予以承认，并在谈判过程中提供必要的资料；对劳资双方在建立劳动关系、进行合作方面给予指导帮助，提供中介、咨询服务，发布各种信息。政府要加大投入，联合专业机构进一步丰富信息服务，特别要完善薪酬调查制度和信息发布制度，定期向社会发布各行业、各岗位工种的工资指导价位和人工成本等信息，推动行业确定劳动定额和计件单价，制订和推广详尽的劳资集体谈判的好经验和范本，为劳资双方提供及时、准确的信息和中介服务，减少因信息不对称而引起的摩擦。

（2）强化专业人员培训。目前，要解决集体谈判"不敢谈""不会谈"的问题，当务之急是建立工资集体协商专业人员队伍（也称工资集体协商指导员队伍）。专业人员可以从社会各界从事劳动关系领域工作的学者、律师、教师、社会工作者、企业管理工作者以及在企业直接从事劳资、工会工作的干部等方面人士中聘用。通过系统培训，使他们能指导和帮助企业、基层工会开展工资集体协商、签订工资专项集体合同，推动企业建立职工工资共决机制、工资正常增长机制和支付保障机制，确保集体合同的制订公开、公平和公正。能接受委托，作为工资集体协商正式代表，全过程参与工资集体协商，跟踪了解工资专项集体合同的履行落实情况，帮助企业建立适应行业、企业特色的工资分配制度。政府应为这些专业人员提供系统的业务培训，组织国际合作与交流，以发挥其在劳资集体谈判中的积极作用。

（3）强化舆论引导。政府要大力宣传与市场体制相适应的新型劳动关系理念，倡导"劳资互利"思想，鼓励劳资双方、行业协会构筑以合作共赢为主题的和谐劳动关系。在当前市场经济条件下，劳资双方及政府都是经济发展的利益共同体，政府引导资方全面落实各项劳动保障法律法规，切实保障劳动者合法权益，加强企业民主管理，注重企业人文关怀，改善用工环境，切实履行社会责任，形成企业关爱职工，与职工共同发展的利益共同体。充分发挥互联网、手机短信等电子信息平台的作用，建立劳资关系协调互动平台，广泛收集劳动者意见建议，完善劳动者诉求表达机制，畅通诉求反映渠道，鼓励和方便劳动者理性表达诉求，理性维护自身权益。总之，引导劳资双方建立一种基于利益共享理念的合作与和谐理念，政府责无旁贷，对于经济的可持续发展和社会稳定有着重要的意义。

# 结 论

集体谈判是市场经济国家规范和调整劳动关系的基本手段和主要方法，也是我国在市场经济条件下调整劳动关系的一个重要机制。我国政府应建立起一个具有良性循环的劳资集体谈判制度，破解当前日益严峻的劳资纠纷矛盾，降低社会不稳定风险，减少社会动荡。

## Government's Role and Experience in Collective Bargaining from a Comparative Perspective

Wang Jiyuan, Zhang Fuquan

**Abstract**: In recent years, the labor group events have taken place frequently, so it is suggested to build a system of collective bargaining. Through the comparative analysis of the different roles in domestic and foreign governments in collective bargaining, this essay provides the method to our government in collective bargaining in the optimization idea that our government should be based on its national conditions, learn from the advanced experience of foreign countries, in accordance with appropriate interventions, emphasis on the weak, the public interest principles of fairness and openness intervention priority to collective bargaining, to promote the harmonious development of labor.

**Keywords**: Government; Collective bargaining; Legislation

# 论我国农村医疗保险制度的完善

戴谋富[*]

**摘　要：**近年来我国农村医疗保险取得很大成就，但存在资金来源不足、医疗保障水平低、制度不完善、管理水平低等缺陷，应当借鉴国外医疗保险先进经验，建立健全农村医疗保险法律法规，明确政府在农村医疗保险中的职责，创新农村医疗保险模式、构建多层次农村医疗保险体系，最终实现城乡医疗保险一体化。

**关键词：**农村；医疗保险制度；完善

## 一　我国农村医疗保险制度的产生与发展

我国农村医疗保险制度始建于 1938 年，党中央在陕甘宁边区创办的保健药社和卫生合作社。1944 年，边区政府将其扩大为民办公助的公共卫生服务方式，这是我国农村医疗保险制度的雏形。我国正式建立具有保险性质的合作医疗保险制度是在 20 世纪 50 年代中后期，从山西、河南、河北等地农村出现的由农业生产合作社举办的保健站发展到 1959 全国农村卫生工作会议正式肯定的农村合作医疗制度。从 50 年代末期至 70 年代中期，我国 90% 以上的生产大队实行了合作医疗，形成了集预防、医疗、保健功能于一身的三级（县、乡、村）医疗防疫保

---

　*　戴谋富，湖南邵东人，长沙理工大学法学院副教授，民商法博士，研究方向为民商法。

健网。① 自 1978 年以来，随着农村家庭联产承包责任制改革的进行，原有的人民公社组织形式逐渐瓦解，农民成为独立自主的经营单位。由于合作医疗失去了集体经济的支撑作用，农民也丧失了集体保障。最终导致基层合作医疗组织的相继消失，至 20 世纪 80 年代几乎都垮掉。农村合作医疗在全国范围内的迅速衰退，引起了党中央和国家领导的重视，为此，政府提出了恢复与重建合作医疗制度的目标。1997 年，中共中央、国务院颁布了《关于卫生改革发展的决定》，明确指出了新时期卫生工作的方针是"以农村为重点，预防为主"。政府在进行城市医疗保险制度改革的同时，对农村的医疗保险试图通过重建合作医疗制度来解决农村医疗问题，并在全国各地区都开展了与此有关的制度试验。整个 20 世纪 90 年代，各地区结合自身情况进行了多种试验，有的地方积极探索和实施区域性的大病医疗统筹、医疗救助等医疗服务模式；有的地方对原有的医疗制度进行了完善，经济发达地区还试行了医疗保险制度，逐步与城市社会保障制度相衔接；有的从产权制度改革入手，进行股份制改造，提高了卫生机构的积极性。截至 1998 年底，全国已有 712 个县建立了合作医疗保障制度，全国共有县级卫生机构 6300 余个，乡镇卫生人员 104 万，行政村卫生室 73 万多个。② 2002 年 10 月，中共中央、国务院下发了《关于进一步加强农村卫生工作的决定》，提出到 2010 年，要在全国农村基本建立起适应社会主义市场经济体制要求和农村经济社会发展水平的农村卫生服务体系和农村合作医疗制度，并要求各级地方政府根据实际需要和财力情况，对农村贫困家庭和合作医疗制度给予资助。据卫生部公布的数字，截至 2007 年 9 月 30 日，全国开展新农合的县（市、区）达到 2448 个，占全国总县（市、区）的 85.53%，参加新农合的人口7.26 亿，参合率为 85%。③

---

① 《世界银行 1993 年世界发展报告：投资与健康》，中国财经出版社，1993，第127 页。

② 张琪：《中国医疗保障理论、制度与运行》，中国劳动社会保障出版社，2003，第 102页。

③ 李伟：《新型农村合作医疗保险制度问题与对策》，《合作经济与科技》2008 年第 18 期。

目前，我国已颁布的有关农村医疗保险的主要政策法规有：《卫生部、财政部关于做好新型农村合作医疗试点有关工作的通知》（2005 年 8 月 24 日），《财政部、卫生部关于完善中央财政新型农村合作医疗救助资金拨付办法有关问题的通知》（2004 年 8 月 3 日），《国务院办公厅转发卫生部等部门关于建立新型农村合作医疗制度意见的通知》（2004 年 6 月 30 日），《卫生部、财政部、农业部关于建立新型农村合作医疗制度的意见》（2003 年 1 月 10 日），《中共中央、国务院关于进一步加强农村卫生工作的决定》（2002 年 10 月 29 日）。

# 二 我国农村医疗保险制度存在的问题及原因分析

## （一）我国农村医疗保险制度存在的问题

### 1. 农村合作医疗保险资金来源不足

一方面，政府没有也不可能从财政收入中拿出一大块用于农村合作医疗保险。另一方面，国家又无明确的筹资政策，只是靠地方政府以行政手段推进，而且城乡卫生资源配置失衡。基层社区集体经济力量难以承担医疗保险费用，向农民集资成为建立合作医疗基金的主要经济来源。而农民对合作医疗的满意程度比较低，参保意愿不强，加上医疗卫生费用的增长幅度高于农村居民收入的增长，难以承担医疗保险的资金筹集任务，导致农村合作医疗保险资金来源严重不足。

### 2. 医疗保障水平低，范围小

近年来，随着经济社会的发展，常发疾病发生改变，环境污染、饮食安全等问题导致呼吸系统疾病、肿瘤、心脑血管疾病高发，加之农村老龄化问题日益突出，农村人口发病率提高。少量的资金、较高的发病率、昂贵的医疗费用使得新农合"保大病"的目标难以实现，特别是在一些经济欠发达地区，病患家庭很可能会因病致贫。这就使得新农合工作陷入"农户因病致贫而缴费少、缴费少致筹资难、筹资难致保障水平低、保障水平低导致农户因病致贫"的恶性循环。①

**3. 农村医疗保险制度不完善、政策不稳定，有关政策之间相互冲突矛盾**

农村医疗保险制度的不完善，医疗保险制度的改革一直没有将农村医疗保险纳入，城乡之间的医疗费用标准不同，医疗费用标准脱离农村地区的发展实际。相关法律法规建设不健全，缺乏统一的制度管理，缺乏法律方面的保障。20 世纪 80 年代以后，国家对合作医疗制度采取放任态度，由地方政府自主决策，致使相关政策之间相互冲突矛盾。

**4. 管理水平低**

现有的农村医疗卫生资源配置极不合理，卫生技术人员缺乏、水平低、服务差，县乡卫生体系机构重叠、人浮于事现象突出，造成卫生资源的浪费。②

**（二）原因分析**

**1. 农村经济发展水平因素的制约**

城乡居民收入差距不断拉大，人均可支配收入由 1985 年的 1.86 倍扩大到 2000 年的 2.79 倍，2001 年的 2.89 倍，再到 2002 年的 3.11 倍，农村经济发展的区域不平衡，东中西部农民人均纯收入之比呈阶梯状下降。农业整体较低的发展水平以及农业发展和农民收入的层次性分化，对我国农村医疗保险制度的发展产生重大的影响。

**2. 政府缺乏对农村医疗保险制度实施的监管力度**

医疗资金的管理包括资金的筹集、保值增值、补偿支付几个环节，一般要求设立专门账户，实行专款专用。而我国农村医疗保险以医疗机构委托管理的模式，这样医疗机构就负有双重责任，既负责医疗资金的管理、使用，又负责提供医疗服务，这种既是费用支付方又是费用获得者的双重身份，必然引起市场调节下的道德风险；另外，我国医疗机构

---

① 杜金亮：《新型农村合作医疗保险问题研》，中南林业科技大学 2013 年硕士学位论文。
② 张甲习：《农村合作医疗保险存在问题及建议分析》，《特区经济》2007 年第 2 期。

属事业编制的性质，与当地政府职能部门之间存在一定的管理问题，相关部门之间的制约，使得医疗资金管理的独立性不强。

**3. 医疗资源城乡分配不均**

医疗资源严重分配不均，城市大中型医疗机构的精细化和农村医疗机构的落后化，制约了农村医疗保险制度的开展。当前我国的医药价格和医疗价格是依据城市的标准制定的，城乡居民收入的差距逐渐变大，农村医疗服务水平低，但农民却要支付和城市居民同样的医疗费用，可见这种医疗费用标准存在着不公平。而且，农村的公共卫生服务远远跟不上城市的发展水准。

# 三　农村医疗保险制度的主要模式比较和借鉴

从全世界范围来看，大部分国家和地区不存在独立的农村医疗保险系统，而是采用城乡统一的医疗保险系统，但这并不排除比较和借鉴的可能，作为社会医疗保险制度，它们有着共同的本质特征和面临的问题，也都要解决农民的医疗保险问题。

## （一）国外农村医疗保险制度的主要模式

### 1. 英国的国家保障型医疗保险模式

国家保障型医疗保险模式是指政府直接举办医疗保险事业，通过税收形式筹措医疗保险基金，采取预算拨款方法补偿国立医疗机构的人力、物力消耗，国立医疗机构向本国居民直接提供免费（或低收费）医疗服务。在该模式下，政府卫生部门直接举办医疗卫生服务机构，其基本建设与日常运行经费通过各级财政下拨，医疗保险基金绝大部分也来源于税收。这种免费的国家卫生服务制度有利于扩大医疗保健服务面，使人人都享有卫生保健，因此该模式能很好地体现公平性和福利性，最大限度地满足社会成员的医疗需求。但在该模式下，供需双方缺乏费用意识，容易引发医疗费用增长，导致政府财政不堪重负，不得不将越来越多的公共资金用于医疗费用开支，对经济和其他社会事业发展产生了不利影响；另外，该模式下易出现医疗资源浪费、医疗机构微观运行缺乏活力、医疗服务质量差等现象。①

**2. 德国的社会保险型医疗保险模式**

社会保险型医疗保险模式是指国家通过立法形式强制实施相对统一的医疗保障制度。医疗保险基金的筹集方式由政府、企业和个人三方负担。该模式坚持权利与义务对等的原则，在体现互助共济、风险分担的同时，在一定程度上避免了医疗资源的浪费。通过医疗保险经办机构与医疗机构建立契约合同关系，促使医疗机构之间的竞争，有利于提高服务质量和费用控制。但在该模式下，基金实行现收现付制，没有纵向积累，难以解决代际间医疗费用负担转移的问题，无法应付人口老龄化的挑战。此外，无能力参保的人群不能获得医疗保障，必须通过其他途径解决。

**3. 美国的商业保险型医疗保险模式**

该模式是将医疗保险作为一种商品按市场原则自由经营的保险模式，即通过市场来筹集费用和提供医疗服务，对医疗保险机构、医疗服务机构和医疗服务实行市场调节，属营利性质。医疗服务的供给、医疗服务的价格等是通过市场竞争和市场调节来决定的，政府基本上不干预或者很少加以干预，在管理上属于市场体制型。按市场机制运作，商业医疗保险的项目多样化，比社会医疗保险有更多的选择性，能较好地满足高收入者高层次的医疗需求。但是由于其缴费高和以营利为目的，低收入者难以参加，社会公平性较差。

**4. 新加坡的个人储蓄型医疗保险模式**

个人储蓄型医疗保险模式是通过立法，强制劳方或劳资双方缴费，以雇员名义建立个人储蓄账户，用于支付个人及家庭成员的医疗费用支出，政府给予适当补贴的保险模式，是将个人储蓄保险与社会保险相结

---

① 秦国庆：《我国农村医疗保险法律制度研究》，重庆大学 2008 年硕士学位论文。

合的模式。该模式的优点是：以个人责任为基础，强调个人通过纵向积累支付医疗费用，对于合理高效地使用医疗保险资金及卫生资源有较强的推动作用，有利于增强个人的费用意识，减少浪费。其缺点是过分强调效率，忽视了公平，对低收入者或没有收入的人来说，往往是得不到医疗保障或保障水平很低。另外，基金不能实现社会成员之间横向互助共济，以共同分担疾病风险。

### （二）国外模式对我国的借鉴意义

#### 1. 强化政府的引导作用

结合我国农村医疗保险实际，从上述各国模式的成功经验中最值得我们借鉴的是：应该发挥政府的引导作用，积极参与，在政策上、财政上都给予大力支持。政府应当建立完善的农村医疗保险制度，加大财政投入力度，确保农村医疗保险稳定运行，持续发展。

#### 2. 扩大资金来源和加强基金管理

我国应该借鉴国外经验，拓宽农村医疗保险的资金筹集渠道，形成多元化的筹资体系，扩大资金来源，确保医疗保险资金充足，不但要加大政府投入，也要引导社会各界积极捐助，广泛吸收各种慈善捐赠。同时，要加强保险资金监管，设立专门机构对保险基金的筹集和使用情况进行管理和监督，确保资金运作的公开、公平、公正。

#### 3. 建设完善的农村医疗卫生机构

我国农村的医疗机构和医疗设备非常落后，医疗保险缺乏硬件设施，农村医疗保障难以实现。政府必须加快农村医疗机构的建设，加大财政投入和政策支持力度，充分实现农村居民的医疗保障权利。[1]

## 四　我国农村医疗保险制度的立法和完善

改进和完善农村医疗保险制度，应当坚持国家支持的原则，从农村

---

[1]　王利娟：《农村医疗保险研究》，山东大学 2009 年硕士学位论文。

实际出发，因地制宜，以保障农民基本医疗为目标，以制度建设为核心，与农村医疗保障服务网络建设相配套，农民在基本医疗保险与农民个人投入、农村社区经济、企业、慈善机构、外资机构等方面的捐助相结合，采取得力措施，加快建设步伐，在今后 10～20 年里，农村社区卫生服务体系将占主导地位，发挥主导作用。争取到 21 世纪中叶，实现农村卫生服务体系与城市的接轨，最终建立起城乡一体化的医疗保障体系。

### 1. 建立健全农村医疗保险法律法规

加强农村医疗法制建设，从法律上确保农村医疗保险在经济发展中的地位和作用。全国人大常委会应当尽快制定《农村医疗保险法》，就农村医疗保险应遵守的原则、农村医疗保险的主要内容及形式、管理体制、资金来源与发放、保险项目的标准、农民医疗保险的监督、法律责任等方面做出明确规定。各地应根据本地农村的自然条件、历史条件和经济发展水平，制定相应的农村医疗保险法规或规章，以利于本地农村医疗保险工作的开展。

### 2. 明确政府在农村医疗保险中的职责

随着集体经济的解体，绝大多数农村基层社区组织丧失了或者缺乏对农民医疗保险的投入能力，农村医疗卫生服务的供需矛盾日趋尖锐。国家应把加强农村医疗卫生工作作为战略重点，提到各级政府的议事日程上来。这是国家职能的基本体现，也是建立公平社会的必然要求。在解决农民医疗保险问题上，政府不仅应调整卫生投入政策，充分发挥政府财政对预防保健和公共卫生服务的支持作用，加大财政资金向农村倾斜的力度，更重要的是，将农民医疗保险制度逐步纳入国家社会保障的总体规划。这是国家义不容辞的责任，也是迈向现代化的必由之路。

### 3. 创新农村医疗保险模式、构建多层次农村医疗保险体系

由于我国农村地区范围广，各地经济发展不平衡，同一地区不同个体收入水平差距也较大，因此应当构建一个多层次的农村医疗保险体系，如此既能满足广大农民基本医疗保障的需要，又能为不同条件的农民提供补充式（商业或半商业性质）医疗保险选择。根据目前我国农村实际，

可以构建以下层次农村医疗保险体系：一是基于卫生防疫和基础保障的全国基本医疗保险。即建立覆盖我国农村的以卫生防疫和生活保健为内容的基本医疗保险制度。该保险具有公共产品的属性，应该由政府直接投资建设、维护和强制性执行，并覆盖我国全部农村地区。二是基于基本医疗的新型农村合作医疗保险制度。该保险制度居于多层次农村医疗保险制度的中间层面，应由政府立法强制执行，规定符合条件的农户和社会成员必须参加，并由政府统一管理。其经费采取政府统筹加农户缴纳保险费的方式取得，建立大病统筹和家庭账户两个层次的保障制度。三是基于更高保障需求的补充医疗保险。这是在农村医疗保障制度基础之上构建的一个针对农民住院和门诊治疗的医疗保险制度。该保险在筹资、补偿等环节虽然也强调多方筹资和互助共济的合作属性，但在更大的程度上体现了商业保险的特征，仅适用于那些收入较高、医疗保障需求较高的人群，只能遵循自愿的原则。

另外，由于我国各地区农民收入水平的巨大差距，从而决定了各地农民对医疗保险的承担能力各不相同。各地农村医疗保险制度的建立应与各地经济发展水平相适应，医疗保险的基本内容、项目、收费标准要和各地所能提供的财力、物力相适应，并随着农村经济的发展而不断进行适时调整。欠发达地区重点实行医疗救助制度，维持"低水平、广覆盖"的合作医疗目标，解决农村医疗保健问题；较发达地区可以在发展和完善现行合作医疗保险制度的基础上，积极探索实行农村社区卫生服务体系，即城市卫生保障体系与农村合作医疗体系合理因素的有机结合；发达地区农村社区的卫生建制应当纳入城市卫生体系加以一体化考虑。

# Discourse on the Improvement of Chinese Rural Medical Security System

Dai Moufu

**Abstract**：Recently，Chinese rural medical security system has received great achievement, but there still exists some problems such as insufficient funds, low level of medical care and management, inadequate system. Concerning that, we should draw lessons from foreign advanced experience in medical security, establishing and improving the rules and regulation of rural medical security, confirming the government's responsibilities in rural medical security and innovating the form of rural medical security insurance, establishing multi – level system of rural medical security, and finally achieving urban – rural integration in medical security.

**Keywords**: Rural; Medical security system; Improvement

# 风险社会研究

# 我国社区矫正志愿服务风险防范的问题及对策研究<sup>*</sup>

田兴洪　周艳红　郭　健<sup>**</sup>

**摘　要：** 社区矫正志愿服务在社区矫正中发挥了重要作用，但是社区矫正志愿者在提供志愿服务的过程中面临着许多风险，既包括人身风险和责任风险，也包括自然风险和社会风险，目前在我国社区矫正的实施过程中还缺乏应对这些风险的有效手段和措施，主要原因在于风险管理缺乏力度、保险体系不健全、政府监管不到位等，应当从强化风险管理、健全志愿者保险制度、加强政府监管等角度入手，解决社区矫正志愿者的后顾之忧，推动社区矫正工作的顺利开展。

**关键词：** 社区矫正；志愿服务；风险防范

《中共中央关于全面深化改革若干重大问题的决定》指出，要"健全

---

\* 本文为 2012 年度国家社会科学基金项目"社区矫正中的社区参与模式研究"（批准编号：12BFX046）、2011 年度湖南省哲学社会科学基金项目"转型时期社区矫正与社区建设研究"（项目编号：11YBB005）、2011 年度湖南省教育厅高等学校科学研究重点项目"社会管理创新视阈下的社区矫正与社区建设研究"（项目编号：11A002）、2012 年度司法部国家法治与法学理论研究项目"我国社会力量参与社区矫正机制研究"（批准编号：12SFB2024）的研究成果之一。

\*\* 田兴洪，长沙理工大学教务处副处长，文法学院教授，法学博士，硕士生导师，主要从事刑事法学研究；周艳红，长沙理工大学马克思主义学院党委书记，副教授，法学硕士，硕士生导师，主要从事法理学研究；郭健，司法部社区矫正管理局副处长，副研究员，法学博士（后），主要从事刑事法学研究。

社区矫正制度"。社区矫正离不开志愿者的积极参与。随着社区矫正试点工作的开展，各地社区矫正志愿者队伍也得到迅速发展。比如，湖北省 2005 年初启动社区矫正试点工作，到 2009 年该省社区矫正志愿者已经有 11127 人。① 上海市社区矫正试点早于全国，始于 2002 年，2013 年 11 月上海市社会帮教志愿者协会登记造册的志愿者已有 17000 余人，单位会员发展到 522 家。② 从全国范围看，2011 年 3 月我国社区矫正志愿者为 355327 人，③ 2013 年 10 月达到 60.1 万人，④ 短短两年多总数几乎翻了一番。社区矫正志愿服务在社区矫正中发挥了重要作用。但是，我国的社区矫正志愿服务存在如何加强风险防范等许多亟待解决的现实问题。

# 一　社区矫正志愿者及其风险

## （一）　社区矫正志愿者的概念及特征

社区矫正志愿者是指不以物质报酬为目的，利用自己的时间、技能等资源，自愿为社区矫正服刑人员的教育矫正、监督管理和帮困扶助提供服务的人。《司法行政机关社区矫正工作暂行办法》规定，社区矫正志愿者应当具备下列条件：第一，拥护宪法，遵守法律，品行端正；第二，热心社区矫正工作；第三，有一定的法律政策水平、文化素质和专业知识。自愿参与和从事社区矫正的社会志愿者，向居住地的街道、乡镇司法所报名，符合规定条件的，由司法所报请县级司法行政机关颁发聘书。

根据联合国的相关规定，普通志愿行为具有以下特征：第一，无偿性，即不是为了经济上的利益而参加志愿工作；第二，自愿性，即出于

---

① 许振奇：《湖北省社区矫正志愿者队伍状况调查与思考》，《中国司法》2010 年第 1 期。
② 陈耀鑫：《在市"安置帮教工作座谈会"上的讲话》，载上海市社会帮教志愿者协会《社会帮教工作动态》2013 年第 12 期，http://www.shbangjiao.com/shownews.asp？id = 1091，最后访问日期：2014 年 6 月 16 日。
③ 吴宗宪：《社区矫正导论》，中国人民大学出版社，2011，第 118 页。
④ 《2013 年我国全面开展社区矫正工作》，http://www.legaldaily.com.cn/The_ administration_ of_justice/content/content_5176223.htm？node = 54750，最后访问日期：2014 年 6 月 18 日。

本人的自由意志；第三，公益性，即为社会和接受服务的第三方带来收获。[1] 相对于普通志愿行为，社区矫正志愿行为则除此之外还具有以下特征：第一，专门性，即社区矫正志愿行为专门为社区矫正提供志愿服务，必须符合社区矫正法律法规的相关规定；第二，风险性，即社区矫正志愿行为的对象为正在服刑的罪犯，仍具有较强的人身危险性，因而社区矫正志愿者面临人身和财产遭受侵害的更大风险；第三，专业性，即社区矫正志愿行为实质上是参与非监禁刑罚执行活动的行为，只有具备了较强的专业素养和能力者方能胜任；第四，技巧性，即社区矫正志愿行为必须讲究更多的技巧和方法，方能应对矫正工作的复杂性和危险性，在保护好自身安全的同时取得志愿服务实效。

### (二) 社区矫正志愿者的风险

风险，是指某一特定危险情况发生的可能性和后果的组合。风险具有偶然性、相对性、社会性、客观性、不确定性等特征。社区矫正志愿者的风险是指社区矫正志愿服务中可能发生的风险。社区矫正志愿者的风险可以进行不同的分类：（1）志愿者受害风险和志愿者致害风险。志愿者受害风险是指在社区矫正志愿服务过程中志愿者的人身权利等受到侵害的风险。志愿者致害风险是指在社区矫正志愿服务过程中志愿者损害他人人身权利、财产权利等风险。他人既包括接受志愿服务的对象，也包括与志愿服务不相关的第三人。[2]（2）人身风险和责任风险。人身风险是指在志愿服务过程中导致的志愿者的伤残、死亡、丧失劳动能力以及增加医疗费用支出的风险。人身风险所致的损失一般有两种：一种是收入能力损失；一种是额外费用损失。责任风险是指由于志愿者个人或志愿服务组织的疏忽或过失行为，造成他人财产损失或人身伤亡，依照

---

① 〔美〕马克·A. 缪其克、约翰·威尔逊：《志愿者》，魏娜译，中国人民大学出版社，2013，第10页。

② 莫于川主编《中国志愿服务立法的新探索》，法律出版社，2009，第169页。

法律、契约或道义应承担的民事法律责任的风险。（3）自然风险和社会风险。自然风险是指因自然力的不规则变化使社区矫正志愿者遭受威胁的风险，包括地震、风灾、火灾以及各种瘟疫等自然现象带来的风险。社会风险是指由于志愿者个人或志愿服务组织以及其他个人或团体的行为（包括过失行为、不当行为以及故意行为）或不行为使志愿者（组织）或其他个人或团体遭受侵害和损失的风险。

风险防范则是有目的、有意识地通过计划、组织、控制和检察等活动来阻止防范风险损失的发生，削弱损失发生的影响程度，以获取最大利益。社区矫正志愿者的风险防范包括进行风险管理和评估、购买人身意外伤害保险和责任保险、加强政府监督和管理等。

## 二　我国社区矫正志愿服务风险防范的问题浅析

### （一）风险管理缺乏力度

#### 1. 风险管理意识薄弱

"成功的志愿者管理就是成功的风险管理"[①]，因此为了全面保障志愿服务的开展，志愿服务风险管理在发达国家十分普遍。例如在美国建立了风险评估计划，风险评估的每一步都有专人负责和在规定时间内完成，国外的志愿服务的项目化程度比较高，而且"每一个项目都有项目官员，这些项目官员一般都有很高的学历和专业知识，从项目的立项、管理到评估有一整套程序"[②]。但是我国政府、志愿服务组织以及志愿者等的风险管理意识都比较薄弱，导致风险事故的发生缺少从源头上的监控。如果相关部门通过对志愿者进行严格的资质审查，并对经过审查合格者颁

---

[①]　师欣：《可可西里两名志愿者遇难前前后后》，《南方周末》2002 年 12 月 14 日，第 11 版。

[②]　师欣：《可可西里两名志愿者遇难前前后后》，《南方周末》2002 年 12 月 14 日，第 11 版。

发资格证书，禁止那些不具有相应资质要求的志愿者进入需要一定技术知识的特殊领域，其实很多风险是可以避免的。例如，在"冯勇可可西里遇难事件"中，"绿色江河"环境保障会促进会在开展活动的时节"不太适合在高原工作"，对高原工作的危险估计不足；同时志愿者的选拔标准不够严格，又缺乏后期应对风险或危机的技能培训。

**2. 风险管理缺乏财力保障**

笔者调查数据①显示，经费紧张成为阻碍社区矫正志愿者队伍风险管理的最大难题。每个规模稍大的社区矫正志愿者服务队、工作室等每个月的开销都需要成千上万元。少数队伍有时得到志愿者协会的经费支持或社会捐助，经费困难问题可能得到一定程度的缓解，基本能解决电话、午餐、饮用水等大部分经费，但是办公用品、志愿者培训、重点个案跟踪服务等都缺乏经费，经常出现"财政赤字"，很多工作只能停下来。有的队伍为了维持基本运转不得不由志愿者分摊开销。当志愿者无偿奉献自己的时间、精力，冒着风险为社区服刑人员提供志愿服务时，还要自行承担交通费、餐饮费等开支，这种无偿奉献无疑是很难持久的。

**3. 风险管理制度不完备**

澳大利亚政府专门任命一名部长负责志愿管理，其中就包括依法保障志愿者权益，如从事危险工作的志愿者，在遇到紧急情况时他们的补偿问题等。对志愿者的风险管理，可以细化到招募、监督和管理志愿者的每一个环节。首先，对志愿者活动有整体描述以招募合格的志愿者。其次，是对志愿者进行培训，对组织工作程序、安全规定、规则以及如何应对危机和使用工作设施等进行指导，而且向志愿者提供最新的培训或行动指南。再次，将志愿者和项目评估与风险管理联系起来，对志愿者进行再次筛选，选择合格的和经过培训的志愿者担任有风险的工作。在这一过程中，志愿组织还应"定期审查其风险管理计划以保证这些计划的运作能够满足法律和伦理标准"①。而我国的风险管理制度还不完备，

---

① 江汛清主编《与世界同行：全球化下的志愿服务》，浙江人民出版社，2005，第195页。

尽管某些地方志愿服务法规规定了风险管理的内容，但是缺乏可操作性的制度基础，大多数变成了一纸空文。

### （二）保险体系不健全

**1. 志愿者个人意外伤害保险难以落实**

有关调查数据表明，20% 的志愿者在服务活动中受到不同程度的身体伤害（主要是轻微伤害）。[①] 尽管大多数志愿服务法规规定志愿服务组织应当为志愿者购买人身意外伤害保险，但是由于志愿者组织经费紧张、立法可操作性不强等，实际落实到位者很少，60% 以上的志愿者难以获得人身保险。[②] 保险难以落实导致很多志愿者缺乏安全感，顾虑重重。笔者调查数据显示，44.8% 的受访志愿者担心出现人身意外伤害或事故后得不到赔偿，人身安全没有保障。

**2. 志愿者致害责任保险难以落实**

由于志愿服务具有社会性和公益性，因而志愿者应具有一定条件下的民事责任豁免权，即在志愿服务中，志愿者确因个人无意的疏忽大意造成的损害可以不必承担侵权责任，这样可以免除志愿者的后顾之忧。我国一些地方志愿服务法规大都规定，志愿者在志愿服务中对他人造成伤害的，由志愿服务组织依法承担民事责任；志愿服务组织承担民事责任后，可以向有故意或者重大过失的志愿者追偿部分或者全部赔偿费用。学界也有人主张，应通过区分志愿者致害的主观形态来确定法律责任的承担，如系故意则由志愿者承担责任，同时志愿者组织承担连带责任，如系过失则由志愿者组织承担责任。[③] 这些规定和主张将会导致受害方作为弱势群体不能及时全面获得损害救济、志愿者组织承担过重的赔偿责任等不利后果，极大地挫伤志愿者的积极性。

---

① 谭建光：《和谐社会需要志愿服务的创新发展》，《中国党政干部论坛》2007 年第 6 期。

② 莫于川主编《中国志愿服务立法的新探索》，法律出版社，2009，第 244 页。

③ 袁文全、杨天红：《志愿者侵权行为的责任分配》，《天津大学学报》（社会科学版）2012 年第 2 期。

## （三）政府监管不到位

### 1. 监管主体不明确

《社会团体登记管理条例》规定，成立志愿服务组织在程序上不仅要征得政府民政部门的同意，还必须有一个政府业务归口管理部门且须征得该部门的同意。否则，志愿服务组织就无法获得登记和许可。一些社区矫正志愿组织正是由于无法找到业务主管部门而不能获得合法身份，得不到法律的保护和认可，其生存和发展环境受到制约，于是志愿组织和志愿者便寻求其他渠道获得认可和支持，使得政府无法对志愿者行动进行有效监管。[①] 在这种监管体制下，志愿服务组织的相对独立性受到不必要的限制，十分不利于志愿服务组织和志愿服务事业的进一步发展。对此，有学者指出，"过多的政府干预侵犯到了志愿者组织的自治，民间组织灵活性和创新性的优势得不到有效发挥。而真正具有自治地位的志愿组织数量少、组织建设尚不够成熟，规模小，专业化程度低下，难以得到政府的支持和帮助，合法性和公信力不够，所以在解决社会发展的问题中，志愿组织和志愿者难以发挥其应有的中介和桥梁作用。"[②] 因此，有必要对《社会团体登记管理条例》所规定的关于志愿服务组织的双重领导体制进行改革。改革的理论前提是，既要明确政府对志愿服务组织和志愿服务进行监管的必要性，也要充分保障公民的结社自由。这就要求遵循法学理论上的"比例原则"，并从中找到一个合理的平衡点。政府的监管力度和干预幅度过大固然有许多不利之处，但是，完全放松政府监管在目前阶段无疑也不合适。除非特殊的行业部门，如交通、电力、医疗等部门，由于其专业性较强等特点，该领域的志愿服务组织在注册登记时需要有相应的政府业务主管部门并征得其同意外，其余从事一般性社会服务的志愿服务组织就无须硬性地规定必须挂靠一个业务归口管理的政府部门，从而给予志愿服务组织更加宽松的法律环境。

---

[①] 俞可平：《思想解放与政治进步》，社会科学文献出版社，2008，第148页。

[②] 刘伟：《我国志愿者行动中的政府行为选择探析》，《理论参考》2011年第6期。

**2. 监管内容不明晰**

政府在对志愿者、志愿服务组织进行监管时，由于缺乏统一的法律、法规，使得政府在对志愿者和志愿服务组织进行监管时出现了两个比较极端的态势，即要么管得过死，要么则缺乏有效的监管。所以，要明确政府监管的内容，其前提是必须对政府与志愿服务组织之间的关系进行一个明确的定位，即政府的监管权力应当限定在怎样的范围内行使？有学者提出，政府与其监管的志愿服务组织之间应当保持"低度管理，高度自治"的和谐关系。① 对此笔者深表赞同。如果政府对志愿服务进行全方位监管，包括对志愿组织的人、财、物，以及志愿者的招募、对志愿者的资质审查、志愿活动的开展进程等进行严密监管，那么这其实是政府机关已经把志愿组织完全当成了自己的下属职能部门进行控制。这显然不利于志愿服务事业的发展，甚至容易侵害志愿者的结社自由。而相反，如果政府部门除了对某些志愿组织履行程序上的备案手续之外，基本没有对志愿服务者和志愿服务组织进行有效的监督，任其自我发展甚至"自生自灭"，那么，由于缺乏政府的支持或有效监管，将导致志愿服务在实践中出现混乱，具体表现为志愿者权利受到侵害后难以得到赔偿；志愿服务被商业化利用；资金随意被挪用；缺乏有效的法律风险防范机制等各种乱象。

**3. 监管体系不健全**

国外关于志愿服务的风险防范也有相关规定，比如，《波兰公益活动及志愿制度法》规定："要告知志愿者其所提供的服务对健康及安全构成的一切风险，以及防护这些风险的规则。"同时该法还规定："志愿者享有保险利益。"美国的《志愿者保护法》甚至规定志愿者可享有广泛的侵权行为免责。该法免除了在任何一个免税组织手下志愿提供服务的志愿者的责任，其立法理由在于鼓励志愿者从事志愿服务事业。② 应该构建政

---

① 周艳红、易顶强：《志愿服务风险防范的法律保障》，《长沙理工大学学报》（哲学社会科学版）2010 年第 1 期。

② 莫于川主编《中国志愿服务立法的新探索》，法律出版社，2009，第 169 页。

府、社会和个人（含志愿者组织）相结合的监督体系，其中，政府监督是志愿服务法律监督的核心环节，自我监督是志愿服务法律监督的重要环节，社会监督是志愿服务法律监督的重要保障。

# 三　我国社区矫正志愿服务风险防范的对策探微

## （一）强化风险管理

### 1. 增强志愿服务风险防范意识

（1）志愿服务组织内部必须制定一整套比较严密规范的章程和运行机制。志愿服务组织"是风险的导入者和调控者，理应对志愿服务项目的每个风险承担更多的法律责任"[①]。在我国，社区矫正志愿行为应在社区矫正机构和民政部门的指导和组织下开展。其他带有草根性质的社区矫正志愿服务，也多由各种非政府组织或基金组织负责开展和管理工作，因此，志愿服务不是个体化的行动方式，而是一种组织化的行动模式。[②]这种组织化的行动模式要求志愿服务组织制定严格的章程，健全其组织机构，并实现有序运转，从而减低风险事故的发生率。志愿服务组织必须把承担风险作为完成组织使命的要素之一。[③]（2）志愿服务组织必须加强对志愿者的风险知识培训。由于很多志愿者对其所从事的志愿服务事业缺乏应有的风险意识，因此，志愿服务组织必须加强对志愿者的风险知识培训。不仅注重对从事不同类别的志愿者进行专业知识和服务技能的培训，而且更注重对义工管理者的培训，培训形式多样。（3）志愿者个人也需要加强风险防范意识。志愿者本人能够严格遵守法律法规的相

---

① 郭爱娣：《志愿服务条例：志愿者造成损害有望豁免》，《京华时报》2006年10月18日，第25版。
② 周东立：《我国志愿服务的发展及其价值研究》，首都师范大学2008年硕士学位论文，第4页。
③ 莫于川主编《中国志愿服务立法的新探索》，法律出版社，2009，第176页。

关规定，在开展志愿服务活动时保持严谨和高度负责的态度，从事志愿服务之前加强风险防范方面的学习，尽量避免风险事故的发生。

**2. 构建政府拨款为主、社会筹资为辅的资金保障机制**

（1）加大政府财政保障力度。政府应将社区矫正志愿服务所需资金列入财政预算。同时，使用财政预算资金购买民间志愿服务组织的社区矫正志愿服务。"政府使用志愿者的趋势潜力巨大。政府使用的公共物品和公共服务正日益转向于第三部门，美国政府控制着 20% 到 30% 的志愿服务项目。"[①] 而这样的情况在我国就更加明显，我国志愿活动主要由政府部门牵头，早期各级民政部倡导并组织开展社区服务，之后由共青团、妇联等社会团体发起，至今仍有很多志愿服务活动是由政府组织的。因此，作为志愿活动的主要组织方之一以及公共管理部门，政府应该发挥其领导作用，为志愿活动创造良好的外部环境和氛围，保障志愿者权益的实现。（2）成立社区矫正志愿服务基金会。志愿服务基金主要保障志愿服务方面的经费开支，由政府资助、社会捐赠和其他合法收入组成，每年由相应的民政部门按照一定比例拨付专款作为政府资助，志愿服务组织则采用募集、义卖等方式筹集社会基金。（3）鼓励社会捐助志愿服务。美国非政府组织的资金来源中，公共部门占 43%，私人部门占 47%，私人捐赠占 10%，[②] 社会经费超过了政府拨款。我国也应通过政策和法律引导、鼓励社会捐助志愿服务组织，建立志愿服务稳定、多元的资金来源渠道。

**3. 构建志愿服务组织风险管理制度**

风险管理就是一个识别、确定和度量风险，并制定、选择和实施风险处理方案的过程。对志愿者的风险管理，可以细化到招募、监督、培训和管理志愿者的每一个环节。（1）志愿者服务组织在招募社区矫正志愿者时，应当公布与社区矫正志愿服务有关的真实、准确、完整的信息，并

---

① Jeffery L. Brudney, "The Effective Use of Volunteers for Best Practice for the Public Sector," *Law and Contemporary Problems*, Vol. 62 (1999), p. 253.

② 李晓辉：《国家立法保障志愿者权益的探讨》，《经济研究导刊》2010 年第 21 期。

明确告知在社区矫正志愿服务过程中可能存在的风险。尤其是要告知社区矫正志愿服务的特点，要志愿者明确自己的角色定位。（2）志愿服务组织必须建立风险评估机制、活动规划等相关的制度。志愿服务组织应当聘请具有一定资质的技术分析人员，对每一次的志愿服务活动进行风险评估，并做出比较详细的活动规划。如果活动规划制定得十分详细，把可能产生风险的方方面面都考虑进去，无疑可以大大地降低风险等责任事故的发生率。比如，将志愿者和项目评估与风险管理联系起来，对志愿者进行筛选，选择合格的和经过培训的志愿者担任有风险的工作。[1]（3）实行志愿服务项目风险管理。针对每个志愿服务项目，都应该事先做好危机或风险的应对策略，"保证有一套及时报告的问责制和有效沟通的渠道"[2]，项目开始前做好对志愿者、管理人员的培训及相关的设施准备；危机发生后按照事先制定的应对策略予以解决；事后做好受伤害的志愿者或服务对象的安抚工作，如进行赔偿或补贴等。

### （二）健全志愿者保险制度

#### 1. 为志愿者购买人身意外伤害保险

建议我国采取以商业保险为主体、社会保险为辅助的志愿者人身意外伤害保险制度。（1）志愿者意外伤害保险。意外伤害保险是以被保险人在保险期内因意外伤害造成死亡或残疾为给付保险金条件的一种人身保险，其保障项目主要是死亡保险金和残疾保险金。该类险种费率低、保险金额高、期限短，适合给社区矫正志愿者购买。（2）志愿者工伤保险。我国《工伤保险条例》第十五条规定，职工"在抢险救灾等维护国家利益、公共利益活动中受到伤害的"视同工伤，可享受工伤保险待遇。《关于事业单位、民间非营利组织工作人员工伤有关问题的通知》（劳社部发〔2005〕36号）规定，事业单位、民间非营利组织工作人员因工作

---

① 江汛清主编《与世界同行：全球化下的志愿服务》，浙江人民出版社，2005，第195页。
② 北京志愿者协会编著《志愿组织建设与管理》，中国国际广播出版社，2006，第228页。

遭受事故伤害或者患职业病的，其工伤范围、工伤认定、劳动能力鉴定、待遇标准等按照《工伤保险条例》规定执行。志愿者组织属于民间非营利组织，志愿者的志愿行为也是基于公共利益的活动，也应享受工伤保险待遇。（3）保险费的缴纳。上述《通知》规定，不属于财政拨款支持范围或没有经常性财政拨款的事业单位、民间非营利组织，参加统筹地区的工伤保险，缴纳工伤保险费所需费用在社会保障缴费中列支。依照或者参照国家公务员制度管理的事业单位、社会团体的工作人员，执行国家机关工作人员的工伤政策。其他事业单位、民间非营利组织，可参加统筹地区的工伤保险，也可按照国家机关工作人员的有关工伤政策执行，具体办法由省级人民政府根据当地经济社会发展和事业单位、民间非营利组织的具体情况确定。可见，注册志愿者中已经被纳入社保体系的在职人员的工伤保险费用，由他们所在机关事业单位缴纳，[①] 志愿者个人意外伤害保险和没有纳入社保体系的注册志愿者工伤保险费用，可统一由志愿者组织缴纳，从社区矫正志愿服务基金中开支，也可以政府购买志愿服务的形式解决。

**2. 为志愿者购买公众责任保险**

志愿服务活动具有公益性，受益者是全社会，所以当志愿者在志愿服务活动中造成损害需要承担民事责任时，其责任也应通过转嫁给社会而适当免除。此外，应为志愿者提供侵权免责保护。在志愿服务过程中志愿者可能给服务对象、志愿者所在工作单位或组织、其他社会成员或组织造成伤害或损失，而志愿者个体是难以承担此类风险的，因此有必要免除志愿者的侵权责任。对此可以借鉴美国 1997 年《志愿者保护法》规定的志愿者强权免责保障政策，即除非志愿者在志愿服务中所造成的伤害是由于故意或刑事罪行、严重的过失、重大的渎职或是对被志愿者伤害的个人权利和安全是有意识的，令人无法容忍和漠视的，原告可以寻求救济外，志愿者在代表志愿组织或政府机构时不对其行为的疏漏而

---

① 石曦：《保险机制在志愿者安全管理中的作用研究》，《江苏商论》2013 年第 5 期。

造成的损害负有责任。与此同时,志愿服务组织"是风险的导入者和调控者,理应对志愿服务项目的每个风险承担更多的法律责任"①。如果志愿者造成被服务对象的损失时,由志愿服务组织依法承担民事责任;志愿服务组织承担民事责任后,可以向有故意或重大过失的志愿者行使追偿权。美国《志愿者保护法》规定,志愿者从事非营利组织和政府机构组织的志愿服务时有伤害发生,将不予追究责任:第一,志愿者行为属于其所服务的非营利组织和政府机构的职责范围之内;第二,志愿者持有该活动所需要的执照或认证;第三,损害不是由故意或构成犯罪的不当行为、严重疏忽或者对受害者权利及安全公然的不重视所造成的;第四,伤害不是因志愿者驾驶车辆、船只或飞行物所造成的。为了保障医生志愿者权益,美国大多数州将医生视为政府雇员以免除其侵权责任,政府依照《联邦民事侵权法》设立辩护基金,支付相关财产赔偿费用和诉讼费用。② 我国也应为社区矫正志愿者购买公众责任保险。公众责任保险是责任保险的一种,是指被保险人(志愿者)对第三者应负损害赔偿责任时,由保险人承担其赔偿责任的一种保险。志愿者公众责任保险包括以下要素:第一,志愿者组织作为保障志愿者权益的主体,应当为志愿者购买责任保险,经费从社区矫正志愿服务基金中开支,也可以政府购买志愿服务的形式解决。第二,志愿者即为志愿者组织确定的被保险人,当志愿活动中发生志愿者因疏忽或过失行为对不特定被服务对象的致害行为时,由保险人代为承担赔偿责任。第三,在有法律规定或保险合同约定的情况下,第三人(被服务对象)可直接向保险人索赔。③

---

① 郭爱娣:《志愿服务条例:志愿者造成损害有望豁免》,《京华时报》2006 年 10 月 18 日,第 25 版。

② K. E. Barnhill, L. M. Beitsch &R. G. Brooks,"Improving access to care for the underserved: State-supported Volunteerism as a successfulcomponent,"*Arch Intern Med*,Vol. 161 (2001),pp. 2177 – 2184.

③ 袁文全、张方方:《志愿者致害责任保险的法理基础与制度回应》,《西南民族大学学报》(人文社会科学版) 2012 年第 5 期。

### （三）加强政府监管

#### 1. 明确监管主体

明确规定志愿服务的风险防范责任由社区矫正机构和民政部门具体负责比较适宜。因为志愿服务组织作为非营利性质的社会团体，其登记、注册等事项归属于民政部门。民政部门作为志愿服务组织的登记注册机关，无疑具有对志愿服务组织加强监管的法定责任。同时，社区矫正机构是社区矫正志愿服务组织的业务主管部门，也是志愿服务活动的重要组织者，因此对志愿服务活动也应当具有监督管理的职责。

#### 2. 明晰监管内容

政府在对志愿服务事业进行监管时应当遵循"低度管理，高度自治"的基本原则，重点应做好以下工作。（1）政府部门要加强对志愿服务组织风险防范的监管。政府部门在执法过程中要督促志愿服务组织加强自身的组织建设，严格聘用专业人士进行风险管理，并学会和掌握识别风险、预测风险、转移风险。这样才能有组织、有计划、有措施地予以防范。政府部门要密切引导和监督志愿服务组织建立起风险评估机制，对志愿服务的各个环节、各个领域可能发生的风险做出评估。而且，志愿服务组织还要做好风险防范方案，对一般风险和特殊风险都应当有应对措施。[①]（2）政府部门还应当督促志愿服务组织在招募志愿者时，对志愿者进行严格审查，选择那些合格者。而对于那些在诚信等方面有不良记录者，在聘用或招募时则要保持审慎的态度。政府部门还应当严格监督志愿服务组织的资金运转。如果在资金监管等方面缺乏系统完善的管理，无疑会使志愿服务风险成倍增加。（3）民政部门通过加强对志愿服务组织资金、人员聘用等方面的严格监管，促使志愿服务组织依法、规范运行。这样可以尽量减少一些不必要的风险的发生。尤其是在风险发生以后，能够依法及时进行处理，并有充足的资金来尽量避免风险责任被扩

---

① 莫菲：《法律应重视防范志愿服务风险》，《法制日报》2008 年 9 月 10 日。

大。（4）政府部门要加强对志愿者的资质认可。政府部门对从事特殊领域，需要具备一定技术知识的志愿者的资质审核和认可具有重要的责任。具体而言，民政部门要努力加强对志愿者的资格认定。很多志愿服务内容并不是人人都可参与的，必须是具有一定资质和一定专业知识背景的人士才能担当。否则，如果对参与志愿服务的志愿者不加强监管，不严格限制准入门槛，让那些缺乏技术知识背景和相关技能资质的人参与志愿服务，则很可能难以取得积极的救助效果，甚至是适得其反。

**3. 健全监管体系**

（1）完善志愿服务风险防范立法。"志愿者活动不仅是一个道德规范，也应该是一个法治规范"①。《四川省志愿服务条例》规定了志愿者组织要给志愿者购买保险，而且如果志愿者与用人单位签订了劳动关系，当志愿者遭受人身意外伤害时还可获得工伤保险待遇，其医疗费或丧葬费也由志愿服务组织或接受服务的对象，甚至是地方人民政府承担。由于有多种方式来保障志愿者的权益，这使得志愿者在遭受人身伤害时能够及时得到有关部门的救助。当然，国外的有关风险预防的规定，尤其是美国关于志愿者侵权行为广泛免责的规定，也同样可为我国今后的志愿服务立法提供借鉴。（2）加强社会监督。第一，通过新闻报道等方式，对社区矫正志愿服务风险防范的现状、问题等进行报道，从而对志愿服务组织起到重要的监督作用，促进志愿服务组织健康发展。通过电视、报纸等媒体向广大民众进行广泛宣传，要求有意向从事志愿服务活动的公民在报名参加志愿服务的同时就应当认真学习有关志愿服务风险防范的知识。第二，加强社会团体的监督，促进志愿服务组织依法活动。社会团体的监督包括共青团、妇联、工会等组织的监督。这些社团组织具有官方性，因此在进行社会监督时具有十分重要的作用。同时它们也是志愿服务组织方（因此志愿服务组织方包括志愿组织、政府和其他志愿活动组织者）。各级民政部倡导并组织开展社区服务，之后由共青团、妇

---

① 赵志疆：《以法律保障为志愿者注入服务热情》，《东方今报》2009 年 3 月 4 日，第 15 版。

联等社会团体发起。共青团虽然从法律上说只是一个社群组织，但由于共青团是志愿活动的重要组织者，因此对志愿服务活动也应当具有监督管理的职责。实际上，在当前我国的实践中，志愿服务活动往往是由共青团组织所发动，并进行监督管理的。第三，加强公民和其他社会组织对志愿服务的监督，促进志愿服务组织依法活动。其他社会组织，主要是指社会企事业单位等，其中就包括作为志愿服务对象的企事业单位。这些社会主体对志愿服务同样具有较强的社会监督力量。比如，对公民而言，可以享有宪法所赋予的批评权、建议权等，通过对志愿服务提出批评和建议进行监督。公民对志愿服务的监督力量不容忽略。此外，企事业单位，尤其是接受志愿服务的单位，更是对志愿服务组织和志愿者有着直接的监督关系。因为志愿者和志愿服务组织所提供的志愿服务是直接针对这些对象的。如果提供的志愿服务有瑕疵，接受志愿服务的这些企事业单位可以直接批评或提建议，甚至拒绝继续接受志愿服务，从而对志愿者和志愿服务组织起到直接的监督作用。

# 四 结语

"志愿者代表的爱心是社会稀缺资源，但是如果不加以管理，就会是一次附带灾难。"[1] 要加强对志愿服务的风险防范，国家不仅需要加强和完善有关志愿服务的立法，通过法律保障机制来预防不必要的风险，而且，国家行政部门和相关组织也应当加强有关志愿服务的执法监督，严格控制志愿服务组织的成立和运行，从而尽可能地降低风险的发生。同时，志愿者和自愿服务组织也应当提高风险防范意识，并积极预防风险。国家也可以建立志愿服务的社会基金，从而弥补目前志愿服务组织资金有限，难以承受风险等缺陷。通过以上措施，可以极大地提升志愿者和志愿服务组织的积极性，让其在提供志愿服务时无后顾之忧，通过法律

---

① 雷晓宇：《志愿者：仅有精神是不够的》，《中国企业家》2008 年第 11 期。

保障来促进我国志愿服务事业的蓬勃发展。

# The Study of Problems and Countermeasures to the Risk of Voluntary Service in Community Correction

Tian Xinghong, Zhou Yanhong, Guo Jian

**Abstract**: Community Corrections Community Corrections volunteerism play a major role, but the Community Corrections volunteer volunteers faced many risks in the process, including both personal risk and liability risks, including natural risks and social risks, the current lack of effective means and measures to deal with these risks in the implementation process of the Community Correction, the main reason is lack of intensity of risk management and insurance system is not perfect, government regulation is not in place, it should be from strengthening risk management, volunteer insurance system strengthening government regulation angles to start to address the worries of community Corrections volunteers to promote community correction work smoothly.

**Keywords**: Community corrections; Voluntary service; Risk

# 环境权利研究

# 气候变化的"不确定性"与法律应对选择

姜 明[*]

**摘 要：**已有的科学研究证明，尽管还存在少数"不确定性"，但气候变化确实可能给人类的生存环境带来各种风险和损害。当前各国在气候变化的法律应对上的立场不一。基于风险预防原则，既然存在损害人类生存环境的风险，就应立即采取积极的法律应对措施，节能减排降耗是必然的选择。

**关键词：**气候变化；不确定性；风险预防

## 一 气候变化是个 "伪命题"？

关于气候变化是否确实存在，科学上一直存在争议。[①] 自政府间气候变化委员会（以下简称 IPCC）发布的《第三次评估报告》以来的研究进展表明，可辨别的人类活动影响超出了平均温度的范畴，这些影响已扩展到了气候的其他方面，报告的第 2 章就气候变暖做出了如下结论：过去 50 年观测到的大部分变暖可能是由于温室气体浓度增加。[②] 可辨别的人类活动

---

[*] 姜明，江苏泰州人，长沙理工大学法学系副教授，法学博士，中国社会科学院法学研究所博士后，研究方向为环境与资源法学。

[①] 王绍武、罗勇、赵宗慈：《关于气候变暖的争议》，《自然科学进展》2005 年第 8 期。

[②] IPCC., Climate Change 2001: Mitigation Working Group III, IPCC 3rd Assessment Report, 2001, WGI 9.4, SPM.

影响超出了平均温度的范畴，这些影响已扩展到了气候的其他方面，其中包括温度极值和风场。[①] 过去 30 年以来，人为变暖可能在全球尺度上已对在许多自然和生物系统中观测到的变化产生了可辨别的影响。[②]

　　但是，作为结论的主要科学依据受到了质疑，如 S. McIntyre 和 R. McKitrickren 认为结论依据的千年温度变化曲线所采用的数据资料及分析方法有问题；[③] W. Soon 等人则认为由于中世纪暖期与小冰期的普遍存在，因此 20 世纪不可能是近千年最暖的。[④] 还有一种更为激烈的反对观点，认为目前气候根本没有变暖。[⑤] 不同的观点引发的争议从来没有停止过，特别是在 2009 年哥本哈根气候变化会议召开前夕，气候变化"阴谋论"再一次被热议，据称黑客侵入了英国气候专家的电脑，从上千封研究人员的内部邮件中可以看出，气象专家们的研究并不严肃，甚至篡改对气候变化结论不利的数据，刻意向公众隐瞒部分不支持气温升高的数据，直指人类活动影响气候的观点，是一场精心设计的谎言和欺骗！在国内，基于气候变化委员会发布的 IPCC 第四次报告相关数据和科学结论遭受质疑，例如，气候变化研究一般需要以 30 年平均值作为基准态，但 IPCC 报告是以 15 年作为一个分析周期。还有一些人抛出了气候变化"阴谋论"，担心气候变化是发达国家制约中国的阴谋，在新能源投资领域，由于发展前景的不明朗，很多人还联想到美苏当年的"星球大战"，怀疑发达国家提出气候变化、低碳经济是为了抑制中国的快速发展，甚至拖垮中国经济。美国国内也有类似的观点：气候变化是欧洲用来制约美国的阴谋论，美国退出《京都议定书》的理由之一，就是有关全球变暖的

---

① IPCC. , Climate Change 2001: Mitigation Working Group III, WGI 9. 4, 9. 5, SPM.

② Ibid. , WGII 1. 4, SPM.

③ S. McIntyre and R. McKitrick, Corrections to the Mann et al. (1998) "Proxy Data Base and Northern Hemispheric Average Temperature Series," *Energy and Environment*, 14 (2009): 751 – 771.

④ W. Soon et al. , "Reconstructing Climatic and Environmental Changes of the Past 1000 Years: Peapptaisal," *Energy and Environment*, 14 (2003): 233 – 296.

⑤ S. F. Singer, "Human Contribution to Climate Change Remains Questionable," *EOS Transactions* 01 (1999): 183 – 187.

结论缺乏确凿的科学证据。

面对质疑，坚持气候变暖说的科学家们为考证天气变化与人类活动之间的联系做了大量的研究，在接下来 IPCC 完成的第四次评估报告和 2013 年的第五次评估报告中，研究结论一次比一次更充分有力地证明了全球气候变暖与人类活动的内在联系，关于气候变化影响和对策的科学认识有了长足的发展。

IPCC 在第四次评估报告称：从全球平均气温和海洋温度升高、大范围积雪和冰融化、全球平均海平面逐渐上升的观测中可以看出，气候系统变暖是明显的，按照温室气体的 100 年全球变暖潜势（GWP）加权计算，1970 年至 2004 年期间全球温室气体年排放总量已经增长了 70%。由于人为排放，目前大气中甲烷和二氧化碳浓度已远远超出过去 65 万年的自然范围。在刚刚发布的 IPCC 第五次评估报告中，气候变暖说得到了更多量化的科学数据。例如，在海洋增暖方面，第四次评估报告的评价是：1961 年以来，海洋变暖所吸收热量占地球气候系统热能储量的 80% 以上；而在第五次评估报告中，1971 年至 2010 年间海洋变暖所吸收热量占地球气候系统热能储量的 90% 以上，几乎确定的是，海洋上层（0～700 米）已经变暖。与此同时，1979 年至 2012 年，北极海冰面积以每 10 年 3.5% 至 4.1% 的速度减少；自 20 世纪 80 年代初以来，大多数地区多年冻土层的温度已升高，升温速度因地区的不同而不同。这些数据说明，气候变暖的事实更为确凿。

尽管气候变暖说不断得到科学佐证，但目前的科学研究水平还难以"量化界定"气候系统受到危险的人为干扰的水平。最新的评估结论显示，人类活动的影响极有可能是导致 20 世纪中叶以来气候变暖的主要因素。这一认识得益于对气候系统更好的认识，"科学家对气候变暖的归因认识更加深刻，受人类活动影响的证据更强。"[①] 但气候变化的"不确定性"（uncertainty）仍然不可否认。IPCC 第 4 次评估报告采用了"气候变

--------

① 《气候变暖事实更确凿与人类活动关系密切——气候专家解读 IPCC 第五次评估报告第一工作组报告》，《中国气象报》2013 年 10 月 7 日。

化很可能（very likely，95% 以上可能性）是由观测到的人为温室气体浓度增加所导致"① 这样的措辞。"很可能"意味着人类活动与气候变暖之间存在联系，是有"确凿发现（Robust findings）"的②，即沿用当前的气候变化减缓政策和相关的可持续发展做法，未来几十年内全球温室气体排放将继续增长。IPCC 第 5 次评估报告中继续采用了"很可能"之说，称人类活动很可能（very likely，95% 以上可能性）导致了 20 世纪 50 年代以来的大部分（50% 以上）全球地表平均气温升高。其中，温室气体在 1951 年至 2010 年间可能贡献了 0.5℃ 至 1.3℃。在一系列情景模式下，相对于 1986 年至 2005 年，全球地表平均气温在 2016 年至 2035 年将升高 0.3℃ 至 0.7℃，2081 年至 2100 年将升高 0.3℃ 至 4.8℃。到 2100 年地球温度可能上升超过 2℃，这是各国政府承诺保持的临界值。

当然，由于基础数据来源的"不确定性"客观存在③，历年的 IPCC 研究报告并不否认某种程度的"不确定性"。④ 关于如何看待气候变化的"不确定性"问题，2006 年，前世界银行首席经济师、英国经济学家尼古拉斯·斯特恩在他主持发布的《斯特恩报告》中称：虽然没有人可以完全肯定地预测气候变化的后果，但从人们现在已经掌握的信息可知，人类活动带来的各种排放物质，存在着不确定的环境风险。从这个意义上说，气候变化是真命题也好，伪命题也罢，都不影响人类采取积极应对行动的决策，站在法学研究者的立场上，这不是一个可以讨论的、"不确定"的、可以"等待"进一步研究证实的问题，而是别无选择、刻不容缓的命题。

---

① IPCC. *Summary for Policymakers of Climate Change* 2007：*the Physicalscience Basis. Contribution of Working Group I to the Fourth Assessment Report of the Intergovernmental Panel on Climate Change.* Cambridge，UK：Cambridge University Press，2007.

② "确凿发现"被定义为：那些在各种方法、模式和假设情况下都成立的发现，并预计相对而言这些发现不受不确定性的影响。

③ IPCC 第四次评估报告中列举了一系列关键的不确定性，如：平衡气候敏感性的不确定性、碳循环反馈的不确定性等，各种模式对于气候系统不同反馈强度的估算也存在相当大的差异，特别是云反馈、海洋热吸收和碳循环反馈，虽然在这些领域已经取得了进展。参见 WGI 7.3，8.1 - 8.7，9.6，10.2，10.4 10.7，SPM；WGII 4.4.

④ 《从 IPCC AR4 得到的启示》，《中国气象报》2009 年 9 月 15 日。

# 二 争论背后: 各国减排承诺的博弈

在"气候变暖说"最终取得"政治上的正确性"的基础上,国际社会为推进气候变化应对举措做出了不懈的努力。《联合国气候变化框架公约》(以下简称《公约》)是世界上第一个为全面控制二氧化碳等温室气体排放,应对全球气候变暖给人类经济和社会带来不利影响的国际公约。《公约》就应对气候变化的目标、原则、各方的权利和义务做了相对原则的规定,为各国共同面对气候变化、积极参与国际合作提供了一个基本框架。《公约》明确规定,根据共同但有区别的责任原则和各自能力原则,发达国家应率先采取行动应对气候变化及其不利影响,"将大气中温室气体浓度稳定在防止气候系统受到危险的人为干扰水平",并向发展中国家提供资金、转让技术和能力建设。《公约》承认发展中国家的优先目标是发展经济和消除贫困,为实现发展其能源消耗和由此产生的温室气体排放也将有合理的增长,因此发展中国家不需要承担约束性减排义务,但要在可持续发展框架内采取有利于应对气候变化的政策措施。发展中国家在多大程度上履行《公约》规定的义务取决于发达国家履行提供资金和转让技术义务的程度。

1997年12月,在日本京都召开的《联合国气候变化框架公约》缔约方第三次会议通过了旨在限制发达国家温室气体排放量以抑制全球变暖的《京都议定书》,为《公约》设立了具体的减排方案,是确保《公约》得以实施的重要法律文件。《京都议定书》为发达国家设立了从2008年到2012年第一承诺期量化的温室气体减排指标,对发展中国家则没有规定强制性的减排义务,仅重申它们在《公约》下已承担的义务。《京都议定书》还规定,发达国家在2012年后的第二承诺期及以后承诺期内进一步承担的具体减排指标应通过谈判确定,并为此确立了相应谈判机制。可见,《京都议定书》确定的是发达国家率先减排的长效机制,从《公约》到《京都议定书》,发达国家和发展中国家之间确立了减排责任分担的基本格局。《京都议定书》的成就毫无疑问，但在如何履约和落实发达国家责任上，却遭遇了困境，美国的退出给全球减排行动蒙上了阴影。

2007 年 12 月，在印度尼西亚巴厘岛举行的联合国气候变化大会标志着新一轮气候变化国际谈判的启动。会议的主要成果是制定了"巴厘路线图"（Bali Roadmap）。尽管它是《京都议定书》具体方案的落实，但是发达国家和发展中国家之间的分歧也更为凸显，按照"巴厘路线图"的要求，一方面，签署《京都议定书》的附件 I 国家要履行《京都议定书》的规定，承诺 2012 年以后的大幅度量化减排指标；另一方面，非附件 I 国家也应在《公约》下采取进一步应对气候变化的措施，并提出，《公约》的所有发达国家缔约方都要履行"可测量、可报告、可核实"的温室气体减排责任，这一规定实际上是将已经宣布退出《京都议定书》的美国纳入进来。

但接下来，被寄予厚望的哥本哈根气候大会最终没能达成一个"具有法律约束力的文件"，不论是公开宣布退出的美国，还是其他承诺减排的发达国家，都对发展中国家不需要承担确定的减排任务耿耿于怀，表现为继续承担更为严格的减排义务的意愿不足，在讨论发展中国家的减缓行动问题上，立场日趋强硬。

从 2010 年的坎昆会议到 2012 的德班会议，国际社会在落实"巴厘路线图"谈判方面取得了一些阶段性成果，坚持了"共同但有区别的责任原则"，增强了国际社会应对气候变化的信心，"低碳发展战略"的概念被正式接受。尽管各国承认经济及社会发展和消除贫困是发展中国家面临的首要和压倒一切的优先任务，并同意开展合作，但五大核心争议问题已经无法回避，即长期目标、减排承诺、适应措施、资金支持和技术转让。

各国在气候变化问题上的利益博弈，反映出各自从国家利益出发的不同考虑，国家间经济、地理和气候条件情况差异很大，对气候变化可能给本国带来的影响存在不同的认识，也不排除有的国家抱着"或许与我关系不大"的侥幸心理，对采取法律应对的必要性认识不足。

# 三 "不确定性" 与法律应对的必要性

国际气候谈判推进的基础，是科学界就气候变化的影响、适应和减缓方面的科学评估信息，这些信息是促成政治决策和体制机制安排的理由。在关于气候变暖结论之下，IPCC 的评估报告从来也不否认结论中存在"不确定性"，如在"关键的不确定性"部分中，报告指出：在一些区域，气候资料的覆盖率仍然有限。在有关观测到的自然系统和人工管理系统变化的资料和文献方面，还存在着显著的区域不平衡，特别是发展中国家明显缺乏资料和文献。① 对极端事件（包括干旱、热带气旋、极端温度、降水频率和强度）变化的分析和监测要比计算气候平均值更加困难，因为需要具有更高时空分辨率的更长的资料时间序列（报告中的不确定性包括但不限于前述情况）②。

何谓"不确定性"呢？不同的学科有不同的解释，从语言学看，不确定性是对确定性的否定，确定性指的是一种明确的、肯定的性质或状态；而不确定性是一种不明确、不确定的性质或状态。而从科学技术的角度来看，《英汉技术词典》对 uncertainty 的解释是：①不定（性，度，因素），易变，不可靠（性），不精确（性），误差，测不准；②不清楚，不确知，不确定（的事情），有疑问的事情。迄今为止的气候变化研究成果表明，人类活动对于环境造成的影响在危害性质、严重程度以及因果关系等方面还存在不确定性，但是对环境造成危害是确定无疑的，这种危害与不确定性并存，就是人类面临的环境风险。科学上的不确定性放到法律面前，就必须做出一个非此即彼的选择，法律作为调整人们行为的规范必须提供确定的指引，即指引出哪些行为是合法的，哪些是违法

---

① IPCC., Climate Change 2001: Mitigation Working Group III, WGI 1.4, SPM；WGII 1.3, SPM.

② Ibid., WGI 3.8, SPM.

的，哪些必须征得有关机关的同意。在气候变化的法律应对问题上，决策者们需要在"是"与"否"之间做出抉择。而风险预防可以作为为前述"不确定性"立法的指导思想和基本原则。

风险预防原则①最初是德国在20世纪60年代提出的，之后为一系列保护海洋的国际文件所采纳，关于这一原则最有代表性的阐述可追溯到《里约宣言》的原则15："为保护环境，各国应按照本国的能力广泛适用预防措施（即本文的风险防范措施）。在可能有严重或不可逆转损害的威胁时，不得以缺乏科学充分确实证据为理由，延迟采取符合成本效益的措施以防止环境恶化"。由此，各国不得用缺乏充分的科学确定性作为延迟采取减缓措施的理由。由于国际条约对风险防范原则规定的措辞都类似《里约宣言》原则15，因而在缺乏该原则同一的定义的情况下，常常将《里约宣言》原则作为一般的参考②，《公约》第3条出台也是以此为基础，强调："各缔约方应当采取预防措施（precautionary measures），预测、防止或尽量减少引起气候变化的原因，并缓解其不利影响。当存在造成严重或不可逆转的损害的威胁时，不应当以科学上没有完全的确定性为理由推迟采取这类措施，同时考虑到应付气候变化的政策和措施应当讲求成本效益，确保以尽可能最低的费用获得全球效益……"

这一阐述显然表达了一种"宁可信其有不可信其无"的思想，既然存在对人类生存环境不可预知的风险，就必须采取应对措施，何况环境遭受了影响和损害已是确定无疑的事实。或者可以更进一步，即使气候变化对人类生存环境的影响还有待进一步证实，但是节能、减排、降耗本身就是当前人类解决环境问题的不二选择。

笔者认为，气候变化是一个"真命题"抑或"伪命题"是一个科学问题，对此问题的研究还将继续深入发展。气候变化是否存在这一议题

---

① 国内学者对 precautionary measures 的翻译不一致：有的称之为风险预防原则；有的称之为预防原则；有的称之为警惕原则；还有的称之为预防和预警原则，参见唐双娥《环境法风险防范原则研究：法律与科学的对话》，高等教育出版社，2003，第136页。

② 唐双娥：《环境法风险防范原则研究：法律与科学的对话》，高等教育出版社，2003，第136页。

本身，并不影响我们探讨如何应对人类活动产生的越来越多的碳排放问题及节能减排问题。科学上的 "不确定性" 不能成为减缓采取应对气候变化措施的理由，未来环境资源、能源的法律制度建设和完善，在气候变化法律应对的层面，可能的环境风险将给人类生存造成巨大威胁，所以采取科学的措施减少这种不确定的环境风险确有必要。IPCC 第一工作组联合主席托马斯·斯托克（Thomas Stocker）指出："根据最低的情景模式，到本世纪末，与 1850 年 – 1900 年相比，全球地表平均温度将可能高于 1.5℃，而根据两个较高的排放情景，升温可能超过 2℃。随着气候变暖，高温热浪将变得更加频繁，且持续时间更长。湿润地区将有更多降水，而干旱地区的降水将变得更少。"[①] 这说明，在未来极端性天气事件的发生概率可能将进一步增加，而人类需要更多的应对措施来避免自己受到不利的影响。

从这个意义上来说，法律、政策制定者们无须过分纠结气候变化是 "真命题" 抑或 "伪命题"，只要已知的科学数据比较充分地证明了气候变暖，就要对此采取积极的应对措施。即使气候变化可能给人类社会带来的影响还存在不确定因素，但应对气候变化所采取的减少温室气体排放、节约能源等措施，有利于减缓人类活动对环境的影响，以当今世界环境和资源现状而言，无疑是极为必要的。

# The Uncertainty of Climate Change
## and the Choice of Law

Jiang Ming

**Abstract**：Although uncertainty does exist, previous researches showed climate change would bring about many risks and damages in our living environ-

---

[①] 《气候变暖事实更确凿与人类活动关系密切——气候专家解读 IPCC 第五次评估报告第一工作组报告》，《中国气象报》2013 年 10 月 7 日。

ment. Current positions of different countries in climate change legislation are diverse. Based on the Precautionary principle, we should take immediately actions to stop the threat to the living environment of human beings. Energy-saving, emission reduction and reducing consumption are inevitable measures to take.

**Keywords**: Climate change; Uncertainty; Precautionary principle

# 论重金属污染监管的困境与对策[*]

张敏纯[**]

**摘　要：** 为回应日益严峻的重金属污染形势，必须建立严格的重金属污染监管制度。而有效的监管制度必须回应重金属污染所具有的致害来源的多元、致害过程的不确定以及危害后果的不可逆等特性，将保障公众健康作为监管的首要目标，建立以风险管理为核心的管理体制，采取最严格的监管执法机制，同时强化信息公开和公众参与。

**关键词：** 重金属污染；法律监管；风险管理

## 一　引言

改革开放 30 多年来，得益于持续经济增长，我国创造了举世瞩目的经济成就。与此同时，环境承载力也达到或接近上限，尤其是环境污染对人体健康损害的后果已经进入集中爆发期，近年来发生的各种环境与健康事件即是一个明显的标志。"十一五"期间（2006～2010）发生的232 起较大（III 级以上）环境事件中，56 起为环境污染导致健康损害事

---

\* 基金项目：湖南省软科学研究项目"美丽湖南建设中的重金属污染风险防范与应急管理法律研究"（2014ZK3076）；湖南省社科基金基地项目"重金属污染风险的法律监管研究"（14JD02）。

\*\* 张敏纯，湖南岳阳人，长沙理工大学文法学院副教授，法学博士，主要从事民法、环境法研究。

件；37 起环境事件发展为群体性事件，涉及环境与健康问题的就有 19 起。陕西省凤翔县、河南省济源市和湖南省武冈市等 31 起重特大重金属污染事件，对群众健康和社会稳定都造成了严重威胁，在国内外产生了恶劣影响。[①] "十二五" 以来，由于国家采取了一系列重金属污染专项治理措施和高压态势，重金属污染事件有所下降，但形势依然严峻。在此背景下，法律作为社会利益的调整器和解决社会问题的最高规范，理应通过合理的制度配置和规则体系建立和维护符合生态规律和健康保障的社会关系。事实上，国家亦认识到以重金属污染为代表的环境污染对健康危害的特殊性和严峻性，启动了《国家环境与健康行动计划》及《国家环境保护 "十二五" 环境与健康工作规划》，并将《重金属污染综合防治 "十二五" 规划》作为首个 "十二五" 专项规划，部分省份亦出台了相应的应对方案。但这些应对尚未上升到法律层面，仍处于粗放型的试验阶段，具有很强的危机应对意味，因此，有必要尽快建立以风险管理为核心的重金属污染监管制度，以实现保障公众健康和建设生态文明的立法目的。

## 二 重金属污染致害的特殊机理和监管需求

环境重金属致害的来源涵盖了从重金属的开采、使用、消费和废弃的各个层面，即使是单一源头都可以独立造成大气、水、土壤等环境介质以及生物资源的污染，而单一介质的污染也可能来源于多个污染源，并且可能通过相加、协同、增强或独立等联合作用的形式产生综合毒性作用；而受体暴露于受重金属污染的环境中，通过呼吸、消化和/或接触等途径摄入毒性物质，然后通过长期的生物转运和蓄积作用，导致直接或间接危害。这一过程，使得重金属污染具有不同于一般侵害行为的特性。

---

① 《环境保护部关于印发〈国家环境保护 "十二五" 环境与健康工作规划〉的通知》，环发〔2011〕105 号。

### （一）致害来源的多元性

重金属污染主要来源于两个方面，一是自然源，通过如火山爆发、森林火灾等自然现象释放到环境中；二是非自然源，即由人工制造产生的环境重金属，这是造成重金属污染的主要来源，且涵盖了从矿产开采、冶炼加工、使用消费、废弃再利用等各个层面。根据布莱克史密斯研究所（Blacksmith Institute）及瑞士绿十字会两个非营利组织共同发布的《2012 全球最严重的环境问题》，全球约有 1.25 亿人暴露于有重金属质污染的环境中，其中最严重的十种污染源分别是铅蓄电池回收业、炼铅业、采矿和矿石加工业、制革业、工业及都市垃圾场、工业区、工艺黄金采矿、产品制造、化工生产和染料业。[①] 这些行业均是重金属污染的重要来源。

我国情况亦与此类似。依据环保部统计，"十一五"期间，我国共发生 232 起较大以上环境事件，从行业看，化学行业类、矿产及冶炼类企业的有重金属质排放量占总数的 83.6%；从污染物质看，危险化学品、重金属类、油类是较大以上环境事件的最常见污染物；其中，重金属污染引发的特大、重大环境事件最多，共 51 起（特大环境事件 3 起、重大环境事件 13 起、较大环境事件 35 起），其中 31 起含有健康损害问题，主要是有色金属矿产采选、冶炼、使用或回收企业排污，以及部分化工行业企业使用重金属含量超标生产原料所致，其中铅相关事件最多。[②]

以重金属铅为例。铅矿的开采、冶炼（矿产铅冶炼和再生铅冶炼），含铅产品加工生产（铅蓄电池、铅合金铸件模具和焊料、铅管和铅板及玻璃制造、油漆、涂料、颜料、彩釉、化学试剂等），含铅废品回收利用，以及其他有色金属冶金（由于矿藏的特点，其他有色金属行业均可能涉及铅污染）等行业都会排放铅。

---

① The World's Worst Pollution Problems: Assessing Health Risks at Hazardous Waste Sites, available at http://www.worstpolluted.org/files/FileUpload/files/2012%20WorstPolluted.pdf.

② 环境保护部科技标准司：《环境污染致健康损害案例特点与趋势 "十一五" 分析报告》（2011 年 8 月）。

## （二）致害过程的复杂性和不确定性

重金属污染致害将首先导致生态环境的损害，具体而言，主要是对作为环境构成要素的大气、水、土壤等造成污染，并进而对生活在其中的除人类以外的生物资源造成损害。如大气中的重金属污染主要来源于矿产开采过程中的"三尘"（烟尘、粉尘和扬尘）排放，运输过程中的无组织排放，冶炼厂、火电厂等产业过程中的废气排放，工业固体废物（如尾矿、矸石、废石等矿业固体废物）堆积造成的扬尘，以及日常生活中利用含重金属产品如汽油、油漆等废气等方面。水体重金属污染的来源更为广泛，污染程度也更为严重。除了开采、冶炼等产业活动排放的废水以及固体废物的渗漏之外，水体还会与大气、土壤等环境介质因迁移转化作用而发生交叉污染。如大气中的重金属颗粒会通过自然沉降和雨水冲刷落到水体中；土壤中重金属也会通过水土流失到地表水和海洋，或者沉积和渗透到地下水中。而土壤重金属污染来源更为复杂，也更为广泛，不仅面临着工业、农业和生活等一次污染源，还会因大气和水体中重金属的迁移转化而导致二次污染，这也就意味着，几乎所有的可能造成重金属污染的因素最终都会作用于土壤，且由于土壤的相对固化，不具有空气和水体的流动性，土壤重金属污染的持续性也将更为持久。

污染源向环境媒介排放毒性物质的过程并不仅仅是单向的。尽管单一媒介如大气重金属污染、水重金属污染等均可单一造成人群危害的发生，但更为复杂的情况是，这些受污染的媒介之间会发生复杂的迁移转化过程，不仅单一污染源可能造成不同环境介质的污染，而单一环境介质的污染也有可能来源于不同的污染源，从而造成交叉污染的出现。以土壤重金属污染为例，其既可能因为下游产品如铅蓄电池回收、冶炼加工过程中产生的工业固体废物如铬渣以及矿产开采中的尾矿等固体废物所污染，也可能因为大气中重金属的沉降所造成，还可能因为水体灌溉、渗漏等因素造成；反之，土壤重金属污染又会通过风力作用产生大气扬尘，通过水土流失、渗漏等造成地表水和地下水污染，并可能造成吸收、接触等造成生物介质的污染，最终危害人群健康。

### （三）危害后果的潜伏性和不可逆性

除了在少数情形下大量重金属短时间内进入机体所导致的急性危害外，绝大部分重金属污染往往是徐徐缓缓、经年累积并经多重孕育始告形成。排放源所排出的污染物质，往往并非有足够的分量一次造成他人损害，而是多次排放后累计的分量，甚至于是多个加害人所排放的物质综合作用累积而造成。以铅污染为例。铅是一种不可降解的环境污染物，在环境中可长期蓄积，而土壤就是自然界中铅的最大储存库。大气、水体中的铅最终都会转移到土壤中，与其他重金属相比，铅的迁移性较差，进入土壤中的铅绝大部分将残留于表层土壤中。土壤中铅的化学形态以稳定的结合形态存在，可交换态和碳酸盐结合态的铅仅为6%，含量基本不变，环境稳定性较高；总铅量随土壤深度的增加而减少。环境中的铅通过摄取的空气、水、食物和其他非食物性接触，主要经消化道、呼吸道进入人体，并在人体产生富集，经过长期作用，产生各种急慢性疾病。短期摄入镉超标食品伤害并不会立即显现，由于进入到人体的镉生物学半衰期长达10~30年，在这期间，摄入的镉将主要在肝、肾部积累，经过数年甚至数十年慢性积累后，人体才会出现显著的镉中毒症状。①

重金属通过不同途径和方式与机体接触后，一般可经过吸收、分布、代谢和排泄过程。毒性物质被机体吸收后进入血液，通过血液循环分布到全身各组织器官，在组织细胞内发生化学结构和性质的变化，形成代谢物。毒性物质本身及其代谢产物或贮存在体内或通过不同途径从体内排出。化学物的吸收、分布和排泄具有类似的机理，均是反复通过生物膜的过程，统称为生物转运（biotransport）。毒性物质在组织细胞中发生的结构和性质的变化过程，称为生物转化（biotransformation）或代谢转

---

① 《镉污染：稻米中的潜在杀手》，http://news.163.com/11/0216/14/6T17RJFU00014JHT.html。

化（metabolic transformation）。① 对处在食物链末端的人来说，危害尤甚。因为重金属损害机体器官往往是终生、不可逆的，且毒性物质在动物和人体内都有富集效应，很难自然排出或彻底去除。仍以镉污染为例，由水源或食物等引起的镉中毒多为慢性发作，它会引起消化道黏膜的刺激，出现恶心、呕吐、腹泻、腹痛、抽搐等症状，这种经消化道吸收引起的镉慢性中毒最容易损伤人的肾、脾、肝脏等器官，还会引发贫血、生殖功能下降等问题。长期摄入受到镉污染的食品，会造成镉在体内蓄积，导致骨软化症，周身疼痛，被称为"痛痛病"。镉本身也是致癌物之一，能引起肺、前列腺和睾丸的恶性肿瘤。1997 年以来，美国重金属及疾病管理局一直将镉列为第 6 位危害人体健康的有重金属质。

重金属污染的致害机理及特性表明，从企业排污到造成人体健康损害，经过了复杂的物理、化学、生物学过程。从法律的角度看，这个过程涉及的广泛而复杂的社会关系和利益主体，其制度设计以及运行机制都必须实现"全覆盖"：第一，保障人体健康理应成为中国环境保护立法的最高价值，这种价值追求要贯穿于所有法律中、落实到制度安排上；第二，建立以风险管理为核心的重金属污染监管制度，防范重金属污染造成不可逆的健康损害；第三，落实公众参与机制，发挥公众在重金属污染监管中的监督作用。遗憾的是，从我国目前重金属污染监管的运行现状来看，现有法律制度尚未能有效回应重金属污染的上述特性，从而导致重金属污染领域的"监管缺位"与"法律失语"，重金属污染的严峻形势迟迟难以得到根本扭转。

## 三　我国重金属污染法律监管的问题与困境

根据重金属污染的形成机理及其特性，以理想的重金属污染监管模式为参照来检视我国相关法律制度，不难发现，我国现行重金属污染监

---

① 孟紫强主编《环境毒理学》，中国环境科学出版社，2000，第 10 页。

管制度主要存在以下问题。

## （一）重金属污染监管尚未确立保障公众健康的根本目的

尽管《环境保护法》等立法在立法目的中写入了"保障人体健康"，但其落脚点在于促进"社会主义现代化建设的发展"或"经济和社会全面协调可持续发展"，并未确立人体健康保障的优先地位。有些主要立法，如《水污染防治法》《环境影响评价法》甚至未将"保障人体健康"作为立法目的。保障公众健康的优先价值缺失，导致环境立法的整体缺乏"以人为本"取向，直接后果是没有建立环境与健康管理的体制机制，环境决策与健康保障相分离，在制度设计中呈现为以污染物排放标准监管为核心的企业排污管理制度体系，健康风险被排除在环境保护的考量之外。"污染 GDP"、"疾病 GDP"的出现，法律制度安排也有一份"贡献"。

保障公众健康理念的缺失直接影响到环境健康管理机制的构建，无论是本应作为人体健康"守护神"的环境标准和环境影响评价，还是作为实现人体健康保障手段的环境监管制度，均未有效贯穿人体健康保障的理念。目前已有的"保障人体健康"的法律条文大多为宣示性规定，缺乏具体的制度安排。其他法规、规章及标准中虽然有"保障人体健康或公众健康"的内容，也都比较笼统，缺乏可操作性，并分散在公共卫生、食品卫生、药品管理和劳动环境保护等不同性质的法律、法规之中。

## （二）重金属污染标准体系建设滞后

截至"十一五"末期，我国累计发布环境保护标准 1494 项，其中现行标准 1312 项，包括国家环境质量标准 14 项，国家污染物排放标准 138 项，环境监测规范 705 项，管理规范类标准 437 项，环境基础类标准 18 项。同时，我国还制定了与健康有关的多项环境卫生标准，主要有生活饮用水卫生标准、环境空气卫生标准、公共场所卫生标准、村镇卫生标准、卫生防护距离标准等。但是，在重金属污染监管过程中，标准建设仍严重滞后，不能为法律监管提供有效的支撑。

一是标准存在空白。以空气质量标准为例。环境空气质量标准规定的污染物分为两类，一类是普遍存在的污染物，即所有人群都暴露到的污染物，主要为 $SO_2$、$CO$、$NO_2$、$O_3$、PM10、PM2.5、TSP；另一类是有毒有害污染物，如 Pb、B［a］P、$C_6H_6$ 等。有毒有害污染物主要来自局地排放源，往往对于污染源附近人群造成健康影响。除 Pb 被作为普遍暴露的污染物外，其他重金属污染多被作为局地污染物，更适宜制定地方标准。而我国目前国家排放标准和地方排放标准存在严重不平衡，即国家制定的排放标准相对较多，地方制定的排放标准相对较少，根本满足不了各地因经济技术条件和环境管理水平不同对排污要求不同的需要。

二是"有标准、无监测"。现行环境与健康监测体制仅是环境监测与卫生监测的简单集合，尚未进行有机整合。常规的环境监测并未覆盖全部污染物，与人体健康关系密切的重金属、有机污染物等指标的监测过去基本没有纳入监测范围；以疾病为中心的卫生监测不能及时揭示健康风险及环境疾病负担。而且，在环境监测与卫生监测分立的状况下，监测指标之间不衔接、监测环节不对接、监测结果不共享。

### （三）现行重金属污染监管体制难以有效运行

我国于 2007 年，国务院批准了原国家环保总局与原卫生部联合 16 个部委局共同制定的《国家环境与健康行动计划（2007－2015）》，开始构建我国的环境与健康管理体制。但其局限也非常明显。

一是横向层面的管理体制没有实现综合管理。由于影响人群健康的环境因素呈现出多介质污染（室内外空气、地表地下水、土壤）、多途径（呼吸、饮食、皮肤暴露）、多种污染物（重金属污染、有害化工品污染等）、复杂健康风险的特征，这决定我国环境健康工作领域必定是一个多部门共同承担的综合治理工作。2007 年 11 月，国务院 18 个部委局共同签署了《国家环境与健康行动计划（2007－2015）》，从总体上建立了环保部、卫生部与其他 16 个部委局协同管理的工作机制，无疑是我国环境与健康监管工作的巨大进展。但环境与健康工作领导小组仍然是两个部门牵头下多部门的联合，领导小组办公室也是两个部门的联合，从表面上看，将主管公众健康和主管环境保护的两个部门作为牵头，并囊括了可能与环境健康工作关联的相关部门，能够破解"环保管污染，卫生管癌症"的管理体制断裂现象。但从实践来看，明显存在着有牵头无统筹、有分工无责任、有信息无共享的悖论，且仅在 2009 年末和 2011 年末各召开一次会议，难以形成环境与健康的常态化监管制度。在此背景下，这种协作体制既会囿于监管权限、资源的有限不具有提升环境与健康监管工作的能力，也会因健康效益难以纳入现行政绩考评机制内缺乏动力，还会因法律责任的定位不明而形不成加强环境与健康监管工作的压力。

二是纵向层面的管理体制难以落实综合管理。《国家环境与健康行动计划（2007－2015）》主要是明确环境与健康的横向体制，对于纵向体制的设置并未提及。缺少相应的纵向的体制安排，使得环境与健康工作在地方层面难以落实，基层工作举步维艰。多数省份并未建立相应的管理体制。即便已经发布了省级"环境与健康行动计划"或建立了"环保和卫生部门协作机制"的省份，实际工作中这些"计划"和"机制"也没有起到应有的作用，环境健康监管工作也没有按照"环境与健康行动计划"和"协作机制"的预定目标在统筹的环境与健康平台上有效运作，依然停留在传统体制的范畴之内。总体而言，地方政府及其相关机构在环境与健康工作中处于被动地位，即只能被动地落实国家制定的方针政策，而无地方性的工作方案，难以有效应对特定地区和特定时期的环境与健康问题，在其他社会事业管理（如流动人口管理）中常常由地方先行管理体制改革试点的情况在环境与健康管理中从未出现甚至从未在文件中出现。尤其是对于县级基层政府而言，在诸多需要跨部门协同的工作领域中，目前尚无任何成文的合作形式。县政府在环境与健康管理中的主要工作方法是实行综合治理行动、通过县领导的"人治"以及各部门领导之间的人脉来协同各方面的关系。

# 四 完善我国重金属污染监管的对策与建议

## (一) 确立保障公众健康的优先地位

以人为本是科学发展观的核心立场，经济社会发展的最终目标也是保障人的生存和发展，而健康作为人全面发展的基础，应成为重金属污染监管的核心追求。不同的法律肩负着不同的使命，环境法律的使命就是保护人体健康，而促进经济发展的目的完全可以由另外的法律担当。

从 2014 年新修改的《环境保护法》来看，保障公众健康的理念和制度安排得到了一定程度的强化，不仅在立法目的中明确宣示要 "保障公众健康" (第 1 条)，还鼓励开展环境基准研究 (第 15 条)，要求建立监测数据共享机制 (第 17 条) 以及公共监测预警机制 (第 47 条) 等，尤为值得关注的是，该法在第 39 条明确规定 "国家建立、健全环境与健康监测、调查和风险评估制度；鼓励和组织开展环境质量对公众健康影响的研究，采取措施预防和控制与环境污染有关的疾病"，首次从立法层面确立了环境与健康工作的地位。这就要求，对于重金属污染此等危害人民群众健康突出的污染类型，必须加强监管执法，采取最严格的法律制度加以应对。同时，鉴于新《环境保护法》是环境保护领域的基础性、综合性法律，主要规定环境保护的基本原则和基本制度，解决共性问题，不可能对环境与健康问题进行面面俱到的规定，而其他单行法律又无法对环境与健康问题进行周延的应对，这就要求出台专门的法律法规，对环境与健康问题的特殊制度进行具体规定，从而为环境与健康工作提供法律依据。若无专门立法对第 39 条进行细化，对环境与健康进行 "顶层设计"，环境与健康工作仍无法有效开展。

## (二) 建立重金属污染风险管理体制

从环境监管的目标导向来看，环境监管通常有三种模式，分别以环境污染控制、环境质量改善和环境风险防控为目标导向。这三种模式代表了不同的发展时期和管理水平，由经济发展所处阶段、公众环境意识及参与程度、环境保护需求、环境管理目标侧重等多种因素综合决定。对于以重金属污染为代表的环境污染而言，其所具有的潜伏性与不可逆性等特征，决定了法律监管必须树立风险管理与全过程控制的理念，从各个环节完善法律法规，防止现在的污染再造成今后的危害，从而实现保障人体健康的目标。例如，鉴于铅对儿童神经发育的损害和智力损伤是不可逆的，早期预警铅中毒，避免铅污染健康损害，有利于保护儿童健康。

2012 年第二次全国环保科技大会首次提出，要从以污染控制为导向的管理模式向以环境质量改善为导向的环境管理战略转型。这一转型，首先应从环境健康风险突出的领域着手。对此，《国家环境保护"十二五"环境与健康工作规划》明确指出风险管理应当成为环境与健康工作的核心任务，并阐释了将风险管理作为核心任务的理由：环境与健康问题影响因素多，从环境与健康发展历史看，类似于日本水俣病这样具有清晰因果关系的案例在现实中是少之又少，多数情形是环境污染与健康的关系并不清楚。鉴于环境污染对健康影响具有暴露水平低、潜伏期长、影响因素多、因果关系确定难等特点，环保部门应以加强环境与健康风险管理为工作重点，以努力将污染物健康风险控制在可接受水平为目标。

### （三）建立最严格的重金属污染监管执法机制

2011 年以来，鉴于日益严峻的重金属污染形势，我国逐渐在重金属污染上采取一些严格的执法措施，主要包括：（1）推动重金属污染物强制减排。《重金属污染综合防治"十二五"规划》明确提出到 2015 年，重点区域重点重金属污染物排放量比 2007 年减少 15%，非重点区域重点重金属污染物排放量不超过 2007 年水平。在此基础上，2012 年，环保部印发了《重金属污染综合防治"十二五"规划实施考核办法》及《重点重金属污染物排放量指标考核细则》。（2）强化重金属污染相关标准。新《环境空气质量标准》（GB 3095 - 2012）提高了空气铅标准，并提出了重金属镉、汞、砷、六价铬的参考浓度限值，供各省人民政府制定重金属地方环境空气质量标准参照。（3）加强重金属污染监测。环保部印发了《关于加强重金属污染环境监测工作的意见》，重点对不同情形下重金属污染物排放标准的适用做出了规定。（4）提高涉重金属产业准入门槛，淘汰落后产能。（5）建立重金属污染责任终身追究制。对于发生重大重金属污染以及由重金属污染引发群体性事件的地区，环保部将对该区域所在地级市实行区域限批，暂停该市所有建设项目的环评审批。（6）探索重金属污染防治市场机制。环保部与保监会联合印发了《关于开展环境污染强制责任保险试点工作的指导意见》，指导各地在涉重金属企业和石油化工等高环境风险行业推进环境污染强制责任保险试点。这些措施，仍需进一步制度化、规范化。

### （四）完善信息公开和公众参与机制

重金属污染涉及的利益群体多元，单纯依赖政府是不可能的，在建立环境与健康协同管理体制的同时，还必须完善公众参与制度，建立多元主体参与的整合治理机制。其原因在于，风险决策本质上是由政治、科技等专家系统代替公众决定是否接受特定风险的过程，因而必须回应公众对风险的认知和需求，促进风险沟通。这不仅要求从法律上确立公民环境权，为公民请求国家履行环境保护义务以及在环境事务上获得信息、参与决策和诉诸司法提供权利依据，更重要的是推进环境信息公开和公众有效参与，强调多元利益的纳入，多方利害关系人的参与，政府与公众的沟通，保证风险评价到风险控制每个阶段的透明度；同时力促通过诉讼尤其是公益诉讼推动环境公共政策形成，为公众提供体制内的参与管道，防止公众诉求无门走上街头，演变成严重的群体性事件。

# Regulation of Heavy Metal Pollutions：
# Dilemmas and Responses

Zhang Minchun

**Abstract**：Strict institutions should be established in order to solve the severe heavy metal pollutions. However, valid regulations must response to the special characteristics of this type of pollution, which include the multi sources, uncertain pathways and irreversible damages. Thus, to protect the human beings health should be the first aim of the regulation, based on this aim, risk management system and the most strict regulate mechanisms should be established, information disclosure and public participation should be strengthened as well.

**Keywords**：Heavy metal pollutions；Legal regulation；Risk management

# 公共利益视角下环保技术
# 强制许可制度研究<sup>*</sup>

吴　勇　文薇娜<sup>**</sup>

**摘　要：**环保技术是旨在保护环境的可持续发展技术。因气候变化问题的全球性、环保技术的公共物品属性以及共同但有区别的责任原则，强制许可制度的存在有利于其向发展中国家的转让和使用。但是环保技术强制许可制度同样也存在着不少问题，如难以适用、可能导致经济反弹、不利于环保技术的创新和实施，以及促进技术传播和使用的初衷难以实现，等等。尽管环保技术强制许可制度确实存在这些问题，但是可以通过完善环保技术强制许可制度和建立新的知识产权制度加以解决。因此，环保技术强制许可制度是治理气候变化、保护公共利益的合理手段。

**关键词：**环保技术；强制许可；公共利益

随着全球环境问题的日益严重，世界各国面临着一项共同挑战，所有国家，无论发达与否，都受气候变化的影响。在这一背景下，环保技术的应用与发展被认为是有效治理全球气候变化难题的根本手段。然而，目前先进的环保技术大多掌握在发达国家和跨国企业手中，而迫切需要

---

\* 基金项目：教育部人文社科研究项目"气候变化技术的知识产权问题研究"（项目编号：10YJA820110）。

\*\* 吴勇，湖南湘潭人，湘潭大学法学院教授，法学博士，主要从事环境法研究；文薇娜，湘潭大学法学院环境与资源保护法学专业硕士研究生。

环保技术的发展中国家和最不发达国家只拥有少量的技术，因而在解决温室气体排放问题时未免捉襟见肘。环保技术的转让是解决技术分布不均的基础和关键，但是拥有众多环保技术的发达国家非常重视知识产权的保护。虽然知识产权制度可以对创造者进行制度性的经济奖励，在一定程度上激励和促进环保技术的研发与创新，但是，发达国家出于各种理由，不愿意转让环保技术，即使愿意，也需要引入国家支付费用，而该费用对技术依赖型国家来说非常昂贵，大多数国家或公司无力承担，这使得环保技术的转让更加难以顺利实现。环保技术的强制许可制度不失为一种可行的促进环保技术转让的方式。

# 一　环保技术的强制许可制度

目前，环保技术的定义还没有达成一致，最常用的是基于 1992 年联合国环境与发展会议通过的 21 世纪议程，其第 34 章将环保技术定义为：保护环境；不污染；以更加可持续的方式利用资源；回收更多的废物和产品；适用比技术替代更加可接受的方式处理残余废物等技术。[①]也就是说，环保技术是为了保护环境的一种可持续发展技术，对于缓解气候变化等环境问题有重大意义，通常还被称为绿色技术、环境无害技术、气候友好型技术等等。环保技术作为一项专利受到知识产权的保护，因而不能随意转让，而环保技术是治理气候变化的根本手段，为了缓解和适应气候变化，环保技术的推广适用非常必要。因此，克服知识产权制度的障碍需要相关措施促进环保技术的传播，而强制许可就是其中一种。

所谓强制许可，是指政府根据具体情况，可以不经专利权人的同意，甚至违背专利权人的意志，通过行政申请程序直接允许申请者实施专利

---

① Agenda 21, Ch. 34: "Transfer of Environmentally Sound Technology, Cooperation & Capacity-Building," http://www.un.org/esa/dsd/agenda21/res_agenda 21_34. shtml.

技术，也称非自愿许可。① 强制许可的授予对象可以是政府也可以是第三方。目前，强制许可制度已经存在于国际条约和很多国家的国内法中，但是由于各国社会环境、法律状况的不同，专利强制许可制度内容也有些差异。其主要包括关于公共健康的强制许可、防止权利滥用的强制许可、依存专利的强制许可，以及公共利益需要的强制许可等。

在 TRIPS 协议中也有强制许可的相关规定。首先，在第 8 条"原则"中，授权了"各成员可采用对保护公共健康和营养，促进对其社会经济和技术发展至关重要部门的公共利益所必需的措施"。该规定中的措施不排除强制许可，因此可以说是其法律依据之一。其次，协议第二段的第 27 条允许世界贸易组织成员因保护公众利益和社会道德，包括避免严重损害环境而阻止专利权的使用。虽然这个条款是关于专利性的要求而不是强制性许可，但是它可以用来支持这样一个观点，即忽视绿色技术的专利权对于避免严重的环境损害问题是必要的。② 再次，TRIPS 协议还指出签发强制许可要满足一些条件。通常来说，许可证需求者首先应该向专利权人申请他们的自愿许可，在不成功的情况下才能申请强制许可。一旦获得强制许可，许可证持有者应该向专利权人给予适当的补偿。③ 然而，在出现"国家紧急状态、其他极端情势或者公共非商业用途情况下"，不需要经过先向专利权人申请自愿许可，政府可以直接立即签发强制许可。

环保技术强制许可是指为了实现环境保护和治理气候变化的公共利益，政府可以不经专利权人的同意，经第三方申请而授予其实施某项环保技术的权利的行为。环保技术能适用强制许可制度没有争议的理由是"公共利益"所必需。虽然在 TRIPS 协议中没有专门提及环保技术的强制

---

① 刘磊：《低碳技术推广与专利保护的博弈：谈低碳技术专利权人应对技术推广压力的策略》，《知识产权》2010 第 6 期。

② Robert Fair, "Does Climate Change Justify Compulsory Licensing of Green Technology," *International Law & Management Review*, Volume (6)：31。

③ TRIPS, Artical. 31："Other Use Without Authorization of the Right Holder," http://wenku. baidu. com/view/292a670116fc700abb68fc11. html。

许可，但是从上述 TRIPS 协议中的规定中可以看出，其并不排除绿色技术领域适用强制许可制度；加上环保技术具有治理气候变化的功能，可以将其归入上述规定中的"公共利益"。2001 年的多哈宣言更是进一步鼓励国家使用强制许可，宣言强调"每个成员都有权利授予强制许可并且有自由决定该片土地上何种强制许可被授权"。除了国际条约上的规定，在国际谈判中，很多国家也都支持强制许可制度适用于环保技术，如《联合国气候变化框架公约》缔约方大会中，很多国家认为，可将强制许可的范围扩大至气候友好型技术领域；世界知识产权组织也认为，强制许可制度在一定情况下可适用于应对气候变化对技术的需要。①

## 二　实施环保技术强制许可的必要性——从保护公共利益出发

作为缓解和治理气候变化的手段，环保技术具有公共物品的属性，代表着公共利益；而作为专利技术，环保技术又是实现专利所有者个人利益的工具。任何制度的构建都应该考虑公益与私益的平衡，必要时候，为了公共利益的保护可以牺牲个人利益。

在环保技术领域，尤其需要注重公共利益。这是因为气候变化问题已经成为影响全人类，甚至地球上每一个生命体生存和发展的不可忽视的问题。气候变化带来的影响是全方位的，没有国界之分。无论是发达国家还是发展中国家都无法回避由气候变化带来的极端天气、旱涝灾害、空气污染、疾病频发等负面影响。而这些负面影响一旦发生，就很难逆转，且难以完全修复。从长期来看，不仅会造成经济问题，还会产生全球环境危机、人类生存困难甚至灭亡的可能。保护环境、治理气候变化带来的影响，是保护全人类公共利益的体现。当然，完全只考虑公共利益也是不可行的。人都是理性和趋利性的，当没有利益可图时，大多会

---

① 转引自吴勇《建立因应气候变化技术转让的国际知识产权制度》，《湘潭大学学报》（哲学社会科学版）2013 年第 3 期，第 39 页。

选择投身其他领域而不会选择研发环保技术，因而完全忽视私益也达不到治理气候变化的目的。因此，知识产权制度应该在公益与私益之间寻求平衡，兼顾知识产权所有人和社会公众双方利益，只有在对利益平衡目标的不断追求中，才能实现对社会资源最合理的配置。而基于环保技术公共物品的属性，特别需要注重保护其公共利益。

然而，知识产权制度使发展中国家在获取绿色技术时面临着极大的障碍。这种现状的存在有其自身的原因，首先，绿色技术开发难度大，且需要的资金巨大，而发展中国家更多的是关心如何实现经济的增长，很少有资金可以投入到高成本的绿色技术上；其次，大多数的绿色技术都处于发达国家的知识产权制度的保护下，而发达国家为了保护其专利权人和本国的技术地位，特别是为了向发展中国家出售绿色技术，并垄断其后续市场从而获取巨大的经济利益，都不愿意提供技术给发展中国家。因此，为了更好地治理环境问题，保证公共利益的实现，发达国家和国际社会应当根据发展中国的处境，允许环保技术领域存在强制许可制度，以帮助发展中国家改善环境。帮助发展中国家其实也是在保护个体私益，因为环境问题无国界，一个区域的环境改善，也是全球环境的改善，并最终会改善个体所处的环境。因此，公共利益的保护也是从更大范围上保护个人利益。因此，在环保设计领域非常有必要实行强制许可制度。

除此之外，共同但有区别的责任原则也是环保技术强制许可实施的理由之一。发达国家温室气体排放量占全球排放量的70%，而我们无法把70%的气候影响控制在发达国家的领域内。发达国家在发展初期也是最大化地追求经济的发展而忽视环境的保护，其在历史上造成的环境问题和当前的环境影响，需要其承担更多的环境保护的责任。而且发达国家通过向发展中国家或最不发达国家转移污染企业的方式来履行其国际上的减排义务，造成后者更严重的气候变化问题，这也是发达国家被要求承担更多减排责任的理由之一。在全球化时代，积极采用各种环保技术应对气候变化危机是当务之急，虽然发达国家一直也承诺要对发展中国家的减排予以资金、技术的援助，但缺乏可靠的制度保证及义务履行督促措施，发达国家提供资金、技术的许诺一直无法实现，从而使得发达国家在转移环保技术方面缺乏诚意，发展中国家对践行减排有心无力。如果关乎一部分人群的健康问题能够让各国达成药品专利强制实施许可的共识，那么关乎每个生命体的气候问题就更应该成为各国共同行动的基础。因此，以专利强制许可制度推进环保技术的国际转让是非常必要的。

# 三　实施环保技术强制许可的质疑

知识产权是一项非常复杂的制度，其既有利于环保技术的研发与传播，同时也会在一定程度上阻碍环保技术的转让。因此，对环保技术强制许可制度，既有支持的观点，同样也存在质疑。

## （一）强制许可难以适用

即使环保技术被授予强制许可，也很难确定究竟什么"绿色技术"适用该许可。发达国家为了保护其知识产权，会最大限度地缩小环保技术的范围，进而减少强制许可制度的适用；相反，发展中国家或最不发达国家则会最大化地定义环保技术，以期尽量低成本地获取环保技术。因此，环保技术在适用强制许可的范围上的分歧会导致该制度难以适用。另外，国际条约以及相关法律文件都没有明确提出环保技术适用强制许可的规定，而仅仅是在"公共利益"这一事由中隐含着环保技术适用强制许可的要求，而"公共利益"的范围很广，又不明确，因而操作性不强。各利益主体为了保护各自的利益，通常会以对自己有利的方式进行解释，赋予知识产权局过大的自由裁量权，不利于环保技术强制许可制度的实施。

## （二）强制许可会造成经济反弹

削弱知识产权保护对环保技术转让的阻碍，允许环保技术领域存在强制许可制度，可能会在国际上造成经济上的反弹。①

第一，可能遭受单边贸易制裁。虽然一个国家在遵守 TRIPS 协议的基础上签发一项特定的强制许可，可以从世界贸易组织争端解决机构获得豁免，但是仍然可能会受到单边贸易制裁。例如，当泰国批准了治疗艾滋病药物匹洛那伟的强制许可后，美国将泰国列入"重点观察名单"中，该"重点观察名单"是对其中的国家加大单边制裁可能性的一个指示。同样的，在 2005 年，布什政府警告巴西，如果其继续对治疗艾滋病药物的强制许可的发行进行施压，那么它将受到美国政府的制裁。②

第二，可能引起私人反抗。因强制许可的发行，潜在的经济反弹并不仅仅受政府举措的影响，同样也可能会因私人的反抗而发生。当某个国家对专利所有者的专利药物颁发一项强制许可时，专利所有者很可能会采取报复措施，如从该国家的市场中移除其他的药物。这样的例子很多。在泰国，匹洛那伟药物的专利所有人雅培公司为了对抗泰国政府的强制许可行为，宣称它将不再在泰国出售一些最新产品，这其中包括一种将在局部地区得到显著效果的治疗艾滋病的药物。类似的情况还曾在埃及出现过，在 2002 年，当埃及政府授予了当地公司生产"伟哥"的强制许可后，该药物的专利所有者辉瑞公司对此表示了强烈的不满，取消了在埃及建立一个最先进的生产设备的计划。③ 制药公司的上述举措并没有违反任何国际的或者国内的法律，选择在哪国或何地出售商品是其自由，而这些对抗措施造成的经济和社会影响比颁发强制许可节约的成本更大。因此，通过颁发强制许可来减轻发展中国家引进环保技术的成本的目的很难实现。

---

① Robert Fair, "Does Climate Change Justify Compulsory Licensing of Green Technology," *International Law & Management Review*, Volume (6): 33.

② Robert Fair, "Does Climate Change Justify Compulsory Licensing of Green Technology," *International Law & Management Review*, Volume (6): 34.

③ Robert Fair, "Does Climate Change Justify Compulsory Licensing of Green Technology," *International Law & Management Review*, Volume (6): 34.

### （三）强制许可不利于环保技术的研发和创新

环保技术在研发阶段需要大量的资金和时间，而且面临失败的高风险，强大的知识产权保护制度是吸引和刺激环保技术研发创新的动力。强制许可的存在，导致专利所有者的经济利益大量减少，使其预期利益得到不到保障和实现，这势必会降低他们的生产和创新积极性，同时，强制许可会削弱政府或其他公司对其研发、创新环保技术的投资，即上述第一点质疑。尽管在短期内强制许可会促进环保技术的使用和传播，但从长期来看会减少环保技术研发和创新的投资和积极性，反而不利于环保技术的使用和传播。

### （四）环保技术的特性使得强制许可制度的初衷难以实现

环保技术强制许可制度设置的初衷是促进绿色技术的传播和实施。但是绿色技术能否得到很好的实施客观上取决于当地有关产品和技术市场的成熟度。因为环保技术是资本和劳动密集型产业，目前主要集中在美国、欧盟等国家且它们长期处于垄断地位，任何其他国家或公司想要加入进来都异常困难，环保技术的使用不仅需要强大的制造、创新能力，还需要充分有效的市场结构。如果这些都不具备，即使法律规定发展中国家能够通过强制许可获取环保技术，但是由于不能生产、制造，其初衷也很难实现。另外，环保技术与药物不同，它不是一个独立的产品而是成批的产品，环保技术通常是组成综合各种要素的大宗产品或运行单元的一个组成部分，如果只能获取其中某项或某几项技术，不能充分生产或复制大宗产品或运行单元，环保技术的转让也不可能产生缓解气候变化的结果。

## 四　环保技术强制许可制度的<br>完善以及配套机制

尽管上述对环保技术强制许可制度的质疑不是毫无道理，但仍是有办法加以解决的。其解决途径一方面是完善强制许可制度本身；另一方面，配套实施应对气候变化的知识产权新机制。

### （一）完善环保技术强制许可制度

首先，针对环保技术范围上的分歧，可以将其类型化。可以考虑将环保技术分为一般技术、涉及人类利益的基础技术和核心技术。其中涉及人类利益的基础技术、发展中国家迫切需要的气候技术允许一定灵活性的强制许可，而最不发达国家应不受用于适应和缓解气候变化相关技术的专利保护的制约。① TRIPS 协议第 66 条第 2 款也规定了"发达国家成员给其本国企业和机构提供奖励，以此鼓励其向最不发达国家转让技术"的内容，最不发达国家不受专利保护的制约，由此给专利权人造成的经济损失，由专利权人所在的发达国家给予其补助或奖励。2003 年，由于最不发达国家反复批评发达国家滥用或不充分利用上述条款的规定，TRIPS 协议理事会做出了实施该条款的决议。该决议明确要求发达国家成员"从 2003 年后期开始，每三年提交一次履行第 66 条第 2 款活动的完整报告，并且在这三年期间每年都要更新信息"。尽管发达国家在实践中没有很好地履行自己的义务，但是这表明了国际谈判的努力，是推动应对气候变化的环保技术强制许可的一种保障。

其次，解决环保技术强制许可制度操作性不强的问题，一方面，在国际法层面，积极将环保技术明确纳入国际协议中；另一方面，在国内法层面，明确将环保技术纳入强制许可制度的适用范围。

上述是对环保技术强制许可制度的基本要求，细节上仍然需对该制度进行改良。首先，应该明确强制许可的对象是发展中国家和最不发达国家。该制度创设之初的目的就是解决贫穷国家（包括经济上贫穷和技术上贫穷）获取环保技术困难的问题，尽管现在一些发展中国家开始发展起来，并且掌握了某些领域的先进技术，但是与发达国家相比还存在

---

① 吴勇：《建立因应气候变化技术转让的国际知识产权制度》，《湘潭大学学报》（哲学社会科学版）2013 年第 3 期，第 39 页。

很大差距，因此发展中国家仍然属于急需环保技术入口的一类；最不发达国家就更不用说了。其次，明确该制度的权利义务关系。技术输出国应该尽可能与技术需求国达成协议，主动将其先进的环保技术转让出去，实在难以达成协议的，则在适用强制许可时不得恶意阻挠；而技术需求国在引进某项环保技术时应该支付相应合理的对价，并且不得再转让。

### （二）建立应对气候变化的知识产权新机制

斯特恩报告指出："气候变化是目前世界上最大的市场失灵……稳定气候的成本是重大的但也是可控的；而耽搁将会很危险，而且成本更大……应对气候变化的行动是所有国家都必需的，也不需要限制富裕国家或贫穷国家发展的渴望……低碳技术大范围的开发和部署对实现大幅减排是至关重要的……有证据表明，一种更强制的知识产权制度鼓励这样的转移。"① 更强制的知识产权制度就是指为了应对气候变化而建立的有别于现行知识产权制度的新型制度，是与强制许可配套实施的一系列制度。

#### 1. 环保技术专利发展基金制度

环保技术专利发展基金制度既包括联合国气候变化大会所讨论的多边技术获取基金机制，也包括其他国际性的旨在促进环保技术转让和应用的基金制度，还包括各国内部出现的旨在为环保技术创新与应用提供资金支持的各类机制。

在联合国气候变化大会上建立了基金制度，该制度的目的是解决绿色技术在实践中面临的高额转让和许可费的问题。资金来源于发达国家的财政公共资金，主要用来支持发展中国家的技术开发和发达国家对发展中国家技术转让所需资金。该基金制度主要包括事后补贴制度和直接购买制度。事后补贴是指对发展中国家为获取绿色专利技术付出的许可费进行事后补贴；直接购买制度是指资助国家以免费推广应用为目的向

---

① Jérôme de Meeûs, Alain Strowel, "Climate Change and the Debate Around Green Technology Transfer and Patent Rules: History, Prospect and Unresolved Issues," *The WIPO Journal*, 2012: 179.

私营部门直接购买绿色专利技术。在坎昆联合国气候变化大会中，与会各方最终决定成立一个邀请世界银行为托管人的绿色气候基金，从而使促进低碳技术创新与应用的多边技术获取基金机制获得了进一步的发展。

而除联合国气候变化大会构建的绿色专利技术领域的发展基金制度以外，一些国家或非政府组织的促进绿色技术发展应用的基金制度也陆续建立起来，如由国际机构非政府组织共同建立的全球环境基金机制就一直从资金支持角度来促进绿色技术的推广和应用；英菲尼迪股权基金管理集团在中国苏州建立了世界上第一个以促进低碳技术应用为目标，对部分成熟的低碳技术专利的商业化活动予以资金支持的知识产权银行；等等。

环保技术发展基金制度是直接面对绿色技术转移和应用所面临的资金问题，为发展中国家解决由于资金困难而难以获取技术的情况，同时该制度的建立能够弥补强制许可制度给专利权人造成的经济损失，从而有效减少经济反弹现象出现的可能，以及长期来看不利于环保技术研发和创新的可能。

**2. 环保技术专利信息分享机制**

环保技术专利信息分享机制是指将环保技术专利信息及时充分地公布给社会公众，使社会公众能快速全面地了解技术信息，目的是通过信息共享机制，促进绿色专利技术的推广创新，同时也避免了研究人员重复研究的资源浪费。这种分享机制主要依附于专利机构的信息系统，通过相关检索工具的开发运用，及时准确地搜索到最新最先进的相关环保专利技术。在国际上，由国际专利分类专家委员会制定的国际专利分类绿色清单提供了在国际层面上检索环保专利技术的通道。欧洲专利局公布了清洁能源专利新分类体系，该新分类体系是从日常的审查工作中总结而来，并将经受长期的同行评估，其连贯性和准确性能够得到保证。通过该分类体系的应用使得以往需耗用大量时间和人力资源检索到的信息，现在仅需几分钟即可完成。英国也推出了一个有助于开发低碳技术的绿色发明的新数据库。通过这些数据库的运行，构建起环保专利技术共享机制，让更多社会公众容易了解环保专利技术，方便他们进行技术改革和创新。该共享机制能将相关技术及时向社会公众公布，加上信息共享机制，使得即使是一系列的技术，也大多能够从该制度中获得，因而也能有效解决环保技术强制许可制度因为环保技术的特殊性而可能造成的难以实现该制度的初衷问题。

**3. 构建环保专利技术专利强制许可费第三方定价机制**

专利强制许可制度的运作核心虽然为了公共利益对专利权进行限制，但是并非是无偿的，被许可人需要向专利权人支付使用费，如果缺乏适当的费用定价机制，就无法平衡许可方、被许可方的利益冲突，更加会影响发达国家对发展中国家出口环保技术的形势。根据我国现有运行机制是权利人与使用人协商为主，协商不成，行政干预为主，这种情况很可能会因为协商不成，使公权力过多介入，从而损害专利权人的利益，而且也因为没有提供强制许可使用费的计算方法，给实际操作带来了困难。建议授权给专业第三方专业定价机构，专利权人和使用人可共同选择定价机构，约定以该机构的决定为最终决定，该第三方机构通过对该绿色技术的使用价值、竞争地位等多方面评级，最终确定适当的许可价格。

# 五 结语

环保技术是处理气候变化问题的基础手段，因气候变化问题的影响是全球性的，而且危及包括人类在内的生物体的生存与发展，因而迫切需要平衡专利权人的个人利益与全人类的公共利益之间的关系。毋庸置疑，全人类的生存与发展权是基础性的，当人类都无法生存的时候，个人的经济利益还有何意义？在环保技术领域中，个人利益依附于公共利益，公共利益绝对需要被着重考虑。因此，环保技术强制许可制度的存在是合理的，而且是可行的。我们可以通过完善强制许可制度本身以及建立新的适应气候变化的知识产权制度来解决其存在的问题。

# Under the Public Interest Perspective Compulsory Licensing System for Environmental Technology Research

Wu Yong, Wen Weina

**Abstract**：Environmental technology is designed to protect the environment and sustainable development technology. Property for public goods, global climate change, environmental technologies, and "common but differentiated responsibilities" principle, compulsory licensing system exists to facilitate its transfer and use in developing countries. But environmental technologies also exist compulsory licensing system. It is difficult to apply, may lead to an economic rebound that is not conducive to innovation and implementation of environmental technologies and to promote technology dissemination and use of mind, it can not be achieved questioned. Although exist question of environmental technology compulsory licensing problems, but it can be addressed by improving the environmental technology compulsory licensing system and established of new intellectual property new system. Therefore, environmental technology compulsory licensing is a reasonable means of combating climate change, protecting the public interest.

**Keywords**：Environmental technology; Compulsory license; Public interest

# 研究综述

# 2010 - 2013 年中国社会法学研究述评

*尹海文*[*]

**摘　要：**近年来，中国的社会法研究和制度实践正在逐步展开。学术界对社会法治的问题所展开的实践与探讨，正逐步走向成熟。对 2010 年至 2013 年的我国社会法的研究的回顾与梳理，有助于更全面地了解我国社会法的研究现状。本文从中国社会法的总论和分论对这个阶段的理论动态进行了考察，综述了社会法的热点问题，对一般问题表达了对社会法的研究期望。

**关键词：**社会法；社会权；劳动法；反就业歧视法；社会保障法

社会法的研究近年来无疑是中国法学界的一大热门。2010 年至 2013 年对社会法的研究继续深入，研究论题涉及社会法的主要领域。一些代表性论文观点新颖、论证深入，给人启迪。总体上，2010 年至 2013 年论文的数量和质量可圈可点，从中可以窥见社会法在当前我国法学领域，作为新兴学科的蓬勃朝气及发展潜力。本综述通过对近四年社会法的理论研究的回顾与梳理，重点从中国社会法的总论和分论对其进行了考察。学界研究的重点包括以下几个方面。

---

[*]　尹海文，长沙理工大学副教授，湖南大学法学院博士研究生，研究方向为社会法学、经济法学。

# 一 社会法总论

## （一）社会法的调整对象、研究范式和体系

目前，中国对社会法的研究还处于起步阶段。什么是社会法？这是社会法学必须首先回答的一个核心问题。社会法是随着社会问题的凸显、社会问题的性质要求而传统公私法又难以完全适应的状况而产生的，立足社会整体、跨越公私两域，是一种用社会方法解决社会问题的法律。

近几年，对于社会法的调整对象、特征，社会法在整个法学体系中的地位等问题的研究在前几年的基础上继续深化。由于研究的角度和进程不同，学界对于社会法所调整的社会关系领域以及调整社会关系的特有方法的争论一直不断。有学者认为，在我国现阶段对社会法的内涵可以界定为：社会法是调整社会保障关系的法律规范的总称。在外延上，社会法主要包括劳动法、社会保险法、教育文化法、住宅保障法以及各类弱势群体（包括妇女、老人、未成年人、残疾人等）权益保障法等。而且，随着我国经济发展和社会进步，社会法的这一外延将会进一步拓展。① 这个观点从社会法的内涵和外延对社会法的调整对象作了界定，把社会法的研究范围局限于各类社会保障，社会法基本等于社会保障法。

北京大学张守文教授则认为，社会法调整范围的确定是一个重要且基本的理论难题。基于社会个体成员在劳动阶段和非劳动阶段防范和抵御社会风险的需要，各国确立了相应的劳动保障制度和社会保障制度，从而使社会法的调整范围包括劳动保障关系和社会保障关系两大类型。由此进行理论扩展，社会法的基本特征是社会性和保障性，这是社会法区别于其他各类部门法的最为突出的特点。上述认识有助于深化对社会法的概念、体系、地位等诸多理论问题的研究，并在整体上推进社会法

---

① 吕小平：《对社会法概念的思考》，《西部法学评论》2012 年第 5 期。

的理论发展和制度建设。①

有学者认为，社会法是一个由社会权内在本质决定的有逻辑结构的制度体系，而不是一个"群"的概念。作为一个按照社会权所蕴含的价值和派生权利体系构建的部门法，制度之间内含着一种由社会权所决定的由上而下的逻辑关系，并按照这种逻辑关系依次展开，体现整体性和相互之间的关联关系与程度，不会导致总论无法包容、解释分论，也不会出现分论所含内容不是总论自然而合乎逻辑的现象。② 这个观点没有正面回答社会法的调整对象，但是其认为社会法应该从总论和分论的密切联系的角度进行研究，而且认为社会法的调整对象是以社会权为中心展开的，类似于民法的调整对象是民事权利。因此，从社会权的角度理顺社会法研究的方向，对促进当代中国社会建设的改革和发展，具有十分重要的现实意义。

其实，中国社会法的调整对象仍然处在动态发展过程中，而调整对象的范围直接影响着对中国社会法内涵的界定。王全兴教授认为，社会法在一定意义上是社会问题、社会危机的对策法。在此意义上，社会法学就其研究范式而言，属于问题法学（或称危机对策法学）。在研究范式的选择上，虽然原理取向和问题取向都不可或缺，但更应当偏重于问题取向。我国当代社会法和社会法学所面对的社会问题，是市场化、工业化、城市化、全球化过程相互交织中的社会问题，是经济社会体制改革和发展方式转变中的社会问题，是时代背景和国家政策目标不断变化中的社会问题。面对国际金融危机后加快发展方式转变的国情，加强社会领域立法更为迫切。任何一项社会立法都是转型中的立法，都以转型作为其制度设计的主线，其目的在于对转型的肯定和保障。现行社会立法多呈现政策性、原则性、纲要性等特点，而制度不完善、可操作性不强等缺陷则难避免。所以，在此基础上的社会法学研究，当然应当以现行社会立法中的漏项、弱项，以社会建设和社会体制改革中的紧迫问题为

---

① 张守文：《社会法的调整范围及其理论扩展》，《中国高校社会科学》2013 年第 4 期。
② 李炳安、汤鹏：《论社会法的产生》，《法学杂志》2013 年第 6 期。

重点。① 这个观点对我们以后研究社会法时如何去界定调整对象和研究范式的选择具有重要的指导意义。

社会法的体系问题与社会法的概念认识是紧密联结在一起的，有什么样的社会法概念认识就有什么样的体系梳理。有学者认为，社会法的体系有形式体系（渊源体系或称立法文件体系）和内容体系（制度体系）之分。在形式体系建设方面，虽然我国社会立法成绩显著，但在以下几方面还需要继续完善：编撰社会法典；制定社会救助法、社会福利法和社会慈善法等。比较而言，社会法在制度内容上的体系化及其完善，更应该成为社会法本体论研究予以充分关注的对象。特别是反歧视制度、罢工权制度、不当劳动行为制度、劳动公益诉讼制度、社会救助制度的建构和完善，应成为社会法制度体系研究的重要关切。② 该观点对社会法的体系从形式和内容方面作了界定，比较全面。然而有学者从社会给付出发，论述了社会权的体系，认为社会法是在社会保障法的基础上发展起来的，超越了社会保障法的给付模式和给付水平。社会法在性质上属于公法，并且以社会给付为核心。我国社会法的体系宜分为"社会预防制度"、"社会扶助制度"、"社会促进制度"与"社会补偿制度"四大板块，这四大板块与社会给付程序法及社会救济法构成了一个有机的社会法体系。它们在维护社会安全、促进社会公正上发挥着相互衔接、互相补充的功能，并形成一张安全网，保障个人在遭受各种风险时的生存和发展机会。③ 这种观点比较片面，社会法的核心不仅仅是社会给付，社会法是体现公民个人在一定社会关系中和历史条件下，应当享有的维持社会性生存和发展的基本权利的法律规范体系，除了社会给付外，还应该包括社会请求。

关于社会法的特征。学界对中国社会法的特征，相关论述较少，较

---

① 王全兴：《民生·发展·社会法（下）》，《温州大学学报》（社会科学版）2011 年第 4 期。
② 冯彦君：《中国特色社会主义社会法学理论研究》，《当代法学》2013 年第 3 期。
③ 杨士林：《试论我国社会法的基本范畴》，《政法论丛》2012 年第 6 期。

少提到社会法的特征。有学者认为，未来社会法将呈以下发展特征：在全球化的发展进程中，基于国际组织的发展和国际共同利益在一定范围内的形成，国际社会立法蓬勃发展，社会法在法律调整范围上将形成国际法与国内法的制度衔接；基于社会民生保护的需要和社会法及刑法的自身特性，在法律体系上将实现社会法与刑法的功能互补；基于个人利益与公共利益的关系及自身特性，在社会权利救济机制上将出现公益诉讼对私益诉讼不足的弥补；基于福利国家向福利社会的逐步转换，在立法价值取向上将出现积极社会立法与消极社会立法的互相促进。在社会立法与社会法实践中应顺应社会法的这些趋势，促进社会法模式的发展与转变。① 这种对社会法的特征的展望，从侧面指出了社会法的研究对象和研究方法，也说明了社会法的体系内容。也有人认为，进入 21 世纪后，我国社会法立法进程明显加快，就业促进法、社会保险法、社会救助法、社会福利法、劳动基准法立法取得了不同程度的进步。在我国社会法立法取得的进步的基础上，我国社会法的发展趋势有：借鉴世界各国的宝贵经验，社会法立法先行；提高立法层次，改进社会法立法方法；由单一主体转向多元主体。② 这从立法角度论述了社会法的体系。

### （二）社会法的理念和功能

有学者认为，社会法理念体系是一个融合体，包括最能体现社会法之价值和宗旨的理念，具体内容如下：关注民生、保障公民生存权理念；公平正义理念；科学发展理念；和谐社会理念；社会善治理念。③ 有学者认为，社会法的理念与功能是：保护社会弱者，促进社会实质正义；维护社会安全，促进社会和谐发展；保障公民社会权利，促进社会可持续发展；增进民生福祉，促进社会文明发展。④ 也有学者认为，社会法学者

---

① 马金芳：《社会法的未来发展特征》，《政治与法律》2013 年第 10 期。
② 邹艳晖：《我国社会法的发展趋势》，《理论界》2011 年第 8 期。
③ 葛峰：《论社会法理念》，《经营管理者》2013 年第 31 期。
④ 冯彦君：《中国特色社会主义社会法学理论研究》，《当代法学》2013 年第 3 期。

对社会法有不同的见解和认识，未能形成通说，但对于社会法基本理念的理解基本上趋于相同，包括社会正义、社会和谐、公共福利、善良治理、公平效率、社会安全等。[1] 这三种不同社会法的理念的观点虽然大同小异，但是基本精神一致，社会法的理念就是追求社会公正，促进社会和谐，以社会弱势群体权益保障为理念。

对于社会法的功能，学者们做了比较深入的研究。有人认为，社会法的发生机理在于对市场化运动及其负面后果进行"反向运动"和矫治，其早期功能是社会保护。它是资本主义市场经济制度调整的主要内容，是现代市场经济和混合资本主义的构成性要素。社会法可分为三代，具有明显的代际更替和功能扩展、嬗变轨迹：从第一代社会法的社会保护单一功能模式，到第二代社会法的社会保护为主、社会促进为辅的主次功能模式，再到第三代社会法的社会保护与社会促进并重的功能模式。功能嬗变与代际更替的机理主要在于资本与社会的矛盾运动、公平（社会保护）与效率（社会促进）的复杂关系。中国应厘清自己的问题之"代"和制度需求，以全球正在探索的第三代社会法为参照系，定位、创新和建构中国社会法并推进社会改革。[2] 这种观点论述了社会法的功能嬗变，对中国社会法的定位与建构具有一定的意义。

有学者认为，转型期中国政治、经济、文化体制等诸多方面都面临着利益关系的调整，社会矛盾日益增加，社会风险逐渐增大。现阶段中国社会管理的主要目的是维护社会秩序，确保社会稳定，促进经济与社会协调发展。基于法律功能而言，社会法是社会管理法治化的一项重要法治资源，社会法体系的完善对于社会管理的法治化具有重要的工具性价值。[3] 还有学者认为，当前我国社会可持续发展存在社会结构与经济结构不协调、社会过度强弱分化、环境资源问题突出、社会财富共享机制

---

[1] 刘泽朋、何康：《试论社会法的基本理念》，《湖北警官学院学报》2013年第6期。

[2] 陈步雷：《社会法的功能嬗变、代际更替和中国社会法的定位与建构》，《现代法学》2012年第5期。

[3] 王允武、贺玲、冷雪松：《论社会法在加强社会管理中的作用》，《西南民族大学学报》（人文社会科学版）2012年第5期。

不完善、城乡社会发展不平衡等问题。从权利基石、利益本位、调整对象、调整机制、法律功能等方面来看，社会法具有促进社会可持续发展的突出功能，表现为社会与经济功能、倾斜扶持功能、倾斜投放社会发展资源功能、再分配功能、环境资源维护功能。① 也有学者认为，较之于社会发展与社会和谐而言，幸福是社会法更本质的价值追求。在终极意义上，对幸福之追求是社会法规范确立与制度设计的价值导引与最终归宿。幸福具有多种维度：个体幸福与主观幸福是社会成员自我救赎的场域，而社会幸福与客观幸福则是国家与社会的可作为空间，也是社会法发挥作用的"势力范围"。社会法不能回避当前我国国民幸福指数偏低的现实起点，社会法应在公民的自我救赎范围之外实现自己的制度担当，即为国民提供更好的社会环境和自然环境，增强国民的公平感，提升国民的价值感和成就感。② 上述观点从不同角度论述了社会法的功能，这些功能的发挥可以作为社会法的一种基本结构的学理研究，使社会法能够经受住时空考验而在我国具有非常现实的意义。

### （三）社会法的部门法定位和地位

社会法的定位是一个棘手的理论和现实问题。有学者认为，社会法的定位问题已成为制约社会法理论发展的关键问题。社会法对于"人"这一主体的认识不同于私法抽象权利主体，或公法上的平等公民，而是具有社会身份的类型化、差异性的人。从这一主体认识出发，社会法应确定以倾斜保护弱势群体为特征的注重实质正义的价值追求。基于这样的主体观念和价值基础，社会法是独立于公法、私法法域之外的"第三法域"的总称。③ 这种观点是从公法与私法发展的脉络以及社会法同公

---

① 李乐平：《社会法促进我国社会可持续发展功能初探》，《广西社会科学》2012 年第 3 期。

② 马金芳：《社会法的价值旨归——以提升国民幸福指数为视角》，《北方论丛》2012 年第 5 期。

③ 胡平仁、赵蕖：《从特殊主体和价值追求看社会法的理性定位》，《长沙理工大学学报》（社会科学版），2010 年第 4 期。

法、私法的关系来考察，得出第三法域即为社会法的结论。但是，有学者认为，社会法作为独立的法律部门，它产生、发展的一般规律体现为基于社会结构多元化的历史进程和社会文化精神变迁的社会利益之形成和法制化，这是解释社会法本原或者说其必然性的可能路径。① 因此，董保华教授针对早期的社会法的广义、中义和狭义概念②的争议，在《东方法学》发表《"广义社会法"与"中义社会法"——兼与郑尚元、谢增毅先生商榷》一文，认为，随着官方社会法定义被解读为"中义社会法"，一些社会法研究者开始据此对"广义社会法"理论展开持续而激烈的批评。在官方社会法定义公布十年之际，主张"广义社会法"的学者首次进行了回应。通过分析表面分歧与实质分歧，可以发现在社会法范围上采用广义的定义，批评者与被批评者并无真正的分歧，两者的实质分歧在于我国当前应当是强化社会自治空间，还是国家管制。社会法内部的社会分层，也显得日益重要。同一层次法律规范方式加强了借鉴和交流。社会问题的复杂，决定了利益分层机制的重要性。③ 这种从国家管制和社会分层理论来论述社会法的定位问题，观点新颖。

有学者认为，社会法应在部门法哲学意义上得到解释和理解。该作者指出，关注社会法的产生机理、演化变革、功能发展、性质或本体、社会法问题代沟与制度需求、主要理论范式等深层次的反思性问题，应在部门法哲学意义上得到关注，应予以跨学科、批判性的研究。社会法

---

① 曹燕：《庞德法哲学视角下社会法之本原研究》，《法学论坛》2010 年第 6 期。

② 早期社会法概念的争议，参见王全兴《社会法学的双重关注：社会与经济》，《法商研究》2005 年第 1 期；竺效：《法学体系中存在中义的"社会法"吗？》，《法律科学》2005 年第 2 期；李昌麒、甘强：《经济法与社会法关系的再认识——基于法社会学研究的进路》，《法学家》2005 年第 6 期；谢增毅：《社会法的概念、本质和定位：域外经验与本土资源》，《学习与探索》2006 年第 5 期；林嘉：《社会法在构建和谐社会中的使用》，《法学家》2007 年第 1 期；李炳安：《社会法范畴初论》，《福建政法管理干部学院学报》2007 年第 3 期；郑尚元：《社会法语境与法律社会化——"社会法"的再解释》，《清华法学》2008 年第 3 期；赵红梅：《私法社会化的反思与批判——社会法学的视角》，《中国法学》2008 年第 6 期；叶姗：《社会法体系的结构分析》，《温州大学学报》（社会科学版）2011 年第 4 期。

③ 董保华：《"广义社会法"与"中义社会法"——兼与郑尚元、谢增毅先生商榷》，《东方法学》2013 年第 3 期。

的产生机理在于社会保护本能和社会理性，形成了"市场化运动推之，社会保护运动挽之"的制衡关系。其性质为构成维系现代产权制度、经济秩序与保障社会权利之间的社会对价关系或新型社会契约。社会法相关的"问题代沟"理论具有广泛的解释力。中国同时面临三代社会法问题，制度需求强烈，应以全球正在探索的第三代社会法为主要资源，科学建构社会法，借鉴多学科理论范式建构社会法法哲学。①

总之，社会法作为一个重要的部门法，在社会主义市场经济体制中直接关系着社会弱势阶层的生存及社会整体福利的增长。在社会主义市场经济法律体系中，社会法与民商法共同居于基础的地位，因为社会法代表了社会大众的普遍需求，和社会主义有共同的价值取向。社会法以其不同于民商法的理念和制度，在为社会主义市场经济保驾护航中起到了不可替代的重要作用。② 社会法在社会主义市场经济中，与民商法、经济法一样，属于社会主义市场经济的基本法律，这是一些人提出的论点。

## （四）社会权理论

### 1. 社会权的概念阐释

有学者认为，国家建设的前提是国家权力如何"立"得住的问题，而在解决了国家权力之后，公民权利便提上议事日程，因为现代国家存在的目的不是其自身，而是实现人民的种种权利。在新中国，按理想的类型划分，如果前 30 年主要解决的是国家权力问题，改革开放 30 年主要解决的是公民的经济权利问题。而在当下，中国政治发展的优先选择则是以社会保障为主的公民的社会权利。当社会权利基本完成以后，难以回避的问题将主要是公民的政治权利问题。而只有好的法治体系才能保障公民的政治权利。因此，强烈呼唤"法治民主"。③ 由此可以看出，针对法治民主，保障公民的社会权利，社会法负有神圣的使命。有学者也

---

① 陈步雷：《社会法的部门法哲学反思》，《法制与社会发展》2012 年第 4 期。
② 陈爽：《社会法属于社会主义市场经济的基本法律》，《前沿》2011 年第 1 期。
③ 杨光斌：《社会权利优先的中国政治发展选择》，《行政论坛》2012 年第 3 期。

因此认为，社会法是保障社会权的法律机制。在当代中国，正是由于社会权观念及其保障诉求的日益强烈，以保障社会权为使命的社会立法迅速发达起来，社会法理论也在此背景下繁荣发展。因此，我国学者们对社会权利做了广泛和深入的研究，社会权在构造上包括劳动权和社会保障权。其中劳动权由个体劳动权和集体劳动权构成；社会保障权由社会保险权、社会救助权、社会福利权等权利构成。① 这种观点以社会权为线索，对社会法的研究方向作了梳理和指引。

有学者认为，社会权是社会法的基石范畴。一个学科的范畴通常可以分为普通范畴、基本范畴和基石范畴三个不同的层次，其中，基石范畴是把一个法的部门从法体系中相对独立出来的核心范畴。"私法公法化"、"社会问题"、"社会整体利益"及"社会安全"等范畴都难以成为社会法的基石范畴。问题群中属于本源性的问题才能成为基本问题，功能性范畴、目的性范畴只是解决本源性范畴所导致的结果和目的，而本身不是本源性范畴或基石范畴。社会权和社会法的"历史起点"具有同步性，社会权的产生和发展催生和推动了社会法的产生和发展。社会权作为社会法的基石范畴，既能制约、控制和引导社会法的发展目标，也能很好地体现权利本位的法的价值和理念；既有利于构建一个有内在逻辑的社会法体系，也体现了以人为本的科学发展观。② 这里，作者进一步抓住了社会法中的社会权这一范畴的深层次理论问题。随着国家越来越被期待发挥积极照顾人民生活的功能，以促进社会安全与社会正义，"社会权"的提出与讨论不但具有社会福利政策面向的意义，同时是一个社会法深层次的议题，这在社会法领域尤其是一个顺理成章的探讨面向。

但是，有学者认为，当前学界对社会权概念的界定主要存在"内涵—价值分析"、"外延—规范分析"两种路径。虽然这些分析具有逻辑上的内在关联，但它们都没有完整揭示出社会权概念的本质特征。社会权

---

① 冯彦君：《中国特色社会主义社会法学理论研究》，《当代法学》2013 年第 3 期。
② 李炳安：《社会权——社会法的基石范畴》，《温州大学学报》（社会科学版）2013 年第 3 期。

作为一项基本人权，主要立基于对尊严与平等以及社会经济领域公民适
当生活水准的价值追求。国家义务作为界定社会权内涵的重要工具性指
标，其分别涵括尊重、保护和给付三种义务类型，但在逻辑上，尊重和
保护义务只是给付义务的逻辑衍生。在外延上，社会权并非意指《经济、
社会和文化权利国际公约》所规定的各项经济、社会和文化权利。受国
情因素制约，各国宪法对于社会权的规定并非整齐划一。我国宪法层面
上的社会权主要包括适当生活水准权、劳动权、获得物质帮助权以及受
教育权。① 这种观点对社会权的批判和前述所探讨的社会权存在相左的意
蕴。其实，社会法和宪法对社会权的研究本身就是两个不同法部门的议
题，我们在这里是否要以"在性质上本即有别于传统以防御国家干预为
主要诉求的自由权的个别基本权利类型"为对象，例如生存权、工作权、
受教育权，与晚近以来常被认为亦属社会权范畴的受健康照顾之权、环
境权、文化权等等做区分，同时在分析主题上是否要摒除"通过传统自
由权的功能开展而来的社会权面向"的讨论，这是社会法学者需要进一
步和宪法学者进行对话的方面。

**2. 社会权的实现**

有学者认为，社会权通常被认为是一种积极权利。社会权的实现需
要国家积极地作为，承担尊重、保护和促进实现三个方面的义务。国家
实现义务的路径主要包括立法、行政和国际合作三个方面。国家最低限
度的核心义务的认定、国内宪法诉讼及司法诉讼的大量出现及国际申诉
机制的逐步确立，表明社会权国家义务出现了从弹性义务向刚性义务转
化的发展趋势。② 也有学者认为，作为基本权利的社会权有不易实现之
困。与西方自由主义宪法不同，中国宪法的社会主义本质决定了其有诸
多社会权内容，且更应注意其实现。具有法定效力、内容明确、与个人
有直接法律利害关系的低层级"国民经济与社会发展规划"是具有中国
特色的社会权实现工具，与之相关的行政行为可提起给付类诉讼。此种

---

① 邓炜辉：《社会权概念界定之批判与重塑》，《北方法学》2013 年第 4 期。
② 王新生：《略论社会权的国家义务及其发展趋势》，《法学评论》2012 年第 4 期。

诉讼的证明责任、判决形式具有与一般行政诉讼不同的特点。原告除有符合起诉条件的初步证明责任外，还需负担"直接而确切的因果关系"证明责任。具有特殊内涵的法院"答复判决"不仅可避免司法权不考虑财政压力过度干预行政权的后果，还可激发以人大审议为核心的政治过程。① 从这里可以看出，社会权的实现机制问题历来就是宪法学研究的重要问题之一，在社会法层面研究社会权的实现，需要处理宪法和社会法的关系，而且如何在社会法领域实现社会权需要考量社会法的特征。

有学者从价值角度论述了社会权的实现条件，认为当前各国政府在处理社会权与经济发展关系时陷入了迷茫的两难困境。问题的症结是，片面强调经济发展对社会权的决定作用，忽视或者根本没认识到社会权对经济发展的价值。而走出当前困境的唯一出路是发现并重视社会权对经济发展的价值。社会权作为一种特殊的生产性制度资源或资本必然具有经济发展价值，包括内在价值和外在价值。内在价值是指社会权作为经济发展的构成要素、内生变量可以提高经济效益，外在价值是指社会权为经济发展提供公平有序的制度环境和稳定和谐的精神环境等社会环境。当然，社会权在其经济发展价值转化过程中的积极作用有其合理性限度，社会权不会自动地促进经济发展，而必须具备经济、法治和观念方面的条件。② 这种从正义和价值角度对社会权的实现的讨论，研究视角较为狭窄，但是，面向具有多元化的意义。

不过有学者认为，社会权利通过社会福利、社会服务等形式来实现社会的整合，社会权利的实现需要具备一定的物质条件，社会权利作为一种权利又体现着对需求的满足。我国的福利分层体系加剧了贫富分化矛盾，扩大了社会阶层的差别，造成了保障权益的不平等，形成了逆向的社会再分配效应。包容式增长发展方式转变以及建立城乡一体化的普惠型公共服务体系有利于增强社会团结、促进社会整合，使社会全体成

---

① 翟翌:《论"国民经济与社会发展规划"相关行政诉讼——一种社会权的中国实现方式》,《政治与法律》2012年第1期。

② 龚向和:《论社会权的经济发展价值》,《中国法学》2013年第5期。

员都能够分享经济社会发展的成果。① 还有学者认为，社会权利是公民的
基本权利之一，与人的基本生存与发展密切相关，与经济社会发展的背
景、阶段、水平、环境密切相关。我国改善民生、发展社会事业的实践
与社会权利的实现具有内在一致性，在一定程度上，改善民生、发展社
会事业也是在维护、实现公民的社会权利。维护公民社会权利既是"以
人为本"的本质要求，也是改善民生、发展社会事业的重要保障。基于
维护公民社会权利出发而实施的民生、社会事业的发展策略、相关政策，
不仅具有人文价值关怀，而且还能够有效避免"短视"、"断裂"等
问题。②

其实，社会法起源于国家解决社会的结构性矛盾，其以保护社会弱
势群体的利益为目标，是对传统民法的修正和补充，其核心内容是社会
权利。这些关于社会权利的观点，是社会权理论中的难点问题。凡权利
皆需救济，社会权亦然。采取什么样的救济途径和模式救济社会权，理
论界没有达成共识。不过近几年，社会权的可诉性问题研究逐渐升温，
并以证成社会权的可诉性为学术使命。③ 在此理论探索中，确立违宪司法
审查机制与社会权公益诉讼机制成为重要的理论主张和学术命题，这是
社会法以后需要正视的理论和现实问题。

此外，完善社会法纠纷解决机制，不仅是完善社会法、构建和谐社
会的必要手段，也是实现国家长治久安和维护公民基本权利的必由之路。
首先阐释解决不同类型社会法纠纷的依据，继而对我国解决社会法纠纷
的不同方式展开系统的论述，并在其中附带阐明各种纠纷的解决机制。
基于社会法的公法属性，我国社会法纠纷解决的方式主要有诉讼、行政
复议和调解。④

---

① 夏德峰：《社会权利的整合功能及其局限性》，《社会主义研究》2012 年第 1 期。
② 李培志：《维护公民社会权利：改善民生、发展社会事业的题中之义》，《前沿》2013 年
第 7 期。
③ 冯彦君、张凌竹：《社会救助权的可诉性及其证成》，《江西社会科学》2013 年第 2 期。
④ 邹艳晖：《我国社会法纠纷解决机制》，2011 年教育科学与管理工程国际学术会议论文。

### （三）社会法与其他部门法的关系

过去几年，讨论社会法和其他法律部门的关系几乎局限于社会法和经济法、行政法的关系研究。最近几年，对此种研究的范围有所扩展。

有学者认为，侵权责任法如果不与其他法律领域联动就很难解决损害与赔偿的问题，社会法正是由侵权责任法的边界区域进入传统的私法秩序中而发展起来的。一些广泛的政策性考量催生了与侵权责任法的私法性相异质的规范体，公法因素渗透进来并使其呈现出社会化的发展趋向。侵权责任法一直扮演着社会冲突的"雷达"角色，成为正在显现的危险得以早期发现和预警的一种探测机制，进而成为更能有效解除社会冲突和社会危机的社会法的低级伙伴。社会法说服了侵权责任法朝向集体责任的发展方向，培植了侵权责任法认同社会团结与合作的文化基因。侵权责任法与社会法之间更为深刻的关系还在于权利与权力、义务与责任蕴含着政治性、经济性和文化性的制度基因。① 社会现实扰乱法律体系就像扰乱人们的生活一样，在社会法中思考侵权责任法与社会法的关系，拓展了社会法的研究路径。侵权责任法对社会生活的重大影响，伴随人际关系的日益复杂，侵权责任法一方面以受害人为考虑的基点，以加强对受害人的法律救济，并缓和社会矛盾；另一方面，它以社会利益为准则，对个人自由施加必要的国家干预，以维护社会关系的平衡。这难道不是和社会法的主题有异曲同工之妙？

也有学者认为，及时救治受害人是突发事件处置中最重要的措施，因此，充足的救治费用保障至为关键。突发事件可能没有侵权行为人，其他法定责任人或相关主体缺乏即时赔付的责任能力，而受害人也可能欠缺自行给付救治费用的能力，由公立医院垫付救治费用则于理不合，这些都是财政垫付救治费用的客观理由。垫付责任已被《侵权责任法》确立为一种侵权责任，而财政垫付则有别于传统的财政支出行为，财政

---

① 张铁薇：《侵权责任法与社会法关系研究》，《中国法学》2011 年第 2 期。

垫付责任可以视为财政支出行为与侵权责任发生的竞合。财政垫付将有力促进突发事件造成损害的填平，理论上属于社会救助体系中专项救助的范畴。① 可见，财政垫付责任，可以视为财政支出行为与侵权责任发生的竞合，也可以视为社会法中的社会救助基金的重要来源。

此外，也有学者从社会法角度对我国的《反不正当竞争法》予以解读，认为，我国《反不正当竞争法》有一个重大缺陷：缺失直接保护发散性正当竞争利益的有效机制。该法第 20 条的规定可能误导人们就发散性正当竞争利益受侵害寻求民事维权加以救济，然而实际上民事维权机制根本不应具有这样的功能。尽管该法确立了一系列行政执法措施及行政处罚责任，然而发散性正当竞争利益属于集体公益，不能单纯依赖行政执法机制予以间接保护。我国应将"公平竞争权"从"集体法益"拟制为"集体权利"，学习借鉴德国《反不正当竞争法》，新设集体维权机制对发散性正当竞争利益予以直接保护。借此，可对反不正当竞争法与知识产权法的区别做出新的阐释。②

对于经济法和社会法的关系，学者们继续进行了研究，但是没有提出新的见解。有人认为，经济法与社会法之间的关系问题涉及经济法的健康发展。作为现代部门法意义上的社会法不同于以公法、私法为标准而产生的社会法。现代部门法意义上的社会法是以社会保障法为主体的法律总体，而以公法、私法为标准而产生的社会法是社会性法，是以社会利益为调整对象的法律总体。因此，经济法和社会法同属于社会性法，都是相对独立的部门法。③ 也有人认为，法律功能的组合就是将法律观念的应然性要求转化为现实性的实然存在。现代经济社会发展中诸多矛盾的交错性及连带性，需要发挥多种法律部门功能的协同效应。转型期我国出现了一种经济与社会发展的"断裂"现象，这为经济法与社会法功

---

① 叶姗：《财政垫付责任：基于社会法理论的分析》，《财贸研究》2011 年第 4 期。
② 赵红梅：《论直接保护发散性正当竞争利益的集体维权机制——反不正当竞争法的社会法解读》，《政治与法律》2010 年第 10 期。
③ 漆思剑、张建成、薛江武：《正本溯源：经济法与社会法关系辨析》，《井冈山大学学报》（社会科学版）2011 年第 2 期。

能的组合提供了直接的动因与契机，两法功能组合的实现路径具体表现在法律功能组合的理念、手段及机制等层面。[①]

# 二 社会法分论

## （一）劳动法的基础理论

有学者认为，将劳动法的调整对象解释为劳动关系，过于笼统，构建劳动法的调整对象要抓住三个环节：劳动关系的主体、劳动关系主体的行为、劳动关系主体间的利益关系。只有将这三方面有机结合，才能全面、充分地认识劳动法的调整对象。[②] 这个观点对劳动法的调整对象进行肢解，但是始终没有超出劳动法的调整对象是"劳动关系"这一藩篱。常凯教授认为，随着中国劳动关系集体化转型的发生，劳动法的调整对象也由以往主要局限于个别劳动关系调整，转变为以个别劳动关系调整为基础，以集体劳动关系调整为主线，以社会劳动关系调整为目标。规范的市场经济下劳动法的作用，是从个别劳动关系的从属性出发，通过集体劳动关系的对等性，来实现社会劳动关系的协调性。与中国劳动关系和劳动法治的集体化转型相适应，中国劳动法学科理论基础和结构体系也需重构，构建一个以个别劳动关系调整为基础、以集体劳动关系调整为中心的新的劳动法学科体系，已经成为中国劳动法学科发展的当务之急。[③] 这一观点的提出，改变了目前学界对劳动关系的泛泛而论，提出了需要改变"重个体劳动关系、轻集体劳动关系"的研究现状，劳动法的研究对象要促进个体劳动关系和集体劳动关系的均衡发展。王全兴教授则认为，基于企业的本质和劳动关系的外部性，劳动关系协调机制具有多维性，其基本框架一般由政府干预、单个劳动关系协调、集体劳动

---

① 刘晓农、叶萍：《略论经济法与社会法的功能组合》，《社会科学》2010 年第 1 期。
② 刘传刚：《论劳动法的调整对象》，《辽宁师范大学学报》（社会科学版）2010 年第 5 期。
③ 常凯：《劳动法调整对象再认识与劳动法学科重构》，《法学论坛》2012 年第 3 期。

关系协调和企业社会责任运动等构成。其中，集体劳动关系协调和企业社会责任运动是介于政府干预与单个劳动关系协调之间的社会中间层协调机制；政府干预与单个劳动关系协调既直接互动，又通过社会中间层协调机制而间接互动。我国现行的劳动关系协调机制还处于不成熟阶段，在整体上是"强资本与弱劳动 + 强政府与弱社会"的残缺结构，并且各个组成部分都存在不足。为此，应当加强社会中间层协调机制，并优化政府干预和单个劳动关系协调，从而在整体上推进劳动关系协调机制，形成"强资本与弱劳动 + 有限政府与强社会"的结构。① 王全兴教授的这一论述，从劳动关系协调机制的研究视角，对政府、社会、资本、劳动者在劳动关系中的地位和作用进行了有效的梳理，深化了我国目前对劳动关系研究的理论深度。

有学者认为，是否应该将家政工人纳入劳动法律保护范围，并给予家政工人劳动法之"工人"身份和待遇是各个国家和地区立法的重要难题。从比较法来看，世界范围内对家政工人劳动权益保护主要有民事法律保护、劳动法保护、专门法保护以及民事－劳动法律协同保护四种模式。然而，家政工人所具有的不同于一般工人的差异性决定了专门法保护模式的合理性和正当性。我国立法应该将家政工人纳入劳动法律体系中保护，颁布《家政工人劳动权益保护法》，提升我国家政工人的地位和待遇，促进家政产业的发展。② 有学者从家庭服务工作在当今经济和整个社会中具有重要地位的角度出发，认为家务工作是最不稳定、低报酬和没有保护的就业形式之一，家政工人劳动权益保护被排除在劳动法律之外。改变当前家政工人权益保护的脆弱状态，改善家务服务员的工作和生活条件，应当重新定位劳动法所调整的劳动关系的范围，构建多元的调整方式，制定专门的家政工人劳动权益法。因此，劳动法的调整方式

---

① 王全兴、谢天长：《我国劳动关系协调机制整体推进论纲》，《法商研究》2012 年第 3 期。

② 胡大武：《理念与选择：劳动法如何照耀家政工人》，《法律科学》（西北政法大学学报）2011 年第 5 期。

需要转变：在范围上，从调整正规经济领域的劳动者到同时调整非正规经济部门的劳动者；在方式上，从给予所有劳动主体同等的保护到对不同的劳动主体给予不同的劳动保护。① 这个观点认为，在将现行劳动法律作为"劳动基本法"的基础上，应该根据特殊劳动的不同特点给予不同的保护内容和方式，才能确保每类劳动者都得到最佳保护，指明了我国劳动法未来的统一调整与分层调整相结合的发展趋势。

因此，有学者认为，《劳动法》采用了"劳动者"的概念，但并没有对"劳动者"的具体含义作出解释。学界通常依照从属关系理论，将"劳动者"解释为包括农民工在内的所有工资劳动者。但是，如果联系立法时的语境来分析"劳动者"的权利体系，我们可以发现，《劳动法》中"劳动者"的真正原型是国有企业职工。"劳动者"原型的选择决定了我国劳动关系的法律调整机制，并且制约着劳动立法的实施效果。直到《劳动合同法》颁布，"劳动者"才开始具有农民工的某些特征。我国应当从市场经济体制发展的要求出发，以从属关系理论为指导，科学合理地确定"劳动者"的认定标准，并相应地对目前的劳动关系调整机制进行完善。② 该观点对劳动法中的人——劳动者做了界定，对目前的劳动关系调整机制的完善具有重要意义。

## （二）劳动合同法

我国《劳动合同法》在创制过程以及实施过程中都引起了巨大的争议。面对这些争议，有学者以马克思主义理论——特别是其中的劳动力商品化理论与实践反思理论——作为分析相关问题的基本理论立场。他们认为，我国《劳动合同法》的创立有助于防止资本逻辑的过度扩张，有利于保卫民主与社会公正机制。但是，在劳动者权利保障的立法活动

---

① 黎建飞、石娟：《论我国劳动法律调整方式从一元化向多元化的转变——以家庭服务员的劳动保护为视角》，《河南财经政法大学学报》2012 年第 2 期。

② 周长征：《劳动法中的人——兼论"劳动者"原型的选择对劳动立法实施的影响》，《现代法学》2012 年第 1 期。

中，我们也应建立一种实践反思机制，从而实事求是地分析我国的相关现状与问题。① 还有学者认为，在金融危机的背景下，《劳动合同法》在中小企业中遭遇多种类型的实施困境，导致企业在实际经营中多方采取逃避《劳动合同法》的做法。因此有学者就企业、工人双方基于《劳动合同法》框架下的非合作博弈关系，从博弈论以及劳动力供求关系双重角度论证了《劳动合同法》实施困难的必然性以及原因。建议在中小企业中构建新型劳动关系，在企业与工人博弈的过程中，地方政府亦应当采取切实的措施提升《劳动合同法》对劳动关系的影响力以及对工人的保护力度，进而为实现经济增长方式的转变提供内在动力和助力。② 对《劳动合同法》的一些制度，近年来也有学者进行了研究。有学者针对《劳动合同法》的修改提出了立法建议，认为在全国人大常委会对《劳动合同法》的执法检查中，发现我国劳务派遣用工存在被部分单位滥用、被派遣劳动者的合法权益受损两大问题。针对这些问题，在今后的立法修正中应对劳务派遣单位的设立实行行政许可，明确"三性"岗位认定标准和程序，建立身份转换制度等。此外，对劳务派遣用工比例、同工同酬、社会保险等问题，也应作出更严谨完善的规定。③ 在我国，劳务派遣的发展，既要看到存在的正当性，又要看到发展的负面性。目前，国家层面已经开展了相关的立法修订工作，部分地方已经出台了相关的劳务派遣管理办法。规范劳务派遣要综合考量和合理平衡，否则劳务派遣用工减少了，游离于劳动法律调整以外的其他用工行为又可能快速发展起来。规范劳务派遣的背后是我们选择究竟想让劳动者走哪一扇门，想倡导哪一种就业形式的问题。④ 劳务派遣作为一种非正规的用工方式在我国的迅速蔓延和引发的社会问题不容小觑，一味放任或一味禁止均不可取。

---

① 王莉君：《劳动合同法的立法评析——以马克思主义理论为视角》，《朝阳法律评论》2010 年第 1 期。
② 冯玉军、方鹏：《〈劳动合同法〉的不足与完善——〈劳动合同法〉在中小企业适用的法经济学分析》，《法学杂志》2012 年第 2 期。
③ 彭高建：《完善劳务派遣法律制度的立法建议》，《中国劳动》2012 年第 7 期。
④ 周国良：《治标还是治本：劳务派遣规制的政策选择——兼论为什么劳务派遣用工比直接用工成本低》，《中国劳动》2012 年第 8 期。

将劳务派遣进行分类并采取扶持常雇型劳务派遣和限制登录型劳务派遣的立法措施可能是解决目前我国劳务派遣业混乱局面的最佳方案。① 有学者认为，劳动基准是劳动法的重要组成部分，是劳动关系调整工具体系中最重要也是最基础的工具。目前，劳动基准立法存在法律位阶低、出台时间不一、部分基准缺失、基准规定不明确、基准水平地区差异等问题。我国目前仍处在体制改革和社会转型阶段，劳动力供过于求，资方强而劳方弱，集体协商和劳动合同制度的应有职能未能充分发挥，都对劳动基准立法提出了更为迫切的需求。有学者认为，劳动基准是劳动法的重要组成部分，是劳动关系调整体系中最重要也是最基础的环节。尤其是在体制改革和社会转型中的我国现阶段，由于劳资双方经济实力不对等、实际地位不均衡，集体谈判和个人协商还难以充分发挥其应有职能，体现国家强制力的劳动基准更加具有现实意义。但是，到目前为止，我国的劳动基准基本上呈现为分散规定的模式。法律文件多头，法律位阶较低，出台时间久远，劳动基准规定的缺失和不明确、劳动基准的地区差异、劳动基准间的相互冲突现象时有所见。因此我国要加快制定《劳动基准法》。② 也有学者认为，既然我国法律对"带薪休假"做出明确规定，那就意味着它是一项在适用范围内所有用人单位必须遵循的劳动基准。作为一项劳动基准，它与其他劳动基准，例如用人单位必须与劳动者订立劳动合同、工资按时足额以货币形式支付、工资报酬水平不得低于最低工资标准、用人单位必须为职工缴纳社会保险、禁止使用童工、对女职工实行特殊保护、组建工会、开展集体协商等，具有同等的劳动法律地位。③

## （三）反就业歧视法

有学者认为，面临日益严重的就业歧视问题，无论是我国的决策层

---

① 卢修敏、陈英：《我国劳务派遣现实困境及对策研究》，《政法学刊》2013 年第 6 期。
② 王文珍、黄昆：《劳动基准立法面临的任务和对策》，《中国劳动》2012 年第 5 期。
③ 陈郁：《一项必须遵循的劳动基准》，《经济日报》2013 年 2 月 18 日。

还是学界，其主流观点几乎都认可这一事实：我国已经具备制定一部统一的《反就业歧视法》的最佳时机。《反就业歧视法》（专家建议稿）的出台是我国反就业歧视事业的一项重要阶段性成果，但同时也把反就业歧视领域中许多深层次问题推到了我们面前：《反就业歧视法》的立法目的仅仅是保障平等就业权吗？《反就业歧视法》的适用范围是否包含事业单位劳动者和国家公务员？我国应采取一个什么样的就业歧视定义模式？我国应如何设立反就业歧视的专门机构？我国反就业歧视的司法救济机制应如何设计？我国应如何建构就业歧视的法律责任制度？上述问题已经成为我国《反就业歧视法》设计者们必须认真对待的新课题。① 该文对我国目前的《反就业歧视法》的主要问题做了分析和研究，对《反就业歧视法》的制定具有一定的意义。也有学者认为，《劳动法》建立了劳动者特质、用人单位行为和特质与行为关联性三要素的定义模式，初步确定了反就业歧视法的调控对象；建立了用人自主权与平等就业权两权对立的分析框架，初步奠定了反就业歧视法的调控依据；建立了旧的非法律调控手段与新的法律调控手段并存的制度结构，初步勾勒了反就业歧视法的调控手段。《劳动法》是中国反就业歧视法在当代的起源；它所揭示和规定的中国反就业歧视法的规范生成逻辑，为追溯和评价这一领域的发展提供了线索和依据。② 这个研究思路对我国当代的反就业歧视的研究提供了新的视角。

## （四）社会保障法

有学者认为，我国的社会保障是一种城乡分离的二元社会保障模式，农民社会保障权缺失，这阻隔了农民分享改革和发展的成果。要实现城乡统筹发展，必须建立覆盖城乡的一体化、均等化的社会保障，为此，要借助于法律制度这一外力推动农村社会保障之构建。社会保障法律制

---

① 李雄、刘山川：《我国制定〈反就业歧视法〉的若干问题研究》，《清华法学》2010 年第 5 期。

② 阎天：《重思中国反就业歧视法的当代兴起》，《中外法学》2012 年第 3 期。

度既能保障农民基本宪法权利的实现、促进经济社会的可持续发展，又能避免后 WTO 时期外资对我国农业的冲击，以切实维护农民的利益。应提高农村社会保障立法位阶，厘定国家在资金投入、制度供给方面的责任，建立多元合作的农村社会保障机制。① 还有学者认为，现阶段我国社会保障制度存在条块分割、不同阶层保障水平不同的不公平现象，这种现象是不同历史时期对效率与公平的不同立法价值选择和社会保障立法中的不公平所致，从经济学上看则是不同社会集团利益博弈的结果。要解决这一问题，需要在社会保障制度设计中确立公平的立法理念，建立公平的利益诉求机制，而包容性发展模式则成为确立公平理念与建立公平立法机制的政治指引。② 也有学者认为，社会保障法是国家通过收入再分配而实现社会安定的一种正式的制度安排。在法益保护、价值追求和思想基础等方面具有鲜明的社会法属性，社会保障权是其逻辑起点。应加快社会保障立法，健全社会保障法律制度的协调机制、司法机制和争议解决机制，健全社会保障权的司法救济，夯实社会保障法的制度基础，促进社会保障法制化。③ 还有学者基于资金与管理视角，认为"社会化"属性是现代社会保障区别传统家庭保障与单位保障的重要标志。现代社会保障法律制度"社会化"属性的确立有其深厚的法理基础，即社会保障法之"社会本位观"与"社会利益观"。"社会化"属性必须通过具体的制度设计来实现，稳定的物质基础与合理的管理机制是现代社会保障法律制度稳健运行的重要保障。因此，社会保障法律制度若要实现可持续发展，则必须依赖于社会保障资金筹集"社会化"与管理服务机制"社会化"领域的制度完善与创新。④

---

① 李磊：《基于社会保障权视角的农村社会保障法之辨析》，《法学论坛》2010 年第 3 期。

② 卢明威、罗华：《包容性发展中社会保障法的立法公平》，《西部法学评论》2011 年第 4 期。

③ 张新生：《健全我国社会保障法路径探讨》，《新疆社会科学》2011 年第 4 期。

④ 刘志国、杜乐其：《社会保障法之"社会化"解构：基于资金与管理视角》，《行政与法》2013 年第 10 期。

### （五）关于农民工和弱势群体

有学者认为，农民工作为伴随我国改革开放而产生的重要社会群体，对我国经济社会的高速发展做出了重要贡献，但同时也是我国社会中的一大弱势群体。农民工在经济、劳动、社会保障、政治文化等方面受到了不公平待遇，从政府法制的角度来看有其深刻的原因。政府法制机构作为制度的创设者、执法的监督者、权益的救济者，应该从政府立法、执法监督、备案审查、行政复议等方面采取针对性举措，来维护农民工权益，推进法治政府、和谐社会建设。[①] 也有学者认为，加强和完善对农民工权益的法律保护是必要的。为了解决农民工权益的保护问题，应当取消农民工劳动争议案件仲裁前置的规定，应当扩大民事诉讼简易程序的适用范围，把农民工讨薪诉讼纳入民事诉讼简易程序。在涉及农民工的相关诉讼中，应当降低证据保全和财产保全的适用条件；应当实行举证责任倒置，在争议的案件事实最终真伪不明时，由雇主承担败诉的风险；应当建立帮助农民工追讨欠薪的检察长追缉制度；应当针对农民工完善欠薪支付令制度并建立农民工诉讼案件执行的绿色通道。[②] 有学者针对农民工生存权与发展权，在 2006 年调查数据的基础上，于 2012 年进行了跟踪调查。对比发现，6 年来农民工生存权得到很大改善，但发展权保护相对不足。因此，该学者运用企业社会责任理论、需要理论分析了农民工权益得以改善的动因，提出进一步改进的相应对策，包括树立社会责任理念、关注农民工发展权、重新进行竞争定位等。[③]

有学者认为，2002 年政府工作报告提出"关注弱势群体"以后，我国社会弱势群体保护研究渐起热潮。其时学界在"保护谁"和"怎样保

---

[①] 高存山：《农民工权益保护机制研究——从政府法制工作的角度出发》，中国法学会行政法学研究会 2010 年年会论文集。

[②] 朱孝彦：《民事诉讼视角下的农民工权益保护研究》，《西北农林科技大学学报》（社会科学版）2012 年第 1 期。

[③] 高秋焱、李文川等：《企业社会责任视角的民营企业农民工权益保护研究——基于浙江省的跟踪调查》，《财经界》（学术版）2013 年第 6 期。

护"上着力较多，而"为什么保护"或理论基础的研究则基本被忽视。
"为什么保护"命题的价值在于为社会弱势群体保护制度建构提供理念支
持，这是社会弱势群体保护的根本性问题。对社会弱势群体保护已成为
现代文明社会和正义社会的标志。在全面建设小康社会与和谐社会的历
史语境下，中国已进入以加快社会建设、改善民生为中心任务的新发展
阶段，社会弱势群体保护因而具有全局意义。但对社会弱势群体的保护
内在地需要对其理论基础进行深入研究。理论是实践的先导，"为什么"
的问题不清楚，"怎么办"的问题解决就不坚决。总体上看，我国社会弱
势群体保护"理论基础"的研究较为薄弱，与我国社会弱势群体保护理
论和实践的需求尚有差距。因此，一种以社会契约论为进路的理论学说，
可以解释社会弱势群体保护的理论基础。① 不过有学者认为，哲学的任务
是探究事物的原因。当我们对某一事物之为什么还不清楚时，我们就不
能说这一事物应怎么办，并付之以坚决的行动。这是古希腊大思想家亚
里士多德说过的话，亚氏的话对我们思考当下中国的弱势群体保护问题
不无启迪。对于弱势群体保护研究，学界在"保护什么"和"怎样保护"
上着力较多，而"为什么保护"则基本被忽视。"为什么保护"命题的价
值在于为弱势群体保护制度建构提供理念支持，这是弱势群体保护的根
本性问题。要为一种理论或实践辩护，在某种程度上就要力图证明其要
求是合理的。一种关于基本理据的理论当然得具有解释性的功能，本文
以极具解释力的"社会契约"为理论基础证成"为什么保护"，诠释弱势
群体保护的社会契约基础。然则社会契约是一个极其复杂的理论谱系，
弱势群体保护又是一个极其复杂的论域，诠释显然只能点到为止，甚而
不得不做一些简化。② 还有的学者从《德国民法典》明文确立了意思表示
的解释规则出发，认为，《德国民法典》从其确立至今，经过了一个发展

---

① 赵迅：《社会弱势群体保护的理论基础——一种以社会契约论为进路的解说》，《河北法
学》2011 年第 11 期。

② 冯辉：《弱势群体保护的反社会契约解释——兼与赵迅先生商榷》，《政法论坛》2011 年
第 1 期。

与继受的过程，其中利益的衡量是决定性的因素。随着近代民法向现代民法转型，弱势群体受到越来越多的重视，他们的利益应当受到特殊的保护。因此，在消费合同和劳动合同中应适用特殊的意思表示解释规则，以保护弱者的利益，实现实质正义。①

# 2010 –2013 China Social Law Review

Yin Haiwen

**Abstract**：In recent years, social studies and institutional practice law in China is gradually expanded. Practice and Discussion on academic issues as expanded by the rule of law society, is gradually becoming more mature. Our Social Law 2010 – 2013 annual review and combing research, contribute to a more comprehensive understanding of the research status of social law. From the Subjects of Chinese society and sub-law at this stage of the theory of dynamic were studied. Summary of the main hot issues of social law, the main problem express for the general social law research expectations.

**Keywords**：Social law；Social rights；Labor Law；Anti-employment Discrimination Laws；The Social Security Act

---

① 吴逸越：《弱势群体保护视野下的意思表示解释规则——以德国民法典为视角》，《长春理工大学学报》（社会科学版）2013 年第 2 期。

# 《社会法学论丛》稿约

《社会法学论丛》是由长沙理工大学文法学院独立运作的法学学术性刊物，旨在为广大法律人建立一个高层次的学术交流平台，并以此活跃学术研究氛围，开阔法律视野，加强学术交流。《社会法学论丛》本着自由、独立之精神，满怀繁荣法学学术与服务法治之责任，向社会各界法学研究人员、从业人员及广大青年学子征稿。

一、栏目设置

基本栏目：热点争鸣；社会法学基础理论；地方立法评论；弱势群体权利保护；劳动法与社会保障法专题；风险社会研究。

特约专题：城市管理立法；物业管理乱象及其治理。

二、投稿须知

1. 选稿标准

我们视文章质量为刊物的生命，因而将学术水平、学术规范和实务价值作为录用稿件的标准，并由专家进行匿名审稿。稿件在篇幅上没有严格限制，10000 字左右为宜。

2. 投稿方式

邮件请寄：湖南省长沙市雨花区万家丽南路二段 960 号长沙理工大学文法学院戴谋富博士收。

电子邮箱：dmf7208@sina.com。

所有来稿恕不退回，请自留底稿。三个月内未接到采用通知的作者可另行处理。来稿请写明邮编地址，若稿件被录用我们将赠送一份当期刊物。

3. 备注说明

（1）我们坚决反对抄袭、剽窃等侵权行为，因此给本刊带来不良后果的，本刊保留追究责任权利。

（2）本刊对于拟采用稿件有权在尊重作者原意的前提下进行技术性修改或处理。如有异议，请在投稿时说明。

（3）本刊所发表文章、观点均属于作者个人，并不代表本编辑部或主管单位立场。

（4）本刊为正式出版物，不收取版面费等任何费用。

三、注释体例

为了体现刊物发表文章、编排和印刷的规范性，请投稿人尽量参照此体例来写作你们的稿件。稿件结构顺序安排一般为：标题——作者——正文——参考文献——附录。

注码采用脚注（即页下注），页内连续注码，注码放在标点之后，注码号为"①，②，③……"

参考文献一律采用尾注，注释范例（英文 Times New Roman；中文楷体_GB2312），请按照《中国高等学校社会科学学报编排规范》对参考文献的要求进行编排，具体可参照本期刊物所刊论文的注释体例。

（一）著作类

《马克思恩格斯选集》第 3 卷上册，人民出版社，1972，第 77 页。

高铭暄主编《刑法学原理》第 3 卷，中国人民大学出版社，1994，第 518 页。

（二）期刊类

赵秉志、黄芳：《香港与外国签订的刑事司法协助协议研习》，《法学家》2003 年第 2 期。

（三）文集类

刘隆亨：《新〈税收征管法〉评述及其实施研究》，载《财税法论丛》第 1 卷，法律出版社，2002。

（四）译作类

〔美〕罗伯特·考特、托马斯·尤伦：《法和经济学》，张军等译，上海三联书店、上海人民出版社，1994，第 45 页。

（五）报纸类

王明义：《法制与法治》，《法制日报》1992 年 3 月 2 日。

（六）古籍类

《明太祖实录》卷二十六。

（清）沈家本：《沈寄簃先生遗书》甲编，第 43 卷。

（七）辞书类

《财经大辞典》（上），中国财政经济出版社，1990，第 28 页。

（八）港台著作

吴金柱：《租税法要论》，三民书局，1997，第 28 页。

（九）网上文献注释体例

张义敏：《中和应泰董事会金立左博士谈郑百文重组方案还只是一个框架》，《中国证券报》网站，http://www.cs.com.cn/csnews/articles/26651444.htm，最后访问日期：2000 年 12 月 20 日。

（十）外文类

如专著类：Kenneth N. Waltz, *Theory of International Politics*（New York：McGraw-Hill Publishing Company, 1979），p. 81.（作者姓名按通常顺序排列，即名在前，姓在后；姓名后用逗号与书名隔开；书名使用斜体字，手稿中用下划线标出；括号内，冒号前为出版地，后面是出版者和出版时间，如果出版城市不是主要城市，要用邮政中使用的两个字母简称标明出版地所在地，例如 CA；单页用 p. 表示）。

（十一）其他

（1）非引用原文者，注释前"参见"二字。

（2）引用资料非引自原始出处者，注明"转引自"。

《社会法学论丛》编辑部

**图书在版编目（CIP）数据**

社会法学论丛.2013年卷：总第2卷/王新生主编.—北京：社会科学文献出版社,2014.12

ISBN 978 - 7 - 5097 - 6922 - 5

I.①社… Ⅱ.①王… Ⅲ.①社会法学 - 文集 Ⅳ.①D90 - 052

中国版本图书馆 CIP 数据核字（2014）第 297625 号

社会法学论丛　2013 年卷　总第 2 卷

主　　编/王新生

出 版 人/谢寿光
项目统筹/曹义恒
责任编辑/黄金平　李娟娟

出　　版/社会科学文献出版社·社会政法分社(010)59367156
　　　　　地址：北京市北三环中路甲 29 号院华龙大厦　邮编：100029
　　　　　网址：www.ssap.com.cn
发　　行/市场营销中心（010）59367081　59367090
　　　　　读者服务中心（010）59367028
印　　装/三河市尚艺印装有限公司

规　　格/开本：787mm × 1092mm　1/16
　　　　　印张：19　字数：260 千字
版　　次/2014 年 12 月第 1 版　2014 年 12 月第 1 次印刷
书　　号/ISBN 978 - 7 - 5097 - 6922 - 5
定　　价/75.00 元